延安鲁艺文化园区管理办公室
延安桥儿沟革命旧址管理处 / 编
王丽文 / 著

瞿维寄明合传

贺敬之题

陕西新华出版传媒集团
陕西人民出版社

图书在版编目（CIP）数据

瞿维寄明合传 / 王丽文著 . -- 西安 : 陕西人民出版社 , 2021.6

ISBN 978-7-224-14132-0

Ⅰ . ①瞿… Ⅱ . ①王… Ⅲ . ①瞿维（1917–2002）—传记②寄明（1917–1997）—传记 Ⅳ . ① K825.76

中国版本图书馆 CIP 数据核字（2021）第 084303 号

责任编辑 | 关　宁
　　　　　晏　藜
整体设计 | 杨亚强

瞿维寄明合传

作　　者 王丽文
出版发行 陕西新华出版传媒集团　陕西人民出版社
（西安市北大街 147 号　邮编：710003）
印　　刷 陕西金和印务有限公司
开　　本 787mm × 1092mm　1/16
印　　张 24.25
字　　数 300 千字
版　　次 2021 年 6 月第 1 版
印　　次 2021 年 6 月第 1 次印刷
书　　号 ISBN 978-7-224-14132-0
定　　价 88.00 元

序言

Preface

瞿维与寄明同志是在20世纪30年代受过高等音乐教育、40年代亲耳聆听了毛泽东在延安文艺座谈会上的讲话，一生执守《讲话》精神，从“小鲁艺”走向“大鲁艺”，坚持“为人民而创作”的理念，坚持向民间音乐汲取丰富养料的原则，逐渐成长起来的德艺双馨的革命音乐家，也是我国音乐界令人钦羡的一对最深情的作曲家。他们的创作水平，达到了双峰并峙的艺术境界。

瞿维是中国第一部新歌剧《白毛女》的作曲者之一，是电影《白毛女》音乐的领衔作曲者，是芭蕾舞剧《白毛女》音乐创作的合作者。令人痛心的是，他在85岁时猝然去世于执笔整理《白毛女》管弦乐总谱的工作岗位上。这位饮誉海内外的上海交响乐团驻团作曲家，实践了把一生献给党、献给人民、献给音乐的庄重承诺，真正做到了鞠躬尽瘁、死而后已。

寄明是延安鲁艺的第一位女钢琴演奏家，曾多次为《黄河大合唱》的演出担任钢琴伴奏。在东北期间，她整理编写的《东北蹦蹦音乐》是新中国第一本关于二人转研究的专著。在她的创作生涯中，十分关注儿童歌曲。我国新音乐运动的先驱者之一、中国音乐家协会名誉主席吕骥在《寄明歌曲选·序言》中指出：“寄明同志擅长写儿童歌曲”，“可以说，寄明同志所创作的少年儿童歌曲是她的创作中最美好的部分，像《我们是共产主义接班人》《少年，少年，祖国的春天》等歌曲，不仅是她的代表作，也是我们这个时代留给后代最美好的音乐作品中的一个组成部分。”

瞿维与寄明为人所敬仰，不仅源于他们的音乐，还因为他们共有的不谋私利的高尚品格。记得司马迁在《史记·孔子世家》有“高山仰止，景行行止。虽不能至，然心向往之”的话。但是，长久以来，关于瞿维、寄明的研究虽然有一定数量的论文和怀念文章，但并无一本独立的专著，尤其是关于寄明的研究更是微乎其微。作为深情怀念他们的老同志，对这样的现状不能不说是一个长久的遗憾。《瞿维寄明合传》的出版填补了这一空白。它不仅很好地实现了老同志们的期待，而且为中国现当代音乐史提供了丰富资料，为在新时代条件下，深入探讨传播鲁艺精神的思想精髓，传承与实践鲁艺精神的模式路径提供了生动故事，为广大的音乐工作者树立了光辉榜样。可以说，这是已经出版的音乐家传记中，历史价值比较丰厚、时代主题特别鲜明的佳作。

《瞿维寄明合传》有这样几个特点：

首先，这是一部资料翔实的信史。为了真实地还原历史，作者先后去了瞿维与寄明生长的家乡、学校以及他们工作过的地方，进行了踏实的资料搜集和采访活动，挖掘到了大量的第一手资料。其中，既有他们的采风笔记、学习笔记、创作笔记、回忆文章以及书信、日记、理论文章、音乐作品，又有知情人的口述，还有同时代人的日记、评论文章。作者通过研究、辨析、考证这些鲜为人知的资料，潜心探索瞿维与寄明从怀着为民族解放的初心投身革命的爱国青年，成长为真正的革命音乐家的生命历程；并从他们的音乐作品的内涵来映射人生境界的高度，从而有力地支撑起这部传记的精神世界，这与当下实现中华民族伟大复兴的初心是一脉相承的。

第二，这是一部结构清晰，条理分明的合传。作者以灵活机动的谋篇布局，有分有合的写作策略，展开了多条线索的叙述。对他们的各自特征以分述式叙述来写。如：描写寄明少年儿童歌曲创作的《为祖国的春天而歌》；叙述瞿维普及音乐教育的《将音乐之美惠及更多的心灵》等等；对他们的共同特征以并列叙述式来写，如描述他们追求音乐理想的《少年音乐梦》；讲述他们走向革命道路的《征程起步》；赞颂他们忠贞不渝爱情的《琴缘》《天涯人远时》《琴瑟和鸣》；阐释他们转战东北的《来自黑土地的旋律》；再现他们教师生涯的《师德日月长》等。这些有分有合的篇章，详略得当地显现出了各自独有的特征，又突出了他们相互支持、共同成长的内在联系。

第三，这是一部用心力、用情感书写的历史价值丰厚、时代主题鲜明的文学传记。作者以朴实深情的散文语言，梳理、分析了瞿维与寄明经典作品的历史背景与艺术特点，传递出他们坚持毛泽东在延安文艺座谈会上的讲话精神，发扬民族音乐的内涵和精髓。如：《〈中国少年先锋队队歌〉的前世今生》《全能型的音乐家》《学人风采》等篇章，将叙述与分析相结合，公允评价了他们的音乐创作水平与历史地位。

第四，这是一部具有生动可读性的进行革命理想教育的好教材。作者抓住了传主人生中最闪光的特征，通过细节描写，为讲好中国故事做了有益探索。作者在深化他们对祖国、对人民、对艺术的奉献的同时，展示了他们不曾有任何个人利益诉求的崇高思想，让读者在潜移默化的阅读中受到灵魂的震撼。

《瞿维寄明合传》艺术地再现了他们的音乐人生。我们由衷地敬重他们的作品与人品。他们的生命虽然早已经终止，但他们留下的音乐旋律和精神财富，仍在延续着他们的生命。《瞿维寄明合传》的出版是一个很好的见证。

傅庚辰

2020 年 7 月

目录

Contents

第一章
少年音乐梦

SHAONIAN
YINYUE MENG

瞿维寄明合传

唐代王勃《滕王阁序》中有“人杰地灵”之说，是谓山川秀丽之处有灵秀之气，能孕育出杰出的人才，而杰出人物所生、所到过之地，也会因杰出人才而灵秀。

法国杰出的思想家、社会学家，18 世纪启蒙运动的主要代表，也是地理政治学派的开山鼻祖孟德斯鸠，曾经因“人是环境的产物”的理论而闻名于世，虽然他过分强调了环境创造人的决定作用，忽视了人和环境的相互作用，但不能否认人的发展，的确多少会受到环境的影响和制约。

而我对于“人杰地灵”“人是环境的产物” 的哲学意蕴，真正有了较为深入的理解，正是在寻觅传主瞿维与寄明夫妇的生命踪迹的时候。

仲夏时节，我走进了瞿维的家乡常州，也去到了寄明的家乡苏州。我把视觉的焦点，放到了他们成长所涉及的相关历史文化积淀的考察上。同时，又把诸多思考具化到他们的成长环境中。诸如，人与自然环境的关系、人与家庭环境的关系，人与社会环境的关系，期望从中探索出他们之所以成长为中国著名作曲家的共同之处。

就地理环境而言，瞿维与寄明的家乡同属风景如画的江南，他们同是受到京杭大运河潜移默化的滋润长大的。这条中国最早的运河，在寄明的家乡苏州悄悄绕着太湖，流过西南城角的水陆盘门、流过横塘驿站和“月落乌啼霜满天”的枫桥之后，转而西去无锡，又向着瞿维的家乡常州不停不歇地流去。在常州，它西起《红楼梦》里的篦箕巷，向东而去，流到了东坡公园，与常州最繁华的延陵路并驾齐驱。这奔腾不息的柔情之水，在滋润了吴越文化、吸引了众多的贤人雅士的同时，还发展了两岸的农业、商业，而且给这一带的有志青年，创造了接受大都市上海的先进文化、实现心中美好梦想的便捷交通条件。80 多年以前，少年瞿维与寄明都是从水路乘舟楫去上海，分别进入中国近代最早的艺术专科学校，学习作曲、钢琴、琵琶等课程，为实现钢琴家、作曲家的梦想，奠定了坚实基础。

后来，为了实现抗日救国的伟大抱负，瞿维与寄明在经历了聂耳、冼星海抗战歌曲的洗礼以后，辗转跋涉，先后来到革命圣地延安，在鲁迅文学艺术学院（以下简称鲁艺）任教。在这里，他们聆听了毛泽东在延安文艺座谈会上的讲话，坚定了文艺为工农兵服务的一致信仰；在这里，他们相识相知相爱，喜结连理；在这里，他们手举火把，共同庆祝抗日战争的伟大胜利；在这里，他们同时徒步出发，转战白山黑水，参加了暴风骤雨般的土地改革运动和剿匪斗争，为农民、为战士创作音乐，借此表达出当时广大人民群众的思想情感。

新中国成立以后，瞿维与寄明分别在电影音乐、交响乐、歌曲创作以及培养人才等领域施展了才华，达到了双峰并峙、双枝竞秀的境界。他们谱写的《白毛女》《中国少年先锋队之歌》和《人民英雄纪念碑》的音乐旋律，在九百六十万平方公里的祖国已经响彻了整整 60 年。在留下不可多得的音乐遗产的同时，他们一生持守着中国共产党员的崇高本色。古老的大运河，绵延的延河水，美丽的黄浦江，至今仍不停不歇地诉说着这一对乐坛伉俪的可歌可赞的故事……

为了传播他们的故事，我寻觅着他们的足迹，走进了曾经滋养他们成长的家乡，走进了给予他们艺术生命的校园，以及他们工作过的地方，写下了这部《瞿维寄明合传》。

一

17 世纪捷克教育家夸美纽斯有言：“任何人在幼年时代播下什么样的种子，那他老年就要收获那样的果实。”意思是说，人在晚年收获了美满果实，大都是由于他们在年少时就撒下了好的种子。

瞿维与寄明的音乐梦想，都是在幼年的时候开始放飞的。

瞿维，原名瞿世雄，昵称二星。他的家乡武进是吴文化的发源地之一，至今已有 5000 多年的人类文明史、2700 多年的古城建设史和 2500 多年的文字记载史。这里曾经先后诞生过 19 位帝王、9 名状元和 1546 名进士。我国最古老、保存最完好的地面城池——春秋淹城遗址就在这里。历史上这里曾形成过“阳湖文派”“恽南田画派”“常州词派”。在现当代，这里也是名人荟萃的地方，最著名的有被称为“常州三杰”的中国共产党的早期领导人瞿秋白、张太雷和恽代英。

这里水系环绕，各种桥也很多，其中最有名的当数觅渡桥了。

20 年前，我在阅读梁衡先生的散文《觅渡，觅渡，渡何处》一文时，相识了觅渡桥。到常州采风的时候方知，瞿维家的老宅就坐落在觅渡桥北的庙沿河 32 号。在 20 世纪 80 年代建立瞿秋白同志纪念馆时，瞿家的老宅和临近的民房均被拆迁，庙沿河被填平，改建为街道。

一个细雨霏霏的清晨，我沿着延陵西路，去寻觅瞿维读书的冠英小学。按照地理位置推断，我漫步跨过一座小石桥，找到了距离庙河沿旧址最近的觅渡桥小学。学校宽敞气派，只是大门紧闭，不得进入。我走进了与学校紧邻的瞿秋白纪念馆。冥冥之中，我总觉得这里与瞿维一定有着某些联系。果然不出所料，我刚刚跨进门槛就惊喜地发现，原来瞿维档案里记录的冠英小学就是瞿秋白就读的冠英义学。按照辈分，瞿维比瞿秋白长一辈，他们虽然从亲缘上出了五服，年龄相差20余岁，但却是名副其实的校友呢！

1917年5月9日，瞿维出生在常州武进县（今武进区）的一个破落地主家庭。当时，家里有祖父祖母，父亲母亲，还有姑姑瞿复权、姐姐瞿蕴真。他的祖父瞿桂芳在四川做过知县，开过盐井。离任后回到常州，做了上海某水产行的经理。祖母罗善定是成都人，她善良慈祥，有文化，爱看剧，信佛教，对幼儿时期的瞿维影响很大。

俗语说，“爷爷奶奶亲大孙”。按照男孩子的排行，瞿维正是长孙。小时候的他，乖巧伶俐、长相俊朗，深得祖母喜爱。祖母走到哪里，就把他带到哪里。祖母带瞿维去常州大戏院听戏是常事。在武进，最有特色的是发端于古老的吴歌的锡剧，史称常州滩簧，是江浙一带说唱艺术的一大流派，是清代乾隆年间盛行于常州府治地的一种地方戏曲，辛亥革命前后被搬上舞台。锡剧是在常州山歌小调、宣卷、唱春、南词等基础上，吸收凤阳花鼓的表演元素和苏南一带采茶灯中的舞蹈，逐渐发展完善的。锡剧的对白、曲调以及早期演唱的内容，都与常州地区的民间生活息息相关。锡剧的音乐属于曲牌板腔综合体，抒情优美、悦耳动听，具有秀丽的江南水乡风格，并有男女分腔的显著特点。锡剧的乐器原来只有二胡，后来逐渐有琵琶、三弦、提琴、笛、箫、中胡和小提琴、大提琴参加伴奏，打击乐则以鼓板（檀板与单皮鼓）、大锣、铙钹、小锣四大件为主。锡剧的唱腔曲调基本是上下句的板式变化体结构，常在上下句之间插入一段或长或短的清板，主要曲调为簧调，包括老鼓板（檀板与单皮鼓）、大锣、铙钹、小锣簧调、反宫老旦调以及簧调慢板、中急板、开篇、长三腔、哭腔、说头板、滚板、行路快板等板式唱腔。20世纪20年代初期，开始出现“京簧合班”，即是滩簧班子和京剧演员合作。这是瞿维幼年时接触的第一个地方剧种。他虽然年纪幼小，对于小生、老生、滑稽（丑）、老旦、花旦五行的角色尚不明白，但其中化妆的新奇、唱腔的韵味，乃至器乐管弦的热闹，都让他觉得兴奋。久而久之，他不仅能看明白剧情，偶尔还能唱几句小生、花旦的选段，俨然成了一个小戏迷。

笃信佛教的祖母，还经常带瞿维去附近的天宁寺拜佛。天宁寺始建于唐朝永徽年间，素以“殿宇巍峨壮观，佛像高大庄严”闻名于世。清帝乾隆曾三次到天宁寺拈香，并为寺题“龙城象教”匾额和楹联。天宁寺内主要殿宇有八殿、二十五堂、二十四楼、三室、两阁等建筑，天王殿为中国屈指可数的大佛殿，罗汉堂内，五百罗汉个个金身雄伟，神态各异，栩栩如生。大雄宝殿是全寺最大的佛殿，当中供奉释迦尼佛、东方世界药师琉璃光佛及西方极乐世界阿弥陀佛。大殿两侧墙上嵌有石刻罗汉像 518 幅，其艺术水平之高更为罕见，被视为寺中瑰宝。天宁寺内有一座 13 层、高 153.79 米、堪称全球最高的佛塔。每逢农历初一、十五，天宁宝塔都会举行由寺庙僧人和游客一起参加的礼塔、绕塔仪式。这些仪式，使幼小的瞿维感受到了神秘庄严的气氛。

佛教用于做法事的赞、颂、祝、礼、咒等音乐，是瞿维最先接触到的宗教音乐；做法事所用的笙、管、笛、木鱼、锣、鼓、铙、钹、箫、琵琶、胡琴等民族乐器，与音乐的美妙和合，在瞿维的心里，留下了缓慢平和、肃穆宁静的印象。佛事进程中的“一声佛号，一声钟，一声鼓，一声木鱼，一声磬”，和谐的音乐响彻“在天地的尽头，在金漆的殿椽间，在佛像的眉宇间”，也在小瞿维的衣袖里，耳鬓边，感官里，心灵间。就连他的梦乡中，也留下了袅袅余音。祖母的爱好，给瞿维带来了潜移默化的音乐启蒙。

对瞿维无意之中进行了音乐启蒙教育的还有姑母瞿复权。姑姑毕业于上海私立女子中学，自小喜欢吹箫、唱歌。姑母求学期间，正是学堂乐歌兴起的时代，家里给姑母购置了风琴。这种外形类似立式钢琴，通过脚下的大踏板送风，配合双手键盘弹奏的乐器，以其变化多端的旋律和优美音色吸引了小瞿维。每当旋律柔美、富有诗意的风琴响起的时候，好奇的他总是以明亮的眼睛全神贯注地看着姑母的手势，听着姑姑的演唱，在心里默默地记下歌词和曲调。姑母发现天资聪颖而又善于观察的侄子对于音乐具有的灵敏感受，每逢闲暇之时，

瞿维的姑姑瞿复权

便教他在风琴上自弹自唱。不久，瞿维就学会了沈心工创作的《体操，兵操》和李叔同的《祖国歌》等学堂乐歌，还会用风琴给姑母的演唱伴奏了。

这一切，在瞿维童年的心灵里埋下了音乐的种子，成为他一生的艺术起源。

记得《增广贤文》一书上记载了"有心栽花花不开，无心插柳柳成荫"的古训，说明了兴趣是最好的老师的道理。这话在瞿维身上得到了充分的验证。小孩子纯真的心灵并不懂得音乐有用没用，浓厚的兴趣完全来自初心的意愿。

到了入学的年纪，瞿维有幸进入家门口的冠英小学。这是一所历史悠久的名校，位于常州市最繁华的延陵西路。道光二十一年（1841）创办，名为冠英义学。光绪八年（1882）改为冠英义塾。1905 年 2 月，更名为武进县（市）立冠英高（初）等小学堂。1951 年改为觅渡桥小学，沿用至今。

学校以“勤谨”的校训闻名，校史上记载着灿烂的育人业绩。先后走出了中国共产党早期领导人瞿秋白，中国民主促进会原中央常务副主席徐伯昕，抗联名将、水利电力部原副部长冯仲云，人民文学出版社原总编屠岸，中国科学院院士庄逢甘、庄逢辰，中国工程院院士顾冠群、蒋亦元、蒋士成，国际宇航科学院院士庄逢源等。一个小学校曾有这么多的知名人士成长于斯，在现当代的中国可谓屈指可数。新中国成立以后，受到各级党政领导的重视和关心，国家领导人刘少奇、董必武、宋庆龄、茅盾、陆定一等都分别为觅渡桥小学题词。

初建时的校长庄苕甫虽是清末举人，但却主张推行新式的学堂教育。因而，冠英小学一改死读书、读死书的模式，经常举行演说、歌咏、体育、旅行、运动会等适合儿童特点的活动，每年春秋两季的旅游与运动会，还有专门的歌曲。

瞿维上学后学会的第一首歌是校歌《冠英堂歌》。歌词为教务长徐果人所作：

葱葱猗，郁郁猗，冠英学生猗。
春风鼓荡，奇花初胎，精神美满猗。
苍松翠柏，寒山挺秀，来日方长猗。
最可爱猗，最可望猗，冠英学生猗。

嗟嗟猗，咄咄猗，冠英学生猗。
欧风美雨，飞渡重洋，横来东西猗。
睡狮老大，妖梦千年，誓争警醒猗。
大有为猗，大有为猗 ，冠英学生猗。

奋奋猗，勉勉猗，冠英学生猗。
国家兴亡，匹夫有责，非异人任猗。
江山扶好，巍巍铜像，矗立云表猗。

庶无让猗，庶无让猗，冠英学生猗。

猗，助词。文言犹“兮”，如《诗经·伐檀》中的“河水清且涟猗”；口语相当于“啊”。用于句末，表示语气。这首校歌，觅渡桥小学至今依然在演唱。

除这首校歌以外，学校在组织学生春游文笔塔时，还教唱了旅行歌：

方春之时作旅行，
足力更奋迅；
名区胜地恣遨游，
处处好印证。
花花草草有精神，
莺燕都成阵；
少年世界春世界，
努力向前行。

有一年，学校组织秋游无锡惠山，旅行途中，师生们的歌声此起彼伏，他们歌唱的是：

风雨兮重阳，登高心自伤；
中原王气尽，点点剩斜阳。
叹国民沉睡兴亡，一副糊涂账。
吾辈须留意江山，大好待我匡。

莫学陶彭泽，醉倒东篱酒一觞；
莫为汝南桓，忍移人哭为物殃。

尽茫茫四顾，唾壶击碎语声壮，
为国造幸福，休言菊与艾囊。

学校举行运动会时，同学们唱的歌是：

风和日丽精神爽，少年宜勇往。
操衣结来列队行，同来运动场；
国旗前导校旗张，军乐声嘹亮，
止齐步伐都有章，男儿身手强。

方趾圆颅形骸正，病夫胡为名。
拔剑誓天雪此耻，预备去从军，
共和国民有义务，纳税与当兵，
请看今日小学生，他年军国民。

从上述这些已有百余年历史的歌词里，能看出瞿维在少年时所接受的音乐教育内容，已经蕴含有鲜明的反抗帝国主义入侵、奋起图强、振兴中华的精神。从这些歌的曲谱里，我们也能体会到振奋人心、蓬勃向上的优美旋律。

丰富多彩的学习生活给瞿维带来了开阔的视野，他越发喜欢读书了。1929年7月，瞿维小学毕业后，顺利考入江苏省常州地区最早的公立学校之一——武进县立初级中学。时任校长的是清末举人庄琛，先生治校有方，主张民主办学，作风严谨，倡导科学教育和教学研究，首创教务、训导、童子军合一的管理体制，教学质量日趋提高。1931年九一八事变后，庄琛多次组织县中及全县师生，与全国人民一道，掀起抗日救国和抵制日货运动。学校的课程设置是当时国内最前卫的，教学设施也日益完善，操场上铺设了跑道，生活内容比小学丰富得多。

瞿维一直是师生们喜爱的文艺活动积极分子，他参加了戏曲小组，经常上台表演，清唱京戏。

从家庭亲人的熏陶，再到小学、中学，瞿维有幸受到了全面而良好的教育。为未来的艺术大厦打下了坚实基础。

二

无奈，韶光易逝，胜景无常。瞿维的家境随着祖父的病故而逐渐中落。1932 年 6 月，他初中毕业的时候，染上大烟瘾的父亲，把祖父留下的 18 亩土地，十多间房屋，还有广和糖行与隆泰烛店的股份几乎败光，只剩下可以栖身的几间房子。好强的母亲离开了父亲，依靠自己的劳动生存。一心向学的瞿维继续读高中的愿望化成了泡影。好在姐姐蕴真（后随祖母姓氏改名为罗正）已经毕业于上海新华艺术专科学校，有了工作。1932 年冬天，在上海就职的姑母，把瞿维与小弟世俊带到上海求学。

在等待考试的日子里，瞿维参加了慰劳东北义勇军的书画展览会工作。这个时段，瞿维最大的收获是阅读了丰子恺的《西洋美术史》和《近世西洋十大音乐家故事》。在前一部书里，瞿维通过丰子恺先生通俗流畅、浅显易懂的散文笔调及艺术家的视角，了解了西方美术在人类文明的历史长河中的发展演进。在后一部书里，瞿维通过海顿、莫扎特、贝多芬、舒伯特、柏辽兹、肖邦、舒曼、李斯特、瓦格纳等西洋著名音乐家的故事，了解了音乐在近代欧洲的地位变迁。世界著名音乐家的成才之路深深地吸引了他，成为一个钢琴演奏家的梦想在瞿维的心灵里开始扎根，渐渐成为他暗自确定而又毕生追求的艺术目标。这两本书，无疑对少年瞿维追求艺术起到了指引的作用。他的心里开始有了艺术是最高贵的事业的思想，这是他走上艺术道路的启蒙著作。

1933 年秋，瞿维如愿以偿地考入上海新华艺术专科学校师范系。新华艺专创办于 1926 年，在近代艺术教育史上的影响远及海外。学校从提高教学质量出发，广揽名师，融汇各派画家、音乐家、文学家于一校，深受社会瞩目。先后来校任教讲学的名家教授有黄宾虹、颜文梁、张善孖、王个簃、贺天健、应野平、陆一飞、弘一法师、郁达夫、吴湖帆、唐云、朱天梵、汪日章、关良、来楚生、王独清、倪贻德、诸乐三、陈抱一、姜丹书、徐仲年、谭抒真等。新华艺专有着光荣的反帝反封建的革命传统，“天下为公”的条幅，就悬挂在校图书馆中央。瞿维就学期间开始关注社会革命等问题，还曾在学校地下党组织的领导下，参加抗日师生的游行活动。

瞿维在新华艺专学习的课程主要有绘画、音乐、手工。音乐课上，他师从中国著名艺术大师李叔同的弟子、中国现代著名音乐教育家刘质平先生学习作曲。刘质平先生不仅编著了《弹琴教本》《歌曲作法》《实用和声教材》《键盘伴奏基本练习》等教材，培育了大批音乐人才；而且总结摸索出“循序渐进，切忌急功近利、心浮气躁”的教育理念；在做人方面，提倡“抱璞而藏，君子之行也”的准则。这些对瞿维一生的影响都是很深刻的。

他在《我的第一首歌》这篇文章中回忆说，刘老师十分严肃而认真，上课时严格按照讲稿，从不多说一句话。他要求学生按时做好作业，不许拖延。同学们尊敬他，也有几分怕他。就学期间，瞿维根据刘先生出的题目和介绍的歌词，开始学习作曲。他的同学、著名作曲家张定和，保留了瞿维创作的第一支歌《儿歌》的曲谱。这支歌的歌词是瞿维在儿时学会的，很简单，只有四句：“亮嫫嫫，星星出，婆婆烧饭公公吃。公公吃到一粒砂，打得婆婆扁脂渣。”

谱曲时，中国现代音乐学先驱赵元任先生的《听雨》给了他直接的启发。《听雨》描述的是南方人在北方居住的时候，在下雨天引发的一抹思乡情感。四句词是按照常州人读古诗的音调发展而写成的：“我来北地将半年，今日初听一宵雨；若移此雨在江南，故园新笋添几许。”赵元任先生自己说，这个歌曲的调儿是依常州人吟古诗的调子而加以扩充的，而且时间也差不多改

①瞿维的作曲老师刘质平
②瞿维的美术老师周碧初

得慢一倍……歌的伴奏全是取雨点的动静，仿佛有一点肖邦降D大调前奏曲（OP.28，NO.15，俗名雨滴前奏曲）的意味。

虽然瞿维对《亮嫫嫫》这首少作的节奏不太满意，但因其葆有幼年的天真，绝非少年以至老年所能有，瞿维还是很珍惜的。

瞿维永远不能忘怀就学新华艺专期间，师从油画系主任周碧初学习水彩、粉画与油画的岁月。直到六十年后的 1996 年，周先生逝世一周年之际，他还和当年的同窗学友相继来到先生寓所，将一束束鲜花敬献在遗像前，高举起一支支点燃的蜡烛，用以表达对先生的缅怀之情。他在文汇报发表了《润物无声沐教泽——怀念周碧初先生》的文章，从艺术技法与襟抱情怀、精神风貌诸多方面，回忆周先生给自己艺术生涯带来的深刻影响。他说，周先生留法时师承印象派的技法，但他意识到欧洲这一新兴的、富有生机的画派，系受东方艺术的启悟而开创了西方绘画划时代的新篇章，他能够突破既定的限制，融会贯通，形成了自己的风格。印象派特别强调艺术个性，在印象派、后印象派乃至表现主义诸大家之中都是各显个性、异彩纷呈。周先生借鉴这一点，在采用对比色并置和反衬的技法的同时，更注意细笔触和点簇的表现力与生动性，并且注意把中国画的神韵与油画的技巧相结合，把点彩手法化为不规则的点皴、点苔，使自己的作品独具恬淡舒逸、意境深邃的个性；周先生在色彩的运用上吸收了中国壁画、民间年画色彩强烈对比的手法，别具匠心地使静物和风景具有浓郁而鲜明的东方神韵。更重要的是周先生通过作品，表达了对中国革命的崇敬心情和对祖国的深厚感情，作品中体现出宽厚、慈祥、肯定生活、热爱生活的品格和气质，其示范作用像润物细无声的春雨，长久地滋润着学生们的心田，引导并激励着瞿维在音乐创作之路上勇于开拓创新。

《论语·雍也》章有“知之者不如好之者，好之者不如乐之者”之说，用今天的话说，也就是“兴趣是最好的老师”。在新华艺专的学习，使瞿维将儿时喜爱音乐的兴趣，变成了梦想当钢琴演奏家的主动追求，学习钢琴也成为他的人生乐事。他除了跟随本校的钟慕贞教授学习钢琴，还到上海国立音乐专科学校师从俄籍教师吕维钿夫人。在多位名师的指导下，他接触到了大量欧洲古典音乐作品，从而拓宽了音乐视野。

可以说，新华艺专的学习生涯，奠定了瞿维一生的艺术精神走向。

三

下面接着说本传的女主人公寄明。

苏州与常州是近邻，坐高铁只有一站，二十几分钟就到了。按照事先了解的线索，我漫步来到了寄明的出生地——苏州市司前街90号（原属沧浪区，现划入姑苏区）。这里是市区最繁华的地段。寄明家当年的旧宅，毁于战乱时日军的轰炸，于今已片瓦无存，代之而起的是新中国成立以后建立起来的商业街。

说到苏州，人们第一印象当是世界文化遗产沧浪亭、狮子林、拙政园、留园这宋、元、明、清四大园林。而居于首位、历时最为久远的沧浪亭，就在寄明家旧址附近。始建者宋代文人苏舜钦，曾尽日与欧阳修、梅圣俞等诗文巨擘，在此诗词觞咏，唱酬往还。自此，开此间乃至整个姑苏之文风，历千载而不磨。

苏州自古有重视教育的传统，而女子教育又领先于全国，重视读书的家庭传统与社会风气也非常浓厚：沧浪亭里那“五百名贤祠”中的画像，街上的状元牌坊，以及评弹中落难公子考状元的故事等丰厚的人文积淀，对于成长于斯的寄明来说，无疑起到了潜移默化的作用。

沧浪一带素以“人文荟萃，风物清嘉”著称，是苏州的文教区。自隋朝开科取士至清末废科举，区境内出过状元 12 名，唐代归氏一门五状元，清代彭氏祖孙会状，钱棨连中三元等故事，在姑苏传为美谈。唐代诗人白居易、刘禹锡在苏州任刺史之时，对区境内风物多有吟咏。宋代名贤范仲淹在此创建“庙学合一”的苏州文庙，是全国规模仅次于曲阜孔庙的文庙，向来有“东南学宫之最”“天下之有学自吴郡始”的美名，与苏州现存历史最悠久的古典园林沧浪亭隔路相望，也与寄明家的旧址紧邻。

1917 年 6 月 29 日，寄明就出生在这里。按照家谱，父母为她取名亚贞，字子平。父亲吴墨林是苏州市邮局职工，有着稳定的经济收入，家境较为富裕。因为家中没有男孩，父亲从兄弟家过继了一个名叫吴常铭的男孩，亚贞称他为哥哥。常铭的弟弟吴鸿铭那时候也常来家里玩耍。小时候，天性文静聪慧的亚贞和兄弟姐妹们，应该是沧浪亭的常客。亚贞父亲喜欢读书，他希望自己的儿女们都能成为读书人。寄明五姐妹都读到了专科学校。其中，大姐是蚕业专科学校毕业，二姐是中央大学的教师。

父亲喜欢唱京戏、拉二胡，亚贞喜欢听父亲自拉自唱京戏片段，爱好音乐的潜质有所显现。在父亲的影响下， 她爱唱歌，爱拉京胡，并且很快就学会了自拉自唱。父亲发现了她的音乐天赋，便为她买来了二胡、笛子、琵琶等乐器，引导她学习。八岁时，亚贞就弹得一手好琵琶了。到了上学的年龄，每天她都兴高采烈地步行到书院巷的江苏省立第一师范附属小学去读书。

省立附小创立于 1905 年，是当时国内著名的小学之一。早在民国初年，这里就是大师云集之地。当时的主事吴研因，曾任民国政府教育部国民教育司司长。新中国成立后，吴研因任教育部初等教育司司长，教科书编审委员会副主任，小学教育司司长，曾主持小学教育体制改革。吴研因一生从事文化教育工作，倡导和推广白话文教育，所编的《新学制小学国语教科书》《小学历史自习书》曾经风行全国。吴研因的老师是留学日本归国的俞子夷，是近现代著名教育家、教学法专家。他 1912 年就到了江苏第一师范，曾在附小试教算术，他把在日本学习所得的方法整套搬用，颇见成效。

亚贞就读省立附小的时候，有幸遇到了第一个专业音乐教师顾西林。顾老师出身于精通音律的书香之家，毕业于上海启明女校，主课修习钢琴和英文。她既擅长钢琴、提琴、贝斯等西洋乐器，又有国乐的深厚基础，不仅会唱昆曲、会吹笛子和笙箫，还会拉二胡、弹三弦，尤以二胡、琵琶见长，是我国最早、最有名望的音乐团体“丙寅音乐团”的创建者之一。人们尊称她为“音乐妈妈”。

有一天上音乐课，只见顾老师的右手在钢琴上轻松一抬、优雅一落，贝多芬的《致爱丽丝》、肖邦的《小狗圆舞曲》就行云流水般从指尖上流出。那一刻，单纯而丰富的钢琴音色，跳跃的音符，优美的旋律，让小亚贞为之心动，她的全部情绪都融化在美妙的音乐中，她觉得这个庞然大物实在是神奇极了。

顾老师善于发现人才，很重视“量才使用”和“因材施教”。很快，她就发现了亚贞的音乐天赋，学校排练黎锦晖的《葡萄仙子》《月明之夜》《小小画家》《麻雀和小孩》时，既能唱又能伴奏的亚贞，常常是主角。小学毕业了，亚贞考进了江苏省立苏州女子师范（即江苏省立女子中学），音乐老师依旧是顾西林。

对于亚贞，顾老师从心里喜爱，手把手地教她拉二胡、弹琵琶，尽心尽力地栽培她。顾老师熟知“取法于上，仅得为中，取法于中，故为其下”的古训，为亚贞首选的二胡独奏曲，是五四时代中国最优秀的器乐作曲家，卓越的二胡、琵琶演奏家刘天华的《病中吟》《月夜》《苦闷之讴》《悲歌》《良宵》《亲居吟》《空山鸟语》《光明行》《独弦操》《烛影摇红》，选取的琵琶独奏曲也是刘天华的作品，其中有充满歌舞情调，表现轻歌曼舞场面的《歌舞引》琵琶曲；有为纪念“国乐改进社”成立而创作、表达对振兴国乐的信心与期望的《改进操》，还有将民族乐器演奏技法融会贯通的典范制作《虚籁》和器乐合奏曲《变体新水令》。为了提高她的演奏水平，顾老师经常会用不同的乐器与她合奏一些不同曲风的中外经典名曲。

顾西林虽然在思想感情上热爱学生，但在教学态度上却很严厉。南方的冬季，没有取暖设施，亚贞拉琴时常常冻得手足冰凉。每当这个时候，顾老师就提示说：“冰冻三尺非一日之寒，学琴者就要在寒风中锻炼意志。”她摩擦双手，叫大家跟着做，把手擦得热乎乎的，然后再指挥大家排练。练琴累了的时候，还会给她讲自己跟匈牙利老师学小提琴的趣事。

遇到顾老师，是吴亚贞人生旅途上的一次最重要的转折，对她以后的音乐艺术学习深造，具有非凡的意义。亚贞也从心眼里喜爱、尊敬这位在器乐演奏和音乐教学上造诣极其高深的顾老师，把她的话当作座右铭。1933 年夏天，亚贞即将中学毕业，是去学校当老师，还是继续在音乐专业上深造，做一名演奏家？何去何从的选择摆到了眼前。顾老师分析了亚贞的音乐长项，重点指导她演奏琵琶名曲，指引她确定了报考上海国立音乐专科学校的志愿。

四

不负师恩的亚贞，最终以优异的成绩考上了上海国立音乐专科学校国乐专业。该校前身是上海国立音乐院，属于中国所有音乐院校中历史最为悠久的一所。始建于1927年，创办人是著名的民主主义革命家、教育家蔡元培先生和音乐教育家萧友梅。1929年，因南京政府修正大学组织法，规定仅传授一种专门技术的学校都应改为专科学校，国立音乐学院由此更改为国立音乐专科学校。

萧友梅校长先后聘请了一大批高水平的中外著名音乐家任教。其中俄罗斯著名的钢琴家查哈罗夫担任钢琴教师，赵梅伯担任声乐教师，留美回国的著名音乐家黄自担任理论作曲课程兼任教务主任，朱英担任琵琶教师。就连国文、英文等共同课，也要请高水平的人来教。如时为暨南大学国文系主任的龙榆生，就被请来任国文课教师。强大的教师阵容，为国立音专高质量的教学水平打下了坚实的基础。这些国内外一流的专家，对音乐艺术严肃认真，着眼于向学生介绍优秀的欧洲古典音乐传统和表现技巧，讲求规范和基本训练，不追求浮华迎合时髦，以此形成学校的教学特点和传统，也保证了高水平的教学质量，为中国刚刚起步的专业音乐教育，做出了应有贡献。

国立音专的课程，基本都参照德国音乐院校设置。亚贞的主科是琵琶，副科是钢琴，共同必修科有国文、英文、视唱练耳、合唱、和声、领略法（音乐欣赏）、声学、乐学（乐理）、国音、公民 10 门。除此之外，还要从 20 类选修课（中国音乐史、国乐常识、伴奏、乐舞、本国史、中外文化史、美学概论、艺术概论、戏剧概论、 诗歌概论、作文作歌实习、 声学等）中，选修 8 个学分的课程。紧张有序的专业学习，把亚贞带上了充满无限魅力的音乐艺术舞台。

学校的校歌很是吸引亚贞，每天高唱《国立音专校歌》的时候，她总是神采飞扬，十分兴奋。

神州大地蟠东方，
沉沉数千载，典乐复职宏国光！
学府植立坚中央，与民游艺声堂堂。
朝阳，威凤一哕鸣高岗。

①寄明的音乐启蒙老师顾西林
②寄明在上海国立音乐专科学校读书时（1936 年）

析理、善术、审音、辨物，
大同之声，盈耳兮洋洋！
来兮！有志毋相忘！
大道康庄，美兮！美兮！
示以周行，鸣声和兮乐未央！
一弦一管，化尽宇宙之搀枪！
一唱一和，平尽世俗之披猖！
钟鼓乐之，琴瑟友之，天下公兮！
永与天地寿无疆！

唱着这首由萧友梅作曲、易韦斋作词而成的校歌，吴亚贞逐渐体会到了旋律里秉承的中国传统文化的儒学理念，而且了解了其间蕴含的作曲技巧，校歌中高扬的爱国主义精神，给她带来了对美好未来的渴望和信心。亚贞的社会责任感和职业责任心也被唤醒了。

让亚贞感觉兴奋的还有她的琵琶专业导师朱英。朱英，字荇青，号杏卿，是中国近代在国外舞台独奏琵琶第一人，并有“国手”之称。1921 年 11 月，他在美国召开的太平洋国际会议期间演奏的琵琶独奏曲《十面埋伏》，气势磅礴，豪情奔放，表达了中国人民珍爱和平、反对侵略、誓死捍卫国家主权的决心及对各国人民的真诚祝福。演奏受到了与会人员的热烈欢迎。朱英对音乐理论、乐曲创作和琵琶演奏颇有研究，成了将琵琶引入高等专业音乐学府的重要奠基人。世界著名作曲家、钢琴大师亚历山大·齐尔品在欣赏了朱英创作演奏的《淞沪血战》以及《浔阳琵琶》之后，推崇备至，把他的琵琶演奏技术应用到了《敬献中华》（Hommage à la Chine）等钢琴作品中。

朱英在教学上尤其认真严谨，他教授亚贞的教材，是李芳园的《南北派十三套大曲琵琶新谱》中的传统名曲，如优美柔和、清淡细腻、韵味纯真的单曲《浔阳琵琶》，气势磅礴、热烈奔放的《十面埋伏》等。他在教学中强调手势虚拟动作和琴声余音的配合，使之余音袅袅，音尽而意不尽。在朱英老师的教导下，刻苦用功、勤奋好学的亚贞，琵琶演奏技艺进步很快，很受老师青睐。

朱英不仅是一位琵琶演奏家，而且是一位爱国的琵琶作曲家。他为纪念日寇在济南滥杀无辜、造成血腥惨案而创作的琵琶大曲《五·三纪念》，为抗议日军侵略东北三省而作的《难忘曲》，为上海一·二八英勇抗日而作的《淞沪血战》等作品，使亚贞受到了强烈的爱国主义思想教育。

按照琵琶专业的学习进程，亚贞可以顺利毕业。但是，一个轰动中国音乐界的大事件，使她的专业追求发生了变化。

1934 年 11 月 17 日那天，天空飘着霏霏细雨。国立音专的师生们在上海新亚酒店济济一堂，隆重举行校庆 7 周年暨“征集中国风格钢琴曲”活动的颁奖仪式。欢声笑语中，当俄国作曲家亚力山大·齐尔品以激动的口吻宣布“《牧童短笛》获一等奖”的时候，身材瘦弱、衣着朴素的贺绿汀走上舞台领奖。然后，应颁奖人之邀，贺绿汀倾情演奏了获奖作品《牧童短笛》。座席上的师生和嘉宾们静静地欣赏了琴键中飘出的那一串串清新、活泼的音符，仿佛看到了牛儿在幽静的田野上悠闲地吃着青草。“牧童归去横牛背，短笛无腔信口吹”的神奇与美妙情景，让所有的观众都情不自禁地陶醉在大自然的绿色怀抱中。人们

上海国立音乐专科学校第五届全体毕业生合影。后排左一为寄明（1937 年）

将热情洋溢、经久不息的掌声，献给了钢琴曲作者和演奏者，校庆的欢乐气氛达到了高潮。

当时的演奏者和颁奖者大概都不会想到，这首从贺绿汀手指间飞出来的钢琴曲，让观众席上瘦弱文静的二年级女生吴亚贞，感受到了不同寻常的乐感：婉转动人而富于动感的旋律、和声、调性和节奏的色彩性因素，以及清新流畅的线条和呼应对答式的二声部复调旋律，热烈明快的节奏，再现出的情景是那么的回味无穷。贺绿汀的美妙演奏，让亚贞产生了非同寻常的感觉：钢琴不再是孤独的乐器，分明是一个小型的管弦乐队，那优雅自然的弹琴者，简直就是指挥键盘的乐师。钢琴比她的琵琶所表达的情感丰富得多！奇异的感觉，让她产生了放弃主课琵琶，改学钢琴专业的强烈愿望。于是，她向学校提出了改学专业的申请。

考入国立音专，已经为亚贞步入音乐生涯开启了幸运之门。而更为幸运的，是学校所奉行的因材施教的教育理念。创始人萧友梅认为，音乐教育需要充分发扬学生音乐个性与才能。因此，学校十分尊重学生的爱好和选择。于是，亚贞如愿以偿地由琵琶专业转为师从俄籍教授拉查雷夫学习钢琴专业。

学习的困难是可以想象到的。但是她以不懈的努力，刻苦地反复练习经典性的音乐名作，如巴赫的赋格曲，莫扎特、贝多芬、舒曼等人的奏鸣曲、协奏曲，她不知道弹奏了多少遍。在必修的合唱教材中，她连续学会了合唱曲《抗敌歌》《旗正飘飘》、清唱剧《长恨歌》等爱国主义音乐作品，并多次参加社会演唱。

1937 年夏，亚贞以优异成绩毕业于钢琴专业，回到苏州待业。8 月中旬至 11 月中旬，疯狂的日军在苏州城区共投弹 4200 余颗，死伤人民数千。亚贞家的屋舍被夷为平地。在这民族危难的时刻，亚贞回到上海，和国立音专的同学们一起，辗转进入山城重庆。她利用国民党教育部音乐教育委员会干事的身份，到各地组织大众抗日救亡歌咏活动，加入滚滚的抗战洪流中。在 1937 年至 1939 年近两年时间内，她的足迹遍布四川、贵州的二十几个市县。在走向社会底层，与劳苦大众打成一片的过程中，她看到了国民党政府的腐败，与人民的对立，尤其是对日抗战的不彻底性时，她认识到了中国抗战的希望在中国共产党的身上！于是，她毅然决然地挣脱了国民党的枷锁， 于 1939 年 8 月，经过长途跋涉，从重庆来到了革命圣地延安，并且走上了她心向往之的钢琴演奏家的道路。

第二章

征程起步

ZHENGCHENG
QIBU

瞿维寄明合传

一

1936年初，瞿维从上海新华艺术专科学校毕业。为了谋求生存，他去了上海光复中学，担任音乐、美术老师。他从微薄的薪金里抽出一部分付学费，坚持在课外时间师从俄籍老师吕维钿夫人学习钢琴演奏。这样的日子仅仅勉强维持了半年。因为赡养祖母、资助正在南洋中学读书的弟弟世俊，还要补缴在新华艺专学习时的部分贷款，入不敷出的他不得不另寻生路。同年夏天，经新华艺专同学童永凤帮助，瞿维到湖北宜昌应聘，先后在职业中学和学院街小学担任音乐、美术老师。这样，祖母、弟弟和姐姐也就和他一起到了宜昌。

宜昌是巴楚文化的发源与交汇之地。这里曾孕育了先秦时期中国文学史上第一位伟大的爱国诗人屈原和汉代民族和亲使者王昭君，晚清学者杨守敬也著籍于此。李白、杜甫、白居易、欧阳修、苏轼、陆游等多位著名诗人也都曾在此间留下他们的游踪墨迹。“西陵山水天下佳”，欧阳修这千古隽句所歌咏的西陵峡，是长江三峡中最长的峡谷，也是自然风光最为优美的峡段。当年瞿维就职的学院街小学就坐落在西陵的孔庙。

现代史料记载，宜昌是早期中国共产党人频繁出入的红色区域。1921年，

瞿维在宜昌学院街小学（1936 年）

中国共产党创始人之一董必武，于建党伊始，就来到宜昌参与并领导军事行动，抗击军阀吴佩孚督战的军队，浴血鏖战二十余日。时任川军第二混成旅第一团团长的刘伯承曾亲率先头部队，直奔北洋军阀吴佩孚的老巢，打败了龟缩在恩施与宜昌的北洋军镇守使赵荣华部队。1929 年，贺龙在宜昌创建了中国工农红军第六军，树起了红军史上第一支少数民族武装斗争的大旗，创建了第一支以军为建制、以土家族劳苦大众为主体的地方革命武装，这支被称为“土家第一军”的部队，对领导湘鄂西地区的抗战，发挥了重要作用。抗日战争爆发后，宜昌是中共湖北省委、湘鄂西区党委机关所在地，学院街小学一直是中共鄂西特委的秘密联络站。

瞿维任职期间，学院街小学校长为张一之，他毕业于金陵大学，思想进步，深受著名教育家陶行知“生活即教育，社会即学校”教育思想的影响，秘密加入中国共产党。他以办教育为掩护，积极发展地下党员，争取一切可以团结的力量共同抗日。其间，中共湖北省委组织部部长钱瑛、鄂西特委书记何功伟、宜昌地区工委书记孙世实、宜昌县委书记张清华等同志，曾多次到过学院街小学组织活动，做出指示。在校内，张一之带领师生办抗战墙报，唱抗战歌曲；在校外，率领师生走上街头，高呼口号，张贴标语，演出抗战街头剧，以期唤醒宜昌人民同仇敌忾，团结抗战。在这样的革命氛围中，瞿维为张一之编写的《学院街小学校歌》谱曲，他和全校师生每日里都要面对朝阳高唱：

这里是活泼的园地
这里是抗战的基体
我们师生努力吧
向着那微明的朝曦
加紧锻炼
努力学习
用钢铁的拳头
用圣洁的心地
朝着民族解放大道
去争取最后的胜利

这是瞿维在音乐创作道路上谱写的第一首革命歌曲，旋律简洁、活泼，却饱含坚定意志，对鼓舞师生为中华民族夺取胜利而斗争起到了积极作用。多年以后，瞿维还在心底熟记这首歌。

抗日战争时期，校长张一之经常邀请知名人士到学院街小学参观、演讲。在瞿维的印象中，冯玉祥的演讲最为幽默。演讲中他问道：“鬼子的飞机来下蛋，你们怕不怕？”数百名师生齐声回答：“不怕！”冯将军说：“那有什么可怕呢？你们说，天上的飞机多，还是鸟多？”大家说：“当然鸟比飞机多！”“既然是鸟比飞机多，那么鸟屎为什么不掉到你们的头上呢？”幽默的话语，坚定了瞿维和师生们抗战必胜的信念。

著名教育家陶行知的演讲，给瞿维留下的印象最为深刻。他记得陶先生有这样的话：“我是刚从欧洲回国来到宜昌的，在我们（中国）过去阶级界线划得非常清楚，有上等人、中等人和下等人，左派、右派向来对立，中间派是隔岸观火，图渔人之利，但在抗日的时期却抱在一起，为同一目标而奋斗。这是最有力量的团结。”陶行知还以“春”字为例，他说，春字拆开是三、人、日，三个人合起来是“众”。我们要以大众的力量，把日本帝国主义压下去！……他接着说：“这一次剧变（指国共第二次合作）把全国人民团结得像熔炉的铁水一样，日本不败，更待何时？”他的演讲，赢得了师生们经久不息的掌声。

在学院街小学，瞿维还结识了著名音乐家贺绿汀和电影演员白杨。贺绿汀亲自指挥学院街小学的教师合唱团演唱抗战歌曲；白杨则是接受了学院街小学与宜昌抗战剧团的联合邀请，在宜昌公演话剧。

学院街小学的抗日救国活动，给古老的宜昌带来了勃勃生机，使瞿维得到了锻炼和成长。在中共湖北省委、湘鄂西区党委委派的青年共产党员苏震影响下，瞿维参加了“读书会”“时事座谈会”“青年救国团”等进步团体，并以分销《新华日报》等方式开展抗战宣传活动。他还利用音乐教师的便利条件，组织成立了“宜昌音乐界抗敌联合会”，组织“合唱团”“歌咏队”去街市、乡村和国民党驻宜昌的军队，演唱抗日救亡歌曲，激发人民群众的抗战热情。

那时候，张一之的妹妹张清华从陕北公学毕业，被党组织派回家乡担任县委书记。她经常向瞿维声情并茂地介绍革命圣地延安的生活，教唱《延安颂》等歌曲。这些活动，使瞿维的思想觉悟迅速提高，他初步认识了中国社会的性质、各阶级的地位和作用，坚定了对中国革命必胜的信念。他认清了中国共产党才是挽救民族危亡的唯一希望，增添了对革命圣地延安的向往之情，萌发了加入党组织的愿望。

经过朋友帮助，瞿维把弟弟送到南京一所学校补习功课，准备升学。弟弟走了没几天，在最阴冷的冬日里，多年疼爱瞿维的祖母病逝宜昌，他悲痛异常。1937 年暑期，对时局还不十分清楚的他，护送祖母的灵柩回到家乡常州，安葬了祖母之后，便直奔上海，一是要去看望心中敬慕的导师冼星海；二是希望在上海找到工作，以便继续求教吕维钿夫人，深造钢琴演奏技艺。

二

与冼星海在上海的重逢，是瞿维下决心从象牙塔里走出来，义无反顾踏上音乐救亡道路的起点。

瞿维初识冼星海，是 18 岁那年的秋天。从巴黎音乐院学成归国不久的冼星海，刚刚完成电影剧本《时势英雄》的配乐。为了灌制电影插曲《运动会歌》唱片，他特地前往新华艺专邀请同学们演唱。这天，瞿维和同学们正在练歌，教室的门打开了。一个中等身材的人从容地走进门来，用浓重的广东口音向同学们讲述了具体的演唱要求。他说话不多，但话语温和、谦虚，且带着些许羞怯，丝毫没有自命不凡的大音乐家的神气。他指挥同学们演唱时非常兴奋，看得出来，他抱着无限的热忱回到祖国，对于发展自己的才能也充满信心。冼星海的真诚与才华，令年轻的瞿维钦敬不已。此时的冼星海，在他的心里已经是最尊敬的导师了。

这次回上海，瞿维首先做的事情就是了解冼星海的行迹。8 月 8 日上午，听说冼星海将去文庙参加上海千人大合唱暨国民救亡歌咏协会成立大会，他便兴冲冲地赶到了会场，只见冼星海与孟波、麦新、鄢克定、徐则骧等人已经在主席台上入座。时任上海民光中学校长的徐则骧致开幕词，他说："今天举行成立大会，其原意并非为要组织而组织，亦不是为了歌咏而组织，是为时代的需要，暨目前国家民族需要之下而组织，这是救亡歌咏协会的原意。我们觉得歌咏的意义，极为重大，歌咏是文化的先声，是民族性的代表，要各尽所长、各尽所用，贡献于国家，则虽暴敌当前，有何惧哉！”在当天下午举行的救亡歌咏大会上，与会的五十多个群众歌咏队演唱了《大刀进行曲》《义勇军进行曲》《热血》《救国军歌》《救亡进行曲》等二十多首抗日救亡歌曲，其中《大刀进行曲》是首次唱响。从千百个喉咙里共同发声的合唱是那样雄壮而宏大，气氛悲壮热烈，其撼天动地、同仇敌忾之势，十分感人。瞿维当时的体会，正如丰子恺在《谈抗战歌曲》一文中所说的那样："抗战以来，文艺中最勇猛前进的要算音乐……只有音乐，普遍于全体民众，像血液周流于全身一样。"

大会结束后，瞿维在匆忙中见到了冼星海。冼星海仍与两年前初识的时候一样热情。因为还有事情急办，冼星海麻利地写下了居住地址，约定瞿维第二天清早到他家里去。第二天，瞿维如约而至，冼星海热情地接待了他。谈话中，冼星海为鼓励瞿维积极参加抗战歌咏运动，送给他一张活页歌片，上面印着《保卫卢沟桥》（塞克作词）《青年进行曲》（田汉作词）两首歌。关于今后工作，临别时，冼星海与瞿维约定，邀请他去电台弹钢琴伴奏。

几天后，日本帝国主义侵略军大举进攻上海。中国守军奋起抵抗，八一三抗战爆发。冼星海参加了上海话剧界救亡协会战时移动演剧队第二队，匆忙前往河南、武汉等地开展抗日救亡工作。这样，去电台的事情只能放下。但是，冼星海赠送的歌片，却在瞿维的心里泛起了涟漪。

《保卫卢沟桥》是冼星海抗战歌曲中的力作。创作背景是著名诗人塞克感动于爱国将领宋哲元率二十九军将士，奋起抗击企图强夺卢沟桥的日本侵略者，打响中华民族全面抗击第一枪的英勇事迹，为鼓舞全国军民坚决抗战而写下的歌词：

敌人从哪里来

把他打回哪里去

中华民族是一个铁的集体

我们不能失去一寸土地

兵士战死由百姓来抵

丈夫战死由妻子来抵

中华民族是一个铁的集体

我们不能失去一寸土地

敌人从哪里来

把他打回哪里去

冼星海看到这首歌词以后，立即谱写了男声齐唱的曲调，淋漓尽致地表达出了中华民族坚决抗战、神圣不可侵犯的伟大精神。

《青年进行曲》是冼星海于 1937 年 5 月为同名影片创作的二部合唱，是一首活泼、明快的进行曲，音调颇为新颖，节奏跳荡而多变化，体现了进步青年朝气蓬勃、勇于进取的音乐形象：

前进！中国的青年！

挺战！中国的青年！

中国恰像暴风雨中的破船，

我们要认识今日的危险，

用一切力量，

争取胜利的明天。

我们要一以当十，

百以当千，

我们没有退后，
只有向前！向前！
兴国的责任，
落在我们两肩。
嘿！前进！
中国的青年！

冼星海的这两首抗战歌曲，均是普及性强、参与面广的合唱歌曲。前者的旋律悲壮而又坚定，后者的进行曲节奏充满生气而又活泼。唱着这富有号召力的歌曲，瞿维的爱国情怀油然而生。他懂得了个人的命运与国家的命运紧密相连。国将不国的危难之时，他又怎么可能实现钢琴演奏家的梦想！“国家兴亡，匹夫有责”这八个字，在他的心中升腾，他放下了继续向吕维钿夫人学习钢琴演奏的念头，决定回宜昌，像冼星海那样，尽一个炎黄子孙应尽的责任，用抗战的歌声唤醒民众，挽救祖国的危亡。

在回宜昌的途中，瞿维听说冼星海已到武汉，正在组织歌咏队深入工厂、学校、伤兵医院，教唱抗日歌曲，以此激发民众斗志。在冼星海等人的影响下，抗战歌声已经响彻大江两岸。于是，瞿维在汉口下船，前去看望冼星海。

在汉口，瞿维目睹了冼星海指挥青年学生，演唱他新谱曲的《迎春曲——迎接1938年春》（孙师毅作词），然后再挑出队员指挥演唱，冼星海从旁指导。孙师毅的歌词写得很有凄美的韵味：

阳光遍处融融，
春花满地鲜红，
三月阳春，
温不了我们心胸，

炮声震耳隆隆，
飞机四处逞凶，
碧血沙场，
躺下了抗敌弟兄，
八百万方里，
三千万民众，
已沦亡了七个寒冬；
冬雪消融，
春日又重逢，
关山如画，
犹在棘园中。

在这首充满家国情怀的歌声里，瞿维听出了抗战必胜的信心。

演唱间隙，瞿维看到青年们围绕冼星海，提出了各种各样的问题，而他总是那么耐心地一一答复，直到大家满意为止。也有的青年拿出自己的作品，请求冼星海指教。只见冼星海接过青年们的习作，一首一首地唱，一首一首地提出修改建议。冼星海身上燃烧出的从事救亡歌咏运动的热情，使瞿维开始思考“音乐艺术对于社会应起的作用”这一重大的课题。于是，瞿维也拿出了自己创作的《大时代的青年》歌曲，恳请冼星海点评。冼星海看后，直率地说：“这很像海顿的奥国国歌。”这句话，不仅使瞿维明白了自己在作曲方面受到了学院派的束缚，还使他认识到，自己再也不能关在象牙塔里埋头追求艺术至上的理想了。

与冼星海相识，唱冼星海谱写的歌，听冼星海的谈话，对瞿维的影响是巨大的。他决心以冼星海为榜样，以音乐做刀枪，到人民大众的生活中去，到打击日本侵略者的战场上去。至此，瞿维确定了生命追求的明确方向。他在汉口短暂停留之后，于 11 月中旬回到宜昌。

三

1938 年 5 月，宜昌西陵峡的桃花、樱花竞相怒放，放眼望去，翠绿间掩映着一片片粉红花海，风光绝美。

这天晚上，中共宜昌区委组织委员韦君宜的家里，瞿维和入党介绍人、中共宜昌县委书记张清华，宜昌地区工委书记孙世实，正在秘密集会。孙世实认认真真地在一张白纸上，手绘了一面有镰刀斧头的党旗。张清华面对党旗，带领瞿维秘密地进行了庄严的入党宣誓：一、终身为共产主义事业奋斗；二、党的利益高于一切；三、遵守党的纪律；四、不怕困难，永远为党工作；五、要做群众的模范；六、保守党的秘密；七、对党有信心；八、百折不挠，永不叛党。

宣誓以后，孙世实进一步给瞿维讲解了党的性质，分析了抗战局势，与他建立了单线联系。

这一时刻，这个地方，在瞿维的记忆里是永生难忘的。半个世纪之后，瞿维写下了题为《难忘的宜昌岁月》的回忆录，讲述了他从追求音乐艺术走上革命征途的珍贵记忆。

入党以后，瞿维在很好地完成学校音乐、美术教学工作的同时，积极参加了地下共产党领导的宜昌抗战剧团活动，成为剧团不可多得的音乐教员。在剧团里，他把组织演唱冼星海谱曲的《救国军歌》《青年进行曲》《保卫卢沟桥》和麦新创作的《大刀进行曲》，作为唤醒宜昌民众同仇敌忾、共同抗敌的有力武器。1938 年秋，为纪念卢沟桥事变和淞沪会战一周年，瞿维参与了抗战剧团的《中华民族的子孙》《古城的怒吼》《难民》《敌人打退了》《捉汉奸》等剧目的演出。剧团的活动搞得轰轰烈烈，鼓舞了民心。为此，著名教育家陶行知为剧团题写了“艺壮山河”的题词。如今，在《宜昌抗战剧团纪念册》中，还能看到瞿维参加宜昌抗战剧团的演出剧照。他还按照党组织的要求，组织宜昌城内各个学校的音乐教师，成立了“宜昌音乐界抗敌委员会”，组织一批合唱团、歌咏队，到城乡内外的民众中间、到驻军中去演出。这些活动既鼓舞了人民大众的抗战热情，也锻炼了瞿维的革命意志。

在抗战救亡活动蓬勃发展的局势中，中共地下党组织的活动引起了国民党宜昌当局的特别注意。不久，县政府下令解散了“青年救国团”等进步团体，查封了《新华日报》分销处，将苏震和张清华驱逐出境。1938 年初冬，日军侵略者的飞机对宜昌县城进行了惨无人道的大轰炸，学院街小学被炸死炸伤的师生有五六十人，学校被迫停办。在中共湖北省委的安排下，瞿维奉命秘密转移，乘轮船走水路，赴重庆中国电影制片厂，担任了合唱团的钢琴伴奏。

翌年秋天，经作曲家任光介绍，瞿维应邀到第二战区民族革命艺术学院担任音乐系主任。当时，学院的地点在陕西宜川的英王小镇，距离冼星海所在的延安鲁艺有百余华里。刚刚担任音乐系主任，年轻的瞿维对如何开展工作感觉心里没有底，于是，他决定前往延安当面请教冼星海。

这天，瞿维邀约美术系教师安林，一起去延安向冼星海取经。冼星海热情地将鲁艺音乐系的课程设置、教学情况介绍给他们，并把备课提纲拿给瞿维抄录，还把正在创作的交响乐《第一交响乐》中的龙舟舞、纸鹞舞和狮子舞曲，拿给他们商讨。这三个民间舞曲是在第三乐章《保卫祖国》中体现的，分别象征着海陆空三军的力量，它们将日益强大而成为捍卫祖国的屏障。

冼星海的设想奇妙而富有创造性。龙舟舞曲充分运用了民间打击乐。它的引子由两部分构成：第一部分全用打击乐。第二部分是打击乐加乐队伴奏，富于动力感，节奏有弹性，造成欢乐的节日气氛，为主题的进入做铺垫。这段音乐以发展节奏的因素为主，表现了刚劲、富有进取心的民族性格。纸鹤舞的曲调优美而抒情，带有藏族民歌的特点。中段的音乐，清新而舒展，有“彩云当空”的意境。狮子舞曲描写了狮子的动态和吼声。这段音乐的音区逐渐升高，乐器逐渐增多，直到全乐队加入，发展成为连续的四度跳进，充分表现出了狮子的威武形象，让瞿维感受到了鲜明的民族特色音乐，看到了劳动人民充沛的乐观主义精神，听到了人民革命胜利的欢呼声。瞿维对冼星海在创作上的丰富想象力和革新精神特别仰慕。

当天下午，冼星海要去延安中国女子大学讲课，瞿维为了听课也一同前往。到了女大，已经是晚上了。疲累的冼星海顾不得休息，马上去给同学们讲课。冼星海对工作的忘我热情，让瞿维很是感动。

这一次拜访冼星海以后，瞿维开始深入学习和声学、对位学、赋格曲。他创作的歌曲《打铁歌》《大时代的青年》，由冼星海教给了中国女子大学歌咏队传唱。

在瞿维任职音乐系主任时期，他邀请正在第二战区政工队工作的马可前来协助授课。经过一段时间的合作共事，马可认为瞿维的音乐观点先进，社会科学方面修养高，政治理论基础扎实，便在心里把瞿维当作老师。其间，马可请瞿维帮助修改新创作的《吕梁山大合唱》，并为他作词的《突击运动歌》谱曲。同年 12 月 3 日，长期统治山西的阎锡山制造了震惊全国的“十二月事变”，他在晋西南、晋西北挑起武装冲突的同时，还于 12 月 8 日至 26 日组织武装力量破坏沁水、阳城、高平、陵川、壶关、长治等 7 县抗日民主政权，杀害共产党员及进步分子五百余人，绑架千余人。“十二月事变”成为国民党顽固派第一次反共高潮的重要组成部分。

民族革命艺术学院即将停办。在人生道路何去何从的重要关头，第二战区的进步青年几乎都去了革命圣地延安。瞿维和马可坚持到了 2 月 17 日，为第一届毕业生举行毕业典礼之后，也立刻做好了去延安的准备。

1940 年 2 月 22 日，正是旧历元宵节。夜半，瞿维与马可、安林等 8 个民族革命艺术大学的老师及相关人员，雇了 3 个牲口，在银色月光的照耀下，向延安进发。逶迤曲折的山间小径积雪尚存，一不小心就会滑倒。脚夫们要拉着

①瞿维（右二）在中国电影制片厂与同事合影
②在重庆中山公园举行的元旦抗敌音乐会上，瞿维（弹钢琴者）为盛家伦、谢婉华（钢琴旁站立者）的二重唱《保家乡》伴奏（1939年）

毛驴的尾巴，方能下山。经过两天的艰难跋涉，瞿维一行应付了哨兵的盘查，路过临镇、马家坪等地，终于在2月24日进入夕照下的古城，看到了宝塔山上的塔影，听到了延河的潺潺流水声。

延安向瞿维和马可一行张开了热情的双臂。亦师亦友的冼星海倾听了他们的诉说。瞿维坦率地说出自己想去中央党校学习马克思列宁主义，增强理论修养的打算。但冼星海认为，瞿维的音乐专业功底很好，留在鲁艺做助教，既能够巩固提高音乐专业水平，也一样可以学习马列主义。在教学育人的同时，自己一样能够进步成长。冼星海以欣喜的心情告诉瞿维说：自己就是在鲁艺学会用马列主义辩证法的观点来分析音乐的。他说：“为了学习浪潮的推动，我也学习理论，最初只限于与音乐有关的东西，后来知道这还不行，我就也来一个学习社会科学的计划”，“一旦慢慢发生了兴趣，我竟发现了音乐上许多过去不能解决的问题在社会科学的理论上竟得到解答”。冼星海的话，很有说服力，既然在鲁艺一样可以学习马列主义理论，理论上的收获一样可以转化为指导创作实践的动力，那何不走这条路子？更何况能够在冼星海的领导下工作，也是他求之不得的呢！于是，瞿维留在鲁艺担任了音乐系教员，主要教授乐器。

四

瞿维到延安鲁艺时，吴亚贞已改称寄明，正在延安中国女子大学高级班读书。后来两个人认识后，瞿维才知道，寄明到延安的经历比较曲折。

1937年夏，亚贞以优异成绩毕业于国立音专钢琴专业，回到家乡苏州待业。

8月中旬至11月15日，疯狂的日军在苏州城区共投弹4200余颗，死伤人民数千，亚贞家的房舍被夷为平地，她心爱的琵琶、二胡、笛子等乐器通通化成了灰烬。在这民族危难的时刻，站在断壁残垣之间，眼看着昔日里美丽的家乡成了一座瓦砾堆集的废墟，集国恨家仇于一身的亚贞，告别了父母，回到上海，和国立音专的同学们一起，来到陪都重庆。她先后辗转于贵州、四川及重庆等二十几个地区，在教师服务团、川东师范、达县中学担任音乐教员。她以聂耳、冼星海、麦新等作曲家创作的《救国军歌》《救亡进行曲》《大刀进行曲》等救亡歌曲为教材，在学校和社会开展歌咏活动。

1938年10月，重庆国民政府教育部音乐教育委员会成立。其主要职责是：“审查各级学校现有音乐教材并征集新歌编订新教材；举办音乐推广人员训练班；派员视察各省音乐教育实况；审核各校校歌；编辑音乐辞典；搜集民间音乐与中国音乐史料等。”亚贞在国民政府担任立法委员的二姐夫的帮助下，到音乐教育委员会任干事。她利用工作上的便利，继续到各地组织大众抗日救亡歌咏活动。在她走向社会底层，与劳苦大众打成一片的经历中，她了解了普通民众的苦难生活，看清了国民党政府的腐败，认识到了中国抗战的希望在中国共产党的身上。因此，1939 年 7 月，她毅然决定，放弃眼前较为稳定的工作，以音乐艺术为武器，投身于民族解放运动的洪流中，去延安！

当时，亚贞的兄弟吴常铭、吴鸿铭和妹妹吴子云已分别到达延安。听说亚贞也要去延安，二姐吴子我出于爱护，生怕年轻的妹妹孤身一人，在遇到国民党阻止各地学生去延安的关卡时性命不保，坚决不同意。亚贞是一个有主见的新女性，她在耐心地表达了自己向往延安的意愿之后，半是撒娇半是决绝地表示，无论姐姐同不同意，她都要义无反顾地去。二姐看她决心已定，无奈地点了点头，立刻给二姐夫下达了任务——一定要保障亚贞顺利到达延安。对二姐言听计从的二姐夫，给她找到了杜聿明一行去西安的专车，又想方设法联系延安的吴常铭，专程到西安接应，二姐这才肯放行。在二姐夫妻和哥哥的保护下，亚贞于 8 月底抵达延安。

初到延安，亚贞兴奋极了。看到绿油油的田野释放出的无限生机，她做出了改名字的决定——“寄明”，这寓意寄希望于明天的两个字，就此创造了中国音乐史上光辉的一页。

看似简单的姓名里，既有诗人般的浪漫主义激情，又有理性的哲学思维。怀着这样的信念，她主动要求去刚刚建立的延安中国女子大学学习。她希望通过学习马列主义基本理论，学习辩证唯物主义和历史唯物主义的知识，提高理论水平，能够在研究中国革命的理论和实践中，实现一次生命本质的涅槃。

到女大学习，是寄明放下小我的愿望，彻底走上革命征程的起点。原来，女大是由毛泽东同志倡议、中共领导人捐资、中共中央创办的第一所妇女干部学校。党中央为第一个“女儿”举办的开学典礼隆重极了，中共中央政治局在延安的全体同志，从前方回来的八路军、新四军的代表， 还有印度援华医疗队的安德华队长等万余人出席了典礼。毛泽东同志在开学典礼上发表的“全国妇

①瞿维（后排左五）在第二战区民族革命艺术大学音乐系（1939 年）
②寄明在重庆川东师范（1938 年）

女起来之日，就是中国革命胜利之时”的重要讲话，寓意深长，富有感召力。

寄明去女大之前，这里有四个普通班和一个小高级班、一个高级班已经开学。根据寄明的学历，她被分配在高级班学习。其必修课有社会发展史、政治经济学、马列主义、中国革命基本问题、哲学、妇女问题、世界革命史略、俄文等。另外还开设了经典著作研读，书目有《共产党宣言》《社会主义从空想到科学的发展》《矛盾论》《实践论》等。学校聘请了王明、陈伯达、张仲实、王鹤寿、韩光、赵毅敏、张鼎丽、艾思奇等中央首长和著名专家学者，为高级班学员授课。

女大把学员的政治培养放在首位。寄明和学员们经常能够出席边区的大型会议和政治活动。每当毛泽东同志发表重要讲话或著作，学校会立即组织学习讨论。此外，有数十位中央领导人为女大做过专题报告。如，张闻天讲述了如何树立正确的人生观，陈云谈的是革命先辈在监狱里的英勇斗争，邓发报告了广州起义的悲壮，邓颖超演讲了抗日民族统一战线中的妇女运动。他们的讲课内容，让寄明和学员们既了解了政治军事形势、党的策略方针，又培养了革命气节、革命人生观。经过紧张的学习，手不释卷的寄明，形成了比较坚实的马列主义理论基础。

女大的学习条件比起寄明就读过的国立音专，实在是差得太多。校址坐落在延安杨家岭后山沟的一座山坡上，学校只有三间简陋的教室和一个简易大礼堂。平日里都是在露天上课，不管风吹日晒，酷暑严寒，上课的哨子一吹，学员们便拎着一个矮凳子集合。天冷了就围坐在窑洞前的平台上，天暖时就坐在绿茵茵的草地上。她们把膝盖当书桌，染料做墨汁，记录用的是粗糙的麻纸笔记本。

女大的生活很艰苦：学员们住的是顺山势而建的窑洞，10 个人一个大通铺；吃的是小米加土豆，每天每人只有二分钱的菜金；穿的是粗布缝制的衣服，夏天的单衣和冬天的棉服都只有一套；生活用品更是简单，用咸盐代牙膏，用草木灰当肥皂。到了夜晚，一个窑洞仅有一盏小油灯，只能点到八点钟。为了自给自足，学员们还要扛起锄头，到分担的土地上锄草；或者是拿起柴刀，去山里砍柴，然后从遥远的山里将木柴背回学校。这对过去肩不担担、手不提篮的寄明来说，该是一件多么了不起的变化！女大的物质生活虽然艰苦，但寄明的精神世界却充满了欢愉。

女大的校训简单明了："紧张的学习，艰苦的生活， 高尚的道德，互助的作风。"女大的校歌里，嵌入了校训的内容，展示了知识女性的革命理想和精神风貌：

我们是妇女先锋，
我们是妇女榜样。
来自不同的四面八方，

在女大，亲爱的欢聚一堂。
女大是我们的太阳，
比太阳更光亮。
要努力学习革命方法，
学习理论武装，
学习职业技能，
学习道德修养。
我们要深入农村工厂，
我们要永远走上战场。
一个个锻炼得如铁似钢。
争取民族、社会和妇女解放。

女大的门前是延河的清波。夏日，寄明和同学们在河里洗漱。冬天，她们到河里打水。延河边的沙滩，既是体育运动场，也是简易大舞台。朝气蓬勃的女大学员们经常在这里跳舞、歌唱。

这一切的一切，将寄明引入一片全新的境地。她仰望延安的天，天是那么湛蓝；她俯瞰延河的水，水是那般清澈；她和女大的师生们在一起，从心底里感到亲切。女大，使她有了归属感，她的革命生涯从此打开了崭新的一页。

第三章
琴缘
QINYUAN

瞿维寄明合传

一

1941 年春，重庆的一位爱国民主人士送给周恩来一架德国制造的钢琴。为了支持延安鲁艺的教学和演出工作，周恩来把钢琴转赠给了鲁艺。当这件洋乐器翻山越岭运到延安的时候，鲁艺很少有人看到过钢琴。

鲁艺异常珍视这不同寻常的礼物，音乐系领导经过慎重考虑，决定分配给少数学习过钢琴的人使用，促使它在教学、演出和创作中发挥作用。瞿维因为在新华艺术专科学校学了一手好琴艺，被“批准”为是可以弹奏钢琴的人。吴玉章院长不知道从哪里得到信息，亲自与延安中国女子大学协商，把寄明调到了鲁艺音乐系，身兼教学与钢琴演奏两职。

与寄明见面的那一刻，用大喜过望来形容瞿维的心情一点也不过分。他怀疑自己的眼睛，无论是神态还是相貌，寄明怎么竟然和两年多以前曾经让他心动的吴亚贞一模一样！世界上除了双胞胎，绝不会有这样相像的人。究竟是怎么回事？经过介绍，瞿维方从迷雾中醒来，原来吴亚贞就是眼前的寄明，寄明就是他在重庆看到的吴亚贞。

那一刻，瞿维的脑海里立刻闪现出了第一次看到吴亚贞的情景。1938 年

11 月，瞿维到了重庆国民党军事委员会政治部第三厅所属的中国电影制片厂合唱团，担任钢琴伴奏。这是一个瞿维早就向往的职业。他在回顾自己求学经历时曾经说过：我在 1933 年到上海考入新华艺术专科学校的时候，上海已经聚居不少的中、外籍钢琴教师，有的还是名家；钢琴教学已经被推向社会。我选择的主课是钢琴。我的第一位钢琴老师钟慕贞，她是美国教会在上海开办的中西女子学堂的钢琴教师。之后，我又跟随来自圣彼得堡音乐院的拉脱维亚裔音乐家吕维钿夫人学琴。我当年的抱负是想成为一个钢琴家，而不是作曲家。

一天晚上，瞿维从教育部音乐委员会的院子里走过，一曲优雅的琴声随风飘入耳畔，钢琴演奏家所具有的灵敏听觉定格了他的脚步。驻足细听，便知是行家里手在弹奏音乐家贺绿汀创作的钢琴曲《牧童短笛》。在悠扬乐曲的导引下，瞿维不知不觉地来到了琴声飞扬的屋门前。透过橘色的灯光，他的视觉似乎进入美妙的童话世界。钢琴的旋律是从一个年轻女郎的指尖流淌出来的，那女郎宽阔凸起的额头，显现出了聪慧的气质；乌黑清纯的一双大眼睛，闪现着善良的柔光；微微上扬的嘴角，满含着笑意又镌刻着刚强；浓密的齐耳秀发与文静端庄的神态搭配得和谐有致。看得出来，她的情绪，已完全陶醉在乐曲中了。琴声把一幅诗意的画面展现在瞿维的眼前——风和日丽的乡村田野上，自由自在的牛儿在悠闲地行走着，天真无邪的牧童，坐在牛背上愉快地吹着短笛……那分明是宋代诗人雷震“牧童归去横牛背，短笛无腔信口吹”的悠然意境。

在那个瞬间，钢琴演奏家的梦想与《牧童短笛》的乐曲一拍即合，听觉与视觉合一的盛宴，给瞿维带来了有生以来对异性的第一次怦然心动，恰似“众里寻他千百度。蓦然回首，那人却在灯火阑珊处”。他多想听从内心的召唤，立刻与眼前这个优雅弹琴的女郎相见相识啊！但生性腼腆、拘谨的他却不想冒昧搭讪，生怕让对方误会成一个轻浮之徒，再也不好相处。思索再三，他选择了默默离开。但女郎的琴艺和形象，都在瞿维的心里打下了深刻烙印。后来，他辗转知道了女郎名叫吴亚贞，毕业于上海国立音乐专科学校钢琴专业。想当年在新华艺专毕业的时候，自己多么渴望能够进入国立音专，专修钢琴演奏专业啊！是日本侵略者的战火摧毁了他的梦想。现在，机缘使他遇到了同一个专业的女子，真是上天对自己的眷顾，他盼望着有朝一日能与吴亚贞相见相识。

然而，战争年代的各种不确定性实在是太多了。因为形势的发展变化，瞿维还没等到这个机会，就由重庆去了陕北宜川第二战区民族革命艺术学院任音乐系主任。他原以为，这个机缘已经永远丧失了，真没想到，一架钢琴竟然把他们又牵连到了一起。大概，这就是人们常说的可遇而不可求的缘分吧？

与寄明的不期而遇，使瞿维惊喜异常。他似乎感觉到，自己从前之所以心心念念地为梦想当钢琴演奏家做出的一系列努力，都是因为这钢琴的旋律里，真的隐藏着“千里姻缘一线牵”的月老呢！爱情的火焰，不由自主地在他心中燃烧。

与此同时，寄明对风流倜傥、琴艺娴熟的瞿维也有了越来越多的欣赏以至崇敬。人们常说，最好的缘分，是精神的共鸣，灵魂的吸引，他们正是这样。两人几乎每天都能见面，可是在一起时还总有说不完的话。交谈中，寄明说到了她曾有过一次短暂的失败的婚恋，给她带来了心灵上的痛苦，瞿维表示理解与深切的同情。通过彼此敞开心扉的惬意倾谈，他们洞彻了对方的家世、行迹、个性、爱好、理想、追求，不知不觉间，就从相互欣赏发展成为赤诚相爱的知已。

原来，他们的共同点是那样多：从地缘上看，他们同年出生于江南水乡。从兴趣上说，他们从小都爱好音乐，又几乎是同时在上海学习音乐钢琴演奏专业。从性格上看，他们同属于温婉文雅的一类人，说话和风细雨，从来不发脾气。从经历上看，他们都是唱着聂耳与冼星海的歌曲，从上海辗转西南，投身于抗日救亡歌咏活动，最后同归于延安鲁艺，担任音乐系教师兼职钢琴演奏。尤其在听说吴亚贞改姓名的事情之后，瞿维不仅欣赏她的琴艺，而且更赞佩她的理想抱负，他觉得对寄明似乎有了更深入的了解。

鲁艺这架唯一的钢琴，就安放在天主教堂的左侧小屋，那里距离教室较远，叮叮当当的琴声不会影响教学，为练琴提供了方便。为了让钢琴给鲁艺的音乐会增添光彩，他们夜以继日地轮番练琴，期望尽快恢复钢琴演奏基本功。他们既练独奏，也练伴奏。音乐会上的合唱、独唱、小提琴与大提琴独奏，以及所有节目的钢琴伴奏，全由他俩包干了。另外，他们还各自演出钢琴独奏节目，瞿维弹的是“情韵兼具、优雅可亲”的贝多芬第十首钢琴奏鸣曲(G 大调，作品第十四号之二)和流丽如歌、充满诗意的肖邦夜曲第二首(bE 大调，作品第九号之二)；寄明弹奏的是浪漫派标题音乐，有堪称范例的韦伯的《邀舞》，有门德尔松的《e 小调回旋随想曲》(作品第十四号)。但最受欢迎的却是中国第一首飞向世界的钢琴作品——《牧童短笛》。还有的时候，他们四手联弹，和声中的五度，对位中的卡农，让听众感受到了对位音乐带来的幻想和憧憬。他们的演奏受到了延安各界人士的热烈欢迎。

时隔 40 年以后，瞿维与寄明还记得，在延安欢迎外宾的一个晚会上，鲁艺音乐系教师何士德指挥鲁艺合唱队演唱《黄河大合唱》时，寄明担任的钢琴伴奏得到了外宾的好评；在鲁艺合唱队首演《凤凰涅槃》（郭沫若诗、吕骥作曲）大合唱时，瞿维的钢琴伴奏给晚会增色添彩。在延安鲁艺，他们曾经为多位音乐名

1941 年，在延安演出三重奏。从左至右：张贞黼、寄明、向隅

家伴奏，其中有远东第一大提琴手张贞黼和大提琴演奏家李元庆的独奏，有向隅、汪鹏的小提琴独奏，有唐荣枚、李丽莲、潘奇、郑律成、夏青的独唱，还有吴晓邦的独舞。其中印象最深的是 1941 年 10 月 4 日，他们为著名男低音歌唱家杜矢甲的独唱音乐会伴奏，配合演唱伴奏的曲目，既有中苏两国的革命歌曲、中外艺术歌曲，也有民歌、歌剧选段。延安人的生活因为有了他们的钢琴演奏而显得更加丰富多彩。那时候，寄明作为延安的第一位女钢琴演奏家，格外引人注目。

二

难忘的钢琴演奏，带来了难忘的浓情岁月。随着瞿维和寄明的交往越来越深入，爱情不断升温，如同纯酿般甘美。结婚一事自然而然地提上了议程。然而，这时却遇到了一道不期而至的屏障，这便是瞿维在延安保育院工作的姑母的不同声音。姑母特别喜欢瞿维。在她眼里，侄儿不仅受过良好的艺术专业教育，而且身材颀长、长相帅气，风度温文尔雅，心地纯正善良而又富有理想，是天

瞿维（第一排右一）与寄明（第三排右八）在延安鲁艺工作团（1941 年）

底下最好的男孩子，也是瞿家的骄傲与自豪。这样优越的条件，没有哪一个女孩子会拒绝，他完全可以找到更完美更漂亮的结婚对象。在瞿维的心里，姑母有着和母亲一样重要的位置，是他走上音乐之路的启蒙者，是供他在上海艺专求学的主要经济支持者。他一向尊重姑母。

可是，这次面对婚姻的选择，瞿维却说什么也不肯妥协。他心里清楚，姑母仅是从外在条件考虑他的婚事。但爱情是他于婚姻唯一的选择。爱情最重要的是两情相悦的吸引，心心相印的牵挂。这份爱情里有尊重、理解，有接纳、包容，有神圣真诚的信任，不掺杂任何杂质的。他不忍心伤害姑母，就多次耐心地表示："我不能没有寄明"，"我永远不会放弃寄明"，"寄明是我的唯一"的鲜明态度。疼爱瞿维的姑姑，看他爱得如此坚定执着，想想缘分来之不易，也舍不得让心爱的侄子为难，渐渐也就默然应许了。

两人恋爱时，瞿维知道自己没有什么物质财产可以献给寄明，浪漫的他一直想写首钢琴曲，作为爱情永久的见证。但是，在写什么题材的问题上，他总是拿不定主意。有一天，瞿维的朋友盛家伦为拍摄电影《塞上风云》采风，从内蒙古路过延安。停留的时候，瞿维从盛家伦采集的蒙古族民歌里选择了两首作为主旋律，创作了《蒙古夜曲》。这是他的钢琴曲处女作，也是中国最早的蒙古族题材的钢琴作品。

对于这首钢琴乐曲，美国天普大学（Temple University）钢琴演奏博士张奕明，有着中肯的评价。他在 2019 年 1 月内蒙古艺术学院附属中等艺术学校举办的《中国早期钢琴作品座谈会》上，从民国时期的中国钢琴曲中，选取了部分超越时代的作品进行讲解和演奏，当中就包括瞿维的这首《蒙古夜曲》。张奕明认为，《蒙古夜曲》的淳朴与自然，"一如瞿维与寄明的性格，也一如他们的爱情。"此前，张奕明在《民国钢琴志》一书中，就曾经介绍了瞿维这首把无垠的草原、广阔的天空全部诗意化了的钢琴曲，并从音乐史、中国钢琴史的角度，阐述了这首钢琴曲的意义和地位。

南京艺术学院硕士袁月在《瞿维钢琴音乐创作研究》一文中，对于这部作品也曾做过欣赏式的解读：“该作品一开始，就以快速密集的双手八度同步快速三连音流动音型铺满整个段落，仿佛夜晚草原上连绵起伏的风声。而第一主题音调就隐伏在三连音的最上部音之中，旋律围绕着羽调式的主音上下做波浪形的起伏，勾勒出了宽广辽阔的草原景象。这段主题音调在移调重复一遍之后，通过连续半音下行直接无间断地转入中段第二主题。第二主题富于抒情歌唱的旋律来自蒙古族长调歌谣，作曲家较为完整地保留了民歌的原貌，婉转悠长的曲调伴随着波浪形的跌宕起伏，仿佛是无垠草原和连绵山脉的缩影。这段主题音调采用‘起、承、转、合’四句体结构，方整平衡，在背景伴奏上沿用了第一段如风般的三连音音型，给人以强烈的画面感，仿佛是人们在絮语般的夜风中歌唱着心中对草原的无尽热爱。”

瞿维与寄明在延河之滨（郑律成摄于 1942 年）

当然，最受感动的还是热恋中的寄明。那温暖的爱心和美妙的琴音，给寄明留下了终生难忘的爱情纪念。而寄明则以赤诚的厚意，用延安的土羊毛纺了线，亲手织了一件抵御陕北高原严寒的厚毛衣，作为定情纪念，也是对《蒙古夜曲》的深情回报。

1942 年 2 月的一个夜晚，冷风挟带着寒意在延安恣意而行，可东山上的一孔小窑洞里却暖意融融。原来是瞿维与寄明正在热热闹闹地举行婚礼。婚礼仪式由李德的妻子、鲁艺音乐系助教李丽莲主持。延安的物质条件有限，来宾们畅饮了一锅甜甜蜜蜜的红枣汤，跳了几支欢乐喜庆的舞曲，以此向新人表达了诚挚祝福。

简朴的典礼圆满结束，庆贺新婚的人们陆续散去。牵手剪烛后，幸福相拥的瞿维与寄明四目对视，生发出了“相看两不厌，只有敬亭山”般的悠然心会，他们期待着“死生契阔，与子成说。执子之手，与子偕老”的生命状态，向往着并肩携手走完未来的岁月。在历经艰难坎坷的同时，从此，他们共同走上了既发展完善自己，也帮助成就对方，在音乐艺术创作领域，达到双峰并峙、各显千秋的境界。

关于爱情，人们常常用缘分来解释。能够在茫茫人海中遇见令自己心动的人，便觉得这是上天的安排，为此，古人有了“十年修得同船渡，百年修得共枕眠”的说法，现代人则以“在对的时间遇到了对的人，是最美好的爱情”的语句来表达。瞿维与寄明的爱情，恰恰囊括了古今之人艳羡的缘与情。

熟悉他们的人常说，这是音乐家里最幸运的一对。幸运初始的缘是钢琴演奏，接续的缘是周恩来送给鲁艺的钢琴。因此，人们称他们的浪漫婚姻为“琴缘”。

一幅珍藏了近 80 年的照片做了鉴证。那是瞿维与寄明新婚不久的合影：春寒料峭，远处的宝塔山上积雪尚未融化。风华正茂的两个人，穿着朴素宽松的棉军装，相依相偎地坐在延水河畔的一个小土堆上，向着同一个方向展望。斯斯文文的眼镜后面，闪耀着对革命前程的憧憬和追求理想的光芒；青春的面容上，洋溢着幸福的微笑。套用清代诗人王渔洋的词句，那“‘维’似桐花，‘明’似桐花凤”的唯美画面，被他们的好朋友——《中国人民解放军军歌》和《延安颂》的曲作者郑律成发现，立刻把这弥足珍贵的瞬间抓拍了下来。

瞿维与寄明夫妻恩爱，在音乐界有口皆碑、有目共睹，但婚后的爱情道路并不是一帆风顺的。1943年5月，在整风运动中，瞿维与寄明分别被怀疑为托派、国民党特务，受到隔离审查。夫妻二人多日不能相见。这场风雨究竟会有什么样的结局，他们并不知道。但是，靠着他们之间的互相信任和深厚感情，他们始终坚定地站在一起，相濡以沫，共度艰危，最后终于各自平安地等来了解除审查的时日。而经历过严峻考验的爱情，也更加牢不可破了。

如果说瞿维与寄明结为终身伴侣，是他们在延安的第一个重要关节点。那么，他们一起参加了具有划时代意义的延安文艺座谈会，矢志不渝地坚持了音乐艺术为人民服务的正确方向，就是他们的第二个重要关节点。

1942年，延安的春意格外浓郁。鹅黄、青翠的如茵绿草和叫不出名字的姹紫嫣红的野花，诗意地点缀了黄土铸成的群山众壑。远处的高坡上，隐约地传来了此起彼伏、荡气回肠的信天游。欢腾着笑语，漫踏着歌声，瞿维、寄明和鲁艺的同志们一起，愉快地走在通往杨家岭的土路上。

此行的意义可是非同小可，他们是要去参加毛泽东主席主持召开的文艺座谈会呢！这是多么令人激动的事情！昨天夜里，两个人兴奋得睡不着，只盼着天色快一点儿亮。

5月2日下午，在杨家岭中共中央办公厅的会议室里，参加会议的人们都在急切地翘首以待。激动人心的时刻终于来了。

“主席来了！”

主席亲切地和他们一一握手，并且询问了他们的姓名和工作。

主席讲话的时候，神态安详而又谦虚，他以自己情感变化的例子，启发到会的文艺工作者，要走与工农相结合的道路。他谈到初去长沙求学，挑着行李，在街上遇到熟人，自己很难为情。后来，当他和工农兵生活在一起的时候，才彻底改变了轻视工农、轻视劳动的思想感情。主席以切身体会，如此真诚地严格解剖自己，让瞿维与寄明很受触动。他们开始认识到，知识分子改造自己的必经之路，就是与工农相结合，此外别无他途。想到自己过去一味地关在屋子里，用功练习西欧古典乐曲，从不去考虑群众感情的喜爱和需要，甚至还穿上自以为很美的演出服，去给老百姓演出。听了主席的话，才发现自己的行迹是多么的不合时宜。

5 月 23 日那天，是最后一次会议。休息时，摄影家吴印咸借着落日余晖，为会议留下了一幅珍贵的合影。与会人员散坐在山坡上，没有刻意地“导演”，现场气氛轻松活跃。毛泽东和朱德同志分坐在接近中间的位置，其他领导散坐在旁边，倒是艺术家们坐在了中间。瞿维居前排右二，悠闲地架着二郎腿，身穿工装裤的寄明，则端庄地站在四排中间。

这次座谈会的最大收获，就是他们深刻认识到了艺术创作与深入人民生活的关系，明确了文艺为工农兵服务的方向。也正是从这次座谈会开始，他们走出琴房，热情学习陕北的民间音乐，并开始学会用古朴的音乐素材，丰富自己的创作。这种深入民间采风的作风，从此贯穿了他们的一生。这一点，从他们留给中国音乐宝库的丰硕成果，就可以看得一清二楚了。

三

延安文艺座谈会召开之后，鲁艺转变了闭门提高的作风，创作了很多老百姓欢迎的政治内容与艺术形式相统一的优秀作品。其中最为突出的创作成果，是具有划时代意义的新歌剧《白毛女》，瞿维是这个创作集体中的一员。

1944 年的冬天，西北战地服务团到延安与鲁艺合并。西战团的编剧邵子南带来了一个发生在晋察冀抗日根据地的白毛仙姑的传奇故事。说的是杨各庄的恶霸地主黄世仁，逼死了老实善良的佃户杨白劳，并抢走、奸污了他的女儿

毛泽东主席等党中央领导人与参加延安文艺座谈会的代表们合影，第四排左九为寄明，前排右六为瞿维（1942 年）

喜儿，之后又企图把怀孕的喜儿卖掉。在张二婶的帮助下，喜儿逃进深山，顽强地活了下来。然而，终年不见天日、没有食盐的生活，喜儿的满头青丝变成了白色，被附近的村民称为“白毛仙姑”。几年以后，喜儿的恋人大春带领八路军的队伍，解放了杨各庄，斗倒了黄世仁，救出了喜儿。几乎同时，《晋察冀日报》记者林漫（李满天）托人带给鲁艺副院长周扬一份稿件，题目是《白毛女人》，说的是同一个故事。

周扬和鲁艺戏剧系主任张庚认为，这个典型题材完全符合毛泽东《在延安文艺座谈会上的讲话》精神，也适宜于改写歌剧，于是决定由戏剧音乐系承担起创作一部歌剧、为党的七大献礼的任务。

此时，距离党的七大召开不到半年时间。1944 年冬，周扬、张庚组建了一支年轻精干的创作演出队伍，由王滨、王大化、舒强担任导演，贺敬之和丁毅负责编剧，王昆、张守维、陈强、李波等人主演，瞿维与马可、张鲁作曲。这些 20 岁左右的青年文艺工作者群策群力，精诚协作，充分发挥了集体的力量，把一个流传在群众中的传说，打造成一部将西方歌剧艺术和中国民族风格相结合的里程碑式的经典歌剧。

首先，以思想敏锐、富有才情的贺敬之为主执笔的剧本是成功的，“他写的唱词和说白符合人物性格，富有激情、诗意，体现了独特的民族风格和创作个性；同时也非常适合于音乐的发挥。”[1]其次，演员的表演得到了观众的热捧。最后，这部歌剧的音乐也是成功的，具有鲜明的民族风格。主演王昆在谈到其音乐形式时说：“音乐的成功，使《白毛女》歌剧得以流传、深入人心，《白毛女》的成功，和音乐的成功是分不开的。”张庚在五幕歌剧《白毛女》总谱序言中说：“歌剧是一门综合艺术，音乐是其中重要的表现手段；《白毛女》除了剧本是以受压迫的劳动人民为主角，属于全新的文艺作品之外，也正是在音乐上解决了一些表现新生活的问题。”[2]

寄明（前排右三）与瞿维（后排右二）和鲁艺音乐系教员合影（1945 年）

[1] 摘自何火任：《贺敬之评传》。

[2] 上海音乐出版社 2004 年出版。

在《白毛女》音乐创作的形式和手法上，马可、张鲁与瞿维创造性地借鉴了近代外国歌剧的某些传统形式和经验，如主导主题的运用以及和声、复调、合唱、伴唱、重唱和管弦乐队的运用等技巧，丰富了歌剧音乐的表现力，为中国新歌剧的发展进行了大胆的、卓有成效的尝试。如《扎红头绳》片段，描写喜儿与爹爹短暂的欢聚之时采用明朗欢快的对唱，既反映了喜儿的天真活泼，也表达了杨白劳对女儿的深情父爱，这段音乐同以后两位主人公命运的悲剧变化形成了鲜明的对比。合唱《太阳出来了》的群众演唱，唱出了获得翻身解放的人民的坚强、豪放与喜悦的心情，唱出了对喜儿不幸遭遇的悲愤同情，唱出了"旧社会把人变成鬼，新社会把鬼变成人"的中心思想，对突出歌剧主题起到重要的作用。关于歌剧的音乐处理，他们否定了"采用西洋歌剧的方法全部作曲"的方案，而是深入群众中间，体验他们的思想感情，熟悉他们的音乐语言，在忠于现实生活的基础上，吸收了民间音乐的优点，并参考外国歌剧的经验，集中了集体智慧，创作出了被广大观众认可的《白毛女》音乐。

但是，集体的智慧不是抽象的，而是许多个体智慧的融会贯通。在音乐创作中他们既有合作，也各有侧重。关于瞿维的分工，他的日记里有过这样的记载：歌剧《白毛女》的作曲者在分工时，因为自己对民间音乐还不大熟悉，但对于多声部音乐创作较有经验，所以主要负责乐队谱曲与合唱的创作。这个分工，从《贺敬之文集》第五卷的《白毛女》五幕歌剧曲谱的署名中得到了印证。我细数了一下，85段音乐中，瞿维创作的有17段。具体有杨白劳上下场、父女守岁、黄母上场、喜儿上吊等过场音乐；有大春与喜儿的二重唱《咱俩同生在杨各庄》；另有《太阳出来了》的合唱部分，《千年的仇要报》的合唱，是在集体讨论之后，主要由瞿维执笔谱写的。

在集体讨论《白毛女》音乐创作时，瞿维也发挥了不可或缺的作用。据《北风歌——张鲁评传》一书所说，瞿维从剧情出发，提出了把《北风吹》和《青阳传》（民歌）合在一起使用的建议，即用《北风吹》的前几句，从"北风那个吹，雪花那个飘”唱到“风打着门来门自开”这一句，再接上《青阳传》到“风卷雪花”一曲的完成。《北风吹》之所以经久不衰，深得观众喜爱，与瞿维的建议有直接关系。

歌剧音乐的配器，是一门相当难以把握的专业技术，它没有具体的模式，稍有不慎就可能会造成喧宾夺主或者无所作为的局面。因此说，歌剧的配器，对于渲染气氛、丰富唱腔起着重要作用。当时，歌剧《白毛女》的乐队，弦乐有大、中、小提琴，有中胡、板胡、二胡；打击乐有板鼓、小鼓、堂鼓、大锣；弹拨乐器只有曼陀铃和三弦。满打满算是 13 种乐器。重要而又艰难的配器工作，落到了具有扎实的作曲专业基础和钢琴演奏技艺的瞿维肩上。

要为这样一个中西混台、有什么乐器就用什么乐器的乐队编制配器，其难度是可想而知的。张鲁回忆说：“因为瞿维学过音乐和美术，又担任过教师和钢琴伴奏，所以他谈论管弦乐作品便好像谈论一幅图画，几乎不用术语，却表达得甚是明白生动。担任歌剧《白毛女》的配器，为这支不完善的中西混合乐队发明一种创造性配器手段，或许是瞿维面临的重大挑战之一。”在配器之前，瞿维反复阅读剧本，研究每个人物的身份、性格特征，采取繁简布局、机动灵活的创作思维，根据乐器不齐、声部不全的实际情况，巧妙地将汉族乐器中最具代表性、最有民族特色的吹奏乐器竹笛与板胡等器乐，融入西洋弦乐中，起到了渲染剧情的作用。

另外，在过门上下场的音乐和刻画人物个性的音乐方面，瞿维也做了有益的尝试。如，在第一幕第六曲中，在风雪中归来的杨白劳，带着雪花和寒气，背着豆腐担子，披着盖豆腐的布，踉踉跄跄地上场时，他配了低沉凄凉的乐曲；在第一幕第二曲的前奏中，他采用了喜庆的幕间曲，渲染了地主黄世仁家高台燃红烛、张灯结彩辞旧岁的气氛，与之前杨白劳上场的凄凉音乐相对照，使乐队的演奏起到了烘托气氛的作用。在第一幕第三场杨白劳和喜儿守岁的音乐中，他采用的是温暖亲切的旋律；在杨白劳被逼画押以喜儿抵债、走投无路喝卤水自杀时，他创作的音乐完全是绝望的哀鸣，而给杨白劳送葬的音乐则是哀悼的悲腔旋律。当地主婆黄母上场时，他谱写的则是呆滞的音乐节奏。

《白毛女》歌剧在延安首演时，采用的是现场伴奏的方式，瞿维负责演奏打击乐。小巧的乐队编制在向隅的指挥下，队员们以近乎虔诚的演奏，将音乐的精要之处表现得淋漓尽致。剧中的重唱、合唱是从西洋歌剧里借鉴的，中国民间音乐并无此类唱法，声乐形式和器乐形式，也都是从西方学来的。音乐演奏的效果，说明了“瞿维的创造性配器是上乘的，难以想象那样丰富细腻的感情竟能通过如此简单的手法得到表现”。就各个唱段与乐队配器的结合角度而言，为解读整部歌剧的主题内涵和人文形象，起到了渲染和深化作用。

1945 年，就在党的七大召开的前一天，《白毛女》在延安小沟坪的中央党校礼堂首演。来自各地的 547 名正式代表、208 名候补代表，延安各机关的首长全都赶来了。毛泽东主席来了，朱德总司令来了，刘少奇、周恩来等中央领导同志都来了。

①歌剧《白毛女》延安演出剧照

②为歌剧《白毛女》伴奏的乐队合影。(后排左起)韩明达(笛子)、张棣昌(曼多林)、马可(板胡、唢呐)、向隅(指挥)、杜矢甲(小提琴)、程瑞征(小提琴)、李尼(中提琴)、陈地(小提琴),(中排左起)胡斌(三弦——穆仁智的主奏乐器)、李百万(兼任舞台工作时)、李元庆(大提琴——杨白劳的主奏乐器)、徐徐(二胡)、边军(高音板胡、京胡——黄世仁的主奏乐器);(前排左起)江雪(小钹)、任虹(板鼓)、李刚(堂鼓)、陈紫(大锣)

跌宕起伏的剧情、优美动听的歌唱与激情澎湃的音乐交融共振，《白毛女》受到了极其热烈的欢迎。观众为杨白劳与喜儿的悲惨遭遇流泪，对恶霸地主黄世仁痛恨不已，看到大春带领队伍解放了杨各庄，救出了隐居山洞的喜儿，观众们兴奋得欢呼雀跃。剧场内的情绪完全被剧情所左右。剧终谢幕时，全场爆发出经久不息的掌声。演出结束后，毛泽东主席等中央领导同志上台接见演职人员，与大家亲切握手，表示衷心祝贺。当时，有人看到叶剑英同志在一旁默默流泪，对此，叶剑英同志说道："我是英雄有泪不轻弹，只因未到伤心处。"

《白毛女》在延安为中共七大代表首演之后，又连续演出了三十多场，每次演出都是人头攒动，有些观众甚至从安塞、甘泉等地赶来观看，有些观众索性跟着剧组走。丁玲在《延安文艺丛书·总序》里写到演出盛况时说："每次演出，都是满村空巷，扶老携幼，屋顶上是人，墙头上是人，树杈上是人，草垛上是人。凄凉的情节，悲壮的音乐，感染着全场的观众，有的泪流满面，有的掩面呜咽，一团一团的怒火压在胸间。"茅盾曾经热情洋溢地撰文说："我们毫不迟疑称扬《白毛女》是中国第一部歌剧，我以为这比中国的旧戏更有资格承受这名称——中国式的歌剧。"

作者采访歌剧《白毛女》主要执笔者、现代著名诗人、剧作家、原文化部代部长贺敬之老人（2019年）

第四章

来自黑土地的旋律

LAIZI HEI TUDI DE XUANLV

一

1945 年 8 月 15 日，日本无条件投降的消息传遍了世界，传到了延安。鲁艺校区沸腾了，庄严雄伟的延安古城也沸腾了！震天的鼓乐声和噼里啪啦的鞭炮声，伴随着欢欣雀跃的延安军民，从四面八方拥向街头。

夜幕降临了，数十支高举火炬的游行队伍，像一条条火的河流，在山城逶迤穿行。整个夜晚，巍巍的宝塔山在燃烧，滔滔的延河水在燃烧，广大军民胜利的激情也在燃烧。沉浸在极度兴奋之中的瞿维与寄明，也在这热烈的洪流里一路欢歌。

就在这喜庆的气氛中，党中央高瞻远瞩，明确提出了“向南防御、向北发展”的战略方针，以确保这来之不易的抗战胜利的成果，同时掩护人民军队在东北地区的战略展开。鲁艺的师生，分期分批撤离延安，跟随彭真、陈云率领下的赴东北干部团，前往东北办学。11 月 17 日，瞿维与寄明把儿子托付给了延安保育院的阿姨，便告别了生活 6 年的圣地延安，跟随鲁艺的队伍奔赴新的征程。一路上，他们风餐露宿，徒步急行，东渡滚滚的黄河之后，经晋西北向东挺进。

在长达数千里的长征途中，鲁艺队伍曾在京津路被阻，于张家口待命。第二年春天，奉命从张家口继续向东北挺进。瞿维与寄明跟着浩浩荡荡的队伍，徒步绕过荒漠的内蒙古草原，经多伦、赤峰，辗转白城子、齐齐哈尔、佳木斯，先后到了牡丹江、哈尔滨、沈阳等地。在美丽富饶的黑土地上，他们亲历了硝烟弥漫的东北解放战争，亲历了暴风骤雨般的土地改革运动和剿匪斗争。

这期间，他们的工作性质有了明显变化，寄明的变化尤其大。在延安，寄明的主要工作是教学兼钢琴演奏；到了东北，她先后担任了牡丹江鲁艺文工团演出科长、副团长，东北音乐专科学校副校长兼教务长等行政职务，兼任过东北音乐工作团研究员、少年班班主任和钢琴、作曲课等教学职责；而最大的变化是她进入了全新的音乐创作领域。

这个变化，实为东北解放区革命工作需要使然。1946年冬，为了适应巩固东北根据地的需要，鲁艺的大部分成员都参加了工作队。寄明奉命去了牡丹江宁安地区，参加土地改革以及肃清国民党残余势力的艰苦斗争。从 11月初开始，先是叛国投敌、后又效忠国民党的匪首谢文东在勃利县四道河牡丹江边的山神庙被活捉；紧接着，国民党“东北第一先遣军”司令李华堂在刁翎被击

寄明在哈尔滨电台广播室演奏瞿维创作的钢琴曲《花鼓》（1946 年）

毙，残匪中将车礼珩在四道河子被生擒。至12月底，合江军区共活捉土匪近千人，击毙匪徒二百余人，缴获各种枪械千余支，还有掷弹筒、火炮和马匹等。在捷报频传的日子里，寄明所在的文工团，一直与战火硝烟为邻，四处奔波到各地演出，向老百姓们宣传胜利的消息，通过音乐创作宣传我党我军的大政方针，以期推动土改运动和剿匪斗争的顺利进行，坚定老百姓一心一意跟党走的信念。

那年冬天出奇的冷，低温达到了零下40多摄氏度。无垠的积雪，覆盖了山河大地、城市乡村，凛冽的寒风更是无孔不入。尽管文工团员们身穿棉大衣，头戴大皮帽，脚蹬乌拉草靴子，还是冷得浑身直打战，夜晚睡觉都要蒙着头。这天，寄明一行到中东铁路东端终点的绥芬河边境演出，临时住在火车站旁的一个屋子里，纷飞的雪花几乎下了一夜，清早起来，向窗外望去，只见雪海茫茫，广阔的原野穿上了圣洁的银装。出生于江南的寄明，很想推开房门，出去欣赏雪景，可是房门怎么也推不开。原来，屋外的积雪把房门严严实实地封上了。文工团的同志们齐心合力，想方设法推开了门，套上了狗爬犁，拉上乐器和道具，踩着没膝深的积雪，艰难地去十几里外的村庄演出，真可谓是“不辞山路远，踏雪也相过”了。

在冰天雪地里追赶着狗爬犁跑步前行，一不小心就会掉进雪窝里，跌倒在冰道上。寄明的手脚冻僵了，裂了口子，睫毛上挂了白霜。但是，她并不气馁，爬起来拍拍身上的雪，哈哈气，暖暖手，继续赶路。一路上，她遥望北方这特有的雪野，蓦然想起了不久前毛泽东发表的诗词——《沁园春·雪》。这首雄健、大气的词作，与眼前这广阔雄奇的北国雪景同构，使寄明领会到了主席那博大的胸襟和抱负，情不自禁地也有了“千里”“万里”的视野和“欲与天公试比高”的豪迈气魄，更增加了“数风流人物，还看今朝”的革命乐观主义精神和气势磅礴的必胜信念。大家一路高唱着《没有共产党就没有新中国》的歌曲，大踏步地前进。寒冷的感觉完全被诗情画意与伟大理想驱散了。

在风雪路上奔波了一天，到了驻地，也没有什么好吃的晚餐，只有那带着冰碴的冷饭。吃到胃里，凉得人直打冷战。为了鼓舞士气，寄明不顾辛劳，在油灯下一挥而就，一曲《冰碴饭歌》，连词带谱一股脑儿地从心里流淌出来。寄明的歌词是这样写的：

冰碴饭儿甜，
冰碴饭儿香，
吃了不忘本，
干活有力量。
地冻咱人不冻，
天凉咱心不凉。
革命前辈是榜样，

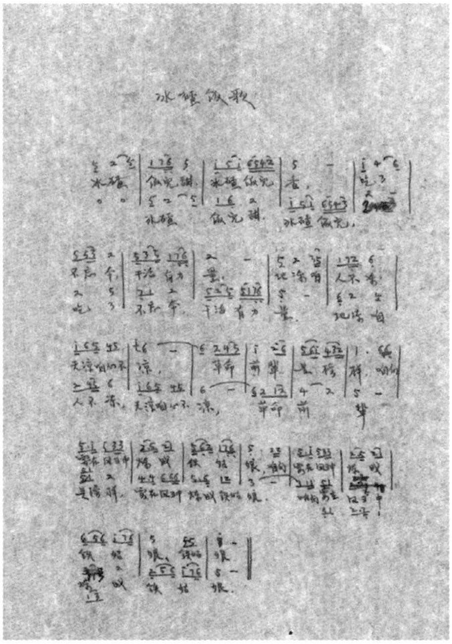

寄明创作的《冰碴饭歌》手稿（1946年）

咱要在风雪中炼成铁姑娘。

这首歌，应该是寄明在东北创作的第一首歌。歌词虽然直白，但却是发自内心的豪迈。曲谱虽然简洁，但抒发的却是文工团员的革命情怀。第二天，她把这支《冰碴饭歌》唱给同志们听，赢得了一致的好评，激发了同志们的乐观主义情绪，在冰天雪地里为老百姓表演节目，再冷再难也没有一个人叫苦。

同志们对《冰碴饭歌》的喜爱，引发了寄明的创作热情，给她的音乐创作带来了一个良好开端。从这以后，同志们写了歌词都愿意先送给她过目。有一天，文工团员王守民交给她一首《庄稼人小唱》的歌词。五段歌词从春种、夏锄、秋收的生产场景，写到了支援前线的热情和发展生产的蓝图，很有农民生活情趣。根据歌词的意蕴，寄明凭着对农民生活和东北民歌的熟悉，谱写了中板速度的抒情曲调，并在每段第二句、第四句结尾加上了“依个呀呼嗨”和“嗨嗬”的衬词，使全曲更加生动活泼，通俗晓畅。这首反映翻身农民生活幸福、发展生产的作品，一经演唱，便受到农民群众的喜爱。在以后很长的一个时期，《庄稼人小唱》都是文工团的保留曲目。

寄明愈发自觉地进行音乐创作了。无论是参加东北鲁艺的建校工作，还是参加土改和剿匪斗争，她都未曾放下手中的创作之笔。她一边从民间音乐中汲取营养，一边进行音乐创作，体裁不拘一格，有《翻身秧歌》（晓星词），有说唱歌曲《歌唱刘胡兰》，有秧歌剧《干活好》（与张棣昌合作），还有小歌剧《谁沾光》（与肖龙、潘奇、雪楠合作）。对寄明的这些作品，吕骥在《寄明歌曲选》的前言中评价说：“它既是革命化的，又是民族化和群众化的，在配合土改斗争和解放战争中，都起过积极作用，受到广大群众的欢迎。”

到了新中国成立前夕，寄明的音乐创作水平有了明显提高，影响也越来越大。她创作的《纺织工人之歌》，作为东北解放区第一批歌颂工人的歌曲，在当时发行量最大、影响最广泛的《东北日报》刊载；而歌曲《普天同庆开国日》（晓星词），则在1948年底沈阳庆祝胜利的晚会上，经鲁艺师生们热情饱满的歌唱，演绎出了革命文艺工作者和人民群众长久以来祈盼建立新中国的热望，全场皆报以热烈掌声。

对寄明这个时期的歌曲创作，晓星在《简论寄明的创作道路》一文中评论说："她十分重视从当地民间音乐中汲取营养，使自己的创作更加接近人民群众，通过对民间音乐的学习与改造，也使她的作品获得了新鲜的音乐语言和鲜明的民族风格。以普及为主，'向工农兵普及''从工农兵提高'，为群众而创作，为革命而歌唱——这是寄明在延安文艺座谈会之后音乐创作的主要特征。"

与此同时，寄明还主动为一些在群众中广泛流传的优秀歌曲配写钢琴伴奏。安娥作词、晓星作曲的《再加一把拳头》的钢琴伴奏，就是她为东北文工团进京向毛主席、党中央汇报演出而谱写的。

寄明走上音乐创作道路的另一个动因是教学工作的需要。1946年9月以后，寄明任教的科目是钢琴和作曲。因为音乐教材短缺，寄明从教学需要出发，承担起了钢琴曲的编写任务。为此，她不断地学习充实作曲专业技能。在她遗存的文字资料中，我发现了一本工工整整的和声学习笔记。其中记载着和声学在音乐教学中的作用和意义，配和声需要顾及的原则与方法，还有调性调式、和声结构、乐句中的和声结构、指定声部配置法、转调、六和弦等。看得出来，这些资料既是她的学习记录，也是她的教学提纲。

在不断学习的基础上，寄明以民间音乐为素材，创作了充满喜悦之情的钢琴教材《舞曲》。《舞曲》，原名《农村舞曲》，是她的第一首钢琴曲，对这首乐曲的创作，瞿维有过较为翔实的介绍。时间回溯到1946年，寄明在教授钢琴课时，曾经撰写了一些具有民族特色的教材，《舞曲》是其中之一。这是一首单一主题的三部曲式，在中部并没有出现常规的新的对比性主题，而是采用在主部已出现过的材料，做了调性、织体方面的变化，使全曲成为有机的统一体。其音调具有河北民歌《对花》的韵味，左右手交替演奏的手法取得了一问一答的效果。这些体现民间歌舞音乐鲜明特征的创作手法，在生动表达出民间歌舞欢乐情绪的同时，也丰富了钢琴演奏者的表现技巧。1947年，《舞曲》在第1期《人民音乐》刊载。

美国天普大学（Temple University）钢琴演奏博士张奕明在《民国钢琴志》中评价《舞曲》说："虽然只是一首小品，曲式也是简单的ABA，但我越弹越发现它的精致，以及非常值得深挖的细节"；"和瞿维的《蒙古夜曲》一样，我也能从音乐中感受到作曲家非常纯洁，像水晶一样透明和单纯，对革命充满了向往"。

二

寄明的音乐作品成就，应该说，并不是一朝一夕取得的，而是长期学习积累的结果。

她在《我的第一首歌》文中回忆，自己在上海国立音乐专科学校时，学的

①瞿维与寄明在哈尔滨河沟街

②瞿维与寄明在哈尔滨师范学院（1946年）

是钢琴专业，也喜欢唱歌，但从来不敢想自己会去作曲。她认为，作曲是非常神秘的事情。1939 年在重庆，她和同学章雅在报刊上看到了一首《阿侬曲》的歌词，表达的是女孩子择偶的新观念，很有情趣：

苹果颜色红又红
好似阿侬两颊晕
东村懦夫莫相思
阿侬不嫁懦弱人

自古道
美人爱英雄

寄明（后排右二）和劫夫（后排右四）等同志欢送潘奇调入北京（1950 年）

英雄爱美人
阿侬不嫁懦弱人

若是你一心想阿侬
快上前线打敌人
杀罢鬼子回家转
阿侬是你室中人

这首词打动了两个年轻姑娘的心。她们从兴趣出发，异想天开地为这首歌词谱写了曲调，而后信心满满地寄给了师兄贺绿汀，请求改正。由于这首曲谱写得杂乱无章，贺绿汀无从改写，便重新谱写了曲调。对照贺绿汀创作的曲谱，寄明看到了自己音乐创作知识储备不足的问题。她认识到，创作音乐作品不能仅仅凭着兴趣、凭着一时的冲动，必须注意曲调的发展与和声、曲式、织体等方法的运用，摸索音乐创作的规律。1942 年 5 月，她在聆听了毛泽东《在延安文艺座谈会上的讲话》之后，又进一步认识到，掌握作曲技巧只是音乐创作成功的一个方面，更重要的是要了解工农兵的情感需要，这样才能写出内蕴深厚、情感动人、情文并茂的作品。于是，寄明在学习、钻研《和声学》的同时，开始深入老百姓中间，了解他们的生活状况，进入他们的情感世界，从而为学习作曲打下思想基础。

1946 年秋天，东北局根据党中央“让开大路，占领两厢”“建立巩固的东北根据地”的战略方针，动员了 1.2 万名干部下乡，发动群众，清算恶霸地主，开展轰轰烈烈的土改运动，寄明也在其中。

出发的前一天，寄明在佳木斯合江省委礼堂，听取了合江省委书记张闻天所做的动员报告。会议之后，合江的剿匪战役便全面展开。从剿匪与建政相结合的需要出发，省委派遣秘书长张如屏随东北鲁艺文工团开赴刁翎山区，紧密配合贺晋年、方强指挥的合江军区部队和谭友林带领的三五九旅部队，展开艰苦的剿匪建政斗争。寄明与张水华、王曼硕、马可、陈锦清、解冰、黄雪楠等一起，同赴刁翎等地。

在险象环生的剿匪斗争中，寄明遵照毛泽东在延安文艺座谈会上的讲话精神，积极迈开双脚，深入群众中间，结交了不少的农民朋友，她与饥寒交迫、挣扎在死亡线上的贫苦农民感同身受，与终于获得解放的广大农民分享欢乐，听他们高唱激昂开朗的《翻身五更调》，学习恰当地表达他们的情感。

在暴风骤雨般的土改斗争中，寄明发现老百姓对“二人转”特别青睐。逢年过节、农闲时节，有人群的地方就有“二人转”。在民间，流传着“宁舍一顿饭，不舍二人转”的说法，可见“二人转”在群众中的影响之深。寄明很想探索出老百姓喜欢“二人转”的原因，了解其艺术规律。为此，她无论走到哪里，都要走访当地民间艺人；抓住演出、教学间隙，记录、整理和研究“二人转”段子。

寄明（右二）在牡丹江（1947 年）

学习民间音乐，掌握各种群众喜爱的文艺形式，成为她这一时期的必修课。在刁翎，她拜老艺人郭文宝为师；在佳木斯，她记录老艺人陆宪文的唱腔；在汤原，她记录了阚昌五、郭希德的曲牌。难能可贵的是，她在每一次做记录的时候，始终尊称民间艺人为“先生”。她的这种礼贤下士、拜师民众的作风，取得了对方极大的信任，民间艺人把她当作知己，一板一眼、一字一句都演唱得清清楚楚。她还和本团的关立人、李曦一起，搜集“落子音乐”，记录“说唱音乐”。

在搜集、记录民间音乐的实践中，寄明深刻地体会到，仅有民间音乐的记录是不够的，整理研究、汲取精华，使之发扬光大，才是根本目的。为此，她把搜集下来的众多资料进行了细致的分类整理，系统研究。寄明发现，蹦蹦有两种表演形式：一种是歌舞演唱，称为双玩意儿及编曲。双玩意儿的演员为一男一女。女的戴着各色的假珠玉假头饰，红衣绿裙，一手持大块红绸手帕，一手拿小扇子；男的名为小丑，服装随便，手持霸王鞭，二人时而对唱，时而齐唱，且歌且舞从不间歇。另一种称为拉场玩意儿，属于歌剧形式。每个角色代表一定的人物，有一定的服饰和道具，有独白道白。所用的曲调多为民歌，还使用一些梆子、落子、影戏调以及戏剧音乐和说唱音乐，不过唱得比较粗糙，伴奏乐器增加了锣鼓。这两种形式，最能体现东北劳动人民对艺术美的追求。

研究整理中，寄明把全部内容分为四辑：第一辑为双玩意儿曲调。其中有必用曲，如《胡胡腔》《大救驾》等；有常用曲，如《四平调》《大悲调》《垛口句》等；还有专用曲，如《蛤蟆调》《燕青卖线》等。第二辑为拉场玩意儿的曲调。为了方便比较研究，她把同一名称的曲调因演唱不同的变化也一并列出。其中有民歌形式、落子调等。第三辑为秧歌帽儿调，有《小看戏》《茉莉花》《光棍哭妻》等。第四辑是整本唱词及曲调，是郭文宝演唱的双玩意儿《燕青卖线》、拉场玩意儿《上天台》。另外还有双玩意儿、拉场玩意儿的曲牌和曲谱的符号说明。

寄明用心血换来了的研究成果，为中国民间音乐积累了宝贵的遗产，为广大文艺工作者提供了丰富的创作素材和借鉴。1947 年，中国民间音乐研究会以《“蹦蹦”音乐》作为东北民间音乐资料之一正式出版。1950 年，生活·读书·新知三联书店以《东北蹦蹦音乐》为书名，再次出版发行。这是新中国成立以后出版的第一本关于“二人转”研究的著述。

《东北蹦蹦音乐》一书的系统整理研究，使寄明熟练掌握了人民喜欢的音乐语言，从中汲取了足够的营养，丰富了她的创作源泉。同时，她的审美观点也发生了极大变化，她从心里喜欢上了这些有浓厚生活气息的民间音乐，懂得了群众喜欢用什么曲调表达什么样的思想感情。所以，她创作的《庄稼人小唱》《翻身秧歌》《谁沾光》《歌唱刘胡兰》等，都成为老百姓喜闻乐唱的歌曲。关于寄明这段学习、整理民间音乐的艺术实践，东北鲁艺实验剧团团长、著名电影导演水华，著名诗人晓星等艺术大家，也都有所记述，并给予很高的评价。

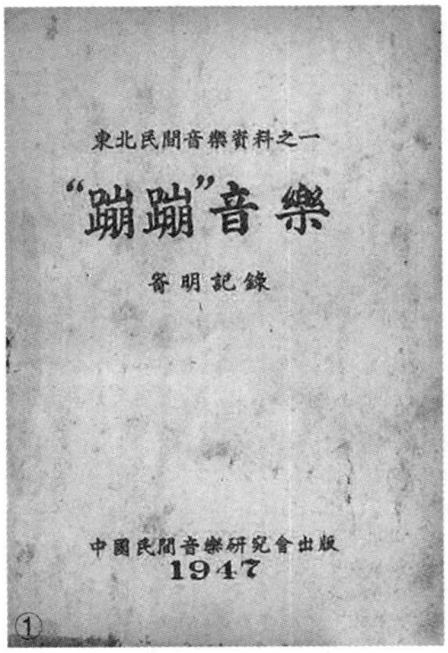

①寄明记录的《“蹦蹦”音乐》由中国民间音乐研究会出版（1947 年）
②生活 · 读书 · 新知三联书店出版寄明整理的《东北蹦蹦音乐》（1950 年）

为了丰富对寄明研究民间音乐的认知，近日我在旧书网上买到了《东北蹦蹦音乐》。这本70年前出版发行的民间音乐图书，纸张已经泛黄，可是，它的珍贵价值却并未随之而消减，里面浸透着这位女音乐家早年创辟性的心血和令人钦敬的辛劳。

我戴上花镜，将书捧在手里，细心研读，既惊异于她在艰险复杂的土地改革和剿匪斗争形势下那种沉稳的风度，也惊异于她一丝不苟地为用而学的责任心，惊异于她对民间音乐的研究水平。渐渐地，寄明好似就坐在我的对面，和我轻言细语，有条不紊地述说着《东北蹦蹦音乐》的由来、演唱形式、内容、歌词编法，以及记录民间音乐的方法与建议。她娓娓道来的话语，竟然使我这个一窍不通的外行，对于"蹦蹦音乐"也有了初步了解。

"蹦蹦"俗称"地蹦子"，一般称为"玩意儿""编曲""二人转"，亦称小秧歌、双玩意、过口、风柳、春歌、半班戏、双条边曲，是广泛流传于辽、吉、黑三省及内蒙古自治区部分地区的戏曲形式。它融合了东北秧歌、莲花落、戏曲、东北民歌、笑话、杂耍等曲艺形式，因为其唱本语言通俗易懂、幽默风趣、充满生活气息而深受东北群众特别是广大农民的喜爱。

读着读着，我仿佛听到了寄明的心声：是毛泽东在延安文艺座谈会上的讲话给她指明了方向，使她逐渐懂得了讲话的中心——文艺为群众与如何为群众的问题。一切革命的文艺家只有联系群众，表现群众，把自己当作群众的忠实代言人，工作才有意义。只有先做群众的学生，才能做群众的先生。如果把自己看作是群众的主人，看作是高居"下等人"头上的贵族，不管有多大的才能，也不是群众所需要的。毛泽东在延安文艺座谈会上的讲话，指引她走到群众之中，了解他们的喜怒哀乐。对此，寄明自己有过恰如其分的总结。她在《指路明灯》一文中说："我在写作秧歌剧《干活好》及歌曲《庄稼人小唱》时，这些农民朋友的面孔，土改时的生活情景，就在我的眼前浮现出来，使我能够比较恰当地表现了人民的情感。同时，对于东北民间音乐的学习，也帮助我较好地掌握了人民熟悉的语言。只有在这个时候，我才更进一步地理解了毛主席所指示的向生活学习的真正含义。”

正是这一阶段在东北黑土地上的音乐创作实践，为寄明以后走上专业作曲家道路，奠定了正确而坚实的基础。

三

在东北期间，瞿维和寄明一样，有机会近距离地接触了工农兵群众，他的创作理念也发生了明显转变。

刚到东北的时候，瞿维的作风还葆有学院气，他特别向往着能够静下心来，创作出大部头的、形式高雅的歌剧作品。他曾经有过宏大的创作计划：把郭沫若的历史剧《屈原》、赵树理的短篇小说《小二黑结婚》《李有才板话》、李季的长篇叙事诗《王贵与李香香》都改编成歌剧，自己写词及作曲。计划有了，却苦于时间不足。因为他在参加土改、剿匪斗争的同时，还要分管文工团内繁杂的行政事务工作，还要带领队伍去各地演出。数不清的事务缠身，创作歌剧的愿望几乎没有实现的可能。他在给寄明信中倾诉了内心的苦恼。收到信以后，寄明立即写信回复，既理解了他的创作追求，也指出了他的想法与东北解放战争的形势脱节、与眼前负责的实际工作脱节的问题。寄明细心地分析形势，告诫他一切要从实际出发。主观愿望脱离了客观实际，犹如无根之木，无源之水。寄明的话，一语中的，犹如醍醐灌顶，使瞿维廓清了思路。他认真剖析了自己苦恼的根源，在日记中写道：

> 理论与实际脱离是旧的教育中最害人的东西，而我所受的影响最深。这表现在：1. 言行不一致。虽然在教学中也讲过音乐运动要为工农兵服务等问题，但在自身上却表现出对音乐普及工作忽视的倾向。

2. 学习很用功，但只局限于书本，而且研究的方法有“找主义”的毛病，表现在创作上则是形式多于内容。3. 音乐创作常从自己的主观愿望出发，从自己的偏爱出发，而不去探究群众的兴趣爱好。对于群众生活的了解局限于抽象，因此在情感的刻画上不切实际。应明确目前群众需要什么。群众需要的是为他们创作出作品来。4. 在口头上承认民间音乐的重要性，但在实践中缺乏认真研究，因而音乐语言空洞。5. 在创作上做了一个空洞的计划，却不去估计目前有没有条件完成，以及这些作品在目前能起何种作用。没有认识到应以作品去解决实际问题。……

认识明确了，瞿维在日记里心悦诚服地说：

明对我的批评是一针见血的。主要指出我的理论脱离实际，学非所用，不能解决当前问题。这些问题在我身上表现得很严重，在整风中没有彻底解决，在工作中常常使自己非常苦闷的。以前还不能找到真正的原因，她这次指出却使我更深一步认识到这一点，真觉得非改变不可了。

瞿维开始注意与群众拉近距离。1946年10月，他在刁翎农村，住到了一户老夫妇家。在那里，他放下了知识分子的身段，第一次参加了穷人会、清算会；他与农民同吃同住同劳动，学会了打柴，搓麻绳；他看到了农民生活的贫困远比想象的要难得多，他甚至写信让寄明将自家的衣物寄来，以解决困难群众的生活问题；他组织召开联欢晚会，教唱《东方红》《兄妹开荒》，讲解歌剧《白毛女》的故事，独唱《白毛女》选段；他从群众对歌曲的欢迎程度上体会到，那些贴近百姓、通俗易懂的文艺表演方式，是百姓快捷、直接了解党的政策和革命斗争形势的有效途径。他改变了只想创作大部头的、高雅的音乐作品的理念，决心多创作一些短小精悍的能反映目前斗争的作品，即使写得粗糙也没有关系，即使有一点标语、口语化的作品也是没有关系，——这方面可以逐步改进，只要反映出群众的喜怒哀乐情感就好。

于是，瞿维结合土改、剿匪的斗争实际，创作了一些具有民族音乐元素、地区音乐特色的音乐作品。从现存的资料看，瞿维在东北期间的音乐作品，出现了群众化、民族化、多元化的倾向，创作题材与体裁也越来越丰富。他创作的十多首群众歌曲，大部分内容是为工农兵创作的群众歌曲。其中有晓星作词的《剿匪歌》《发电工人歌》《钢铁部队进行曲》《练兵歌》《我们是人民子弟兵——献给 359 旅剿匪战士》《中共二十六周年》；有胥树人作词的《打到南京去，活捉蒋介石》《胜利的红旗插遍全中国》；有纪云龙作词的《歌唱共产党》；有天蓝作词的《青年团歌》；有井岩盾作词的《农民合唱》；还有他自己作词的《解放区的工人》，以及与吕朋合作的秧歌剧《安屯翻身》，与陈锦清合作的秧歌剧《对了》。这些形式多样的音乐作品，对鼓舞东北人民积极参加剿匪、建政、土地改革、参军参战，都起到了重要的推动作用。

这个时期，瞿维的音乐创作还有少量的器乐作品，如钢琴曲《花鼓》，四重奏《对花》以及舞曲等。其中，钢琴曲《花鼓》是瞿维最有影响的作品。为了理解这首钢琴曲的内涵，我欣赏了欢乐嘉年华比赛颁奖音乐会演奏的《花鼓》与钢琴十级演奏示范的《花鼓》视频。

乐曲开头的引子，是模拟民间锣鼓的节奏和音响。锣鼓过后，场面一经打开，第一主题《凤阳花鼓》亮相，欢悦的舞蹈正式开始；中间段是轻歌曼舞的第二主题，曲调是《茉莉花》的演变；中段过后，再现了第一段的曲调，通过新的钢琴织体，音乐比开场更为热烈、欢腾，表现了抗日战争胜利之后中国人民欢乐、喜庆的歌舞场面。欣赏这首钢琴曲，使我感受到了安徽民歌和江苏民歌浓重的民间气息；但它又不是原曲调的照搬，而是借用了多样化的音乐表现手法，使大众熟悉的旧有的民间曲调焕发出了新的勃勃生机。音乐界人士普遍认为，此曲不仅是用钢琴这件洋乐器表现中国乡土气息的成功之作，而且是钢琴音乐美的典范；不仅在借鉴西方音乐创作经验的基础上有所突破，而且呈现出我国传统民间歌舞音乐的精神内涵，极大地丰富了传统旋律的表现力。

回忆这首钢琴曲的诞生经过，瞿维深有感触，他说，这首作品是经历了长达 9 年多的构思和创作才得以完成的——

1937 年 9 月，抗日战争已经全面爆发。战火中，瞿维回到故乡。当时，由郑君里、赵丹、叶露茜等人组成的抗敌演剧第一队正在常州演出。其中一对男女演员表演的打花鼓节目，给瞿维留下了深刻印象。这是一首采用安徽民歌《凤阳花鼓》曲调，填上了动员民众团结起来，坚决打击日本侵略者的新词的

①电影《白毛女》荣获 1949—1955 年优秀影片一等奖（1957 年）
②瞿维（左二）在东北电影制片厂，拍摄电影《白毛女》时与王昆（中）等合影（1950 年）
③瞿维在东北电影制片厂，拍摄电影《白毛女》时合影。从左至右：孟于、瞿维、寄明、凯凯（1950 年）

①

②

③

歌舞表演。善于学习的瞿维从中受到了启迪：用打花鼓的形式来表现欢乐的心情是十分恰当的。时隔五年，延安文艺座谈会之后，鲁艺利用陕北农村春节闹秧歌的习俗，创作了一大批表现人民群众新生活并富有民族特色的作品。其中的《拥军花鼓》，受到了广大群众的热烈欢迎。这两次不同时间、不同地域的花鼓表演，自然而然地让瞿维在心里产生了丰富联想，促使他开始思考“如何创作器乐作品”的问题。

1947 年夏末秋初，瞿维担任了东北音乐工作团副团长。当时，尽快创作出积极传播、弘扬民族精神的新作品，尽快消除日本侵略者遗留的殖民文化余毒，是摆在瞿维面前的重要课题。恰恰在这时，他意外发现哈尔滨驻地附近的一间咖啡馆里，有一架“雅马哈”钢琴。钢琴激起了瞿维存在心中已久的旋律。对，用钢琴，就用钢琴，模拟打花鼓的形式，制造闹秧歌的红火场面；再用《茉莉花》的温婉柔情，体现人民对美好未来的憧憬，他在心里默默地对自己说。一个表现东北根据地人民群众欢天喜地闹翻身的完整构思，悄然浮现在他的脑际。

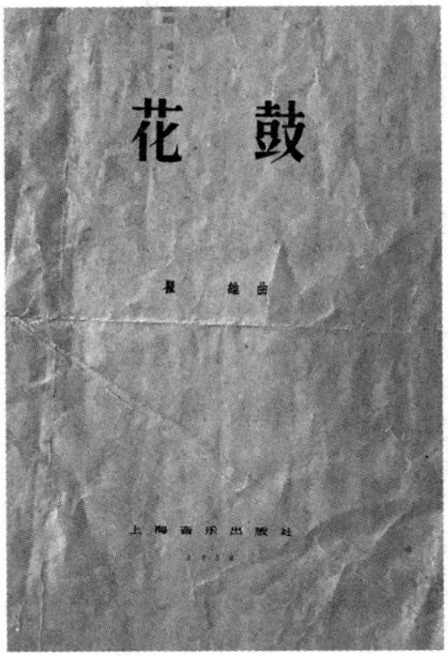

瞿维创作的钢琴曲《花鼓》，1958 年由上海音乐出版社出版

于是，他迫不及待地借来钢琴，弹起了安徽民歌《凤阳花鼓》和江苏民歌《茉莉花》。他在两段民歌主题音调的发展中，融入中国传统音乐的叠奏手法和西方的复调技术；他在再现单三部曲式的框架下，采用了多重结构交叉混合的思维；在和声、调式、调性、织体等技法的运用上，体现出西方传统作曲技法与中国民族民间音乐创作手段的结合。最终呈现出的作品如他所愿，不仅具有优美欢快的民间音乐旋律、简洁的和声、单纯的钢琴织体，并且富于时代精神，“这种写法，为后来表现新时代风貌的钢琴曲的创作，树立了风格上的典范”。

20 世纪 40 年代，国内钢琴音乐创作还处于较为迟缓的发展阶段，无论是对传统的继承还是对西方音乐的借鉴，都停留在规范化的框架中。而产生于这个时期的钢琴独奏曲《花鼓》，像天边突现的一道七色彩虹，让音乐界人士心神为之一振。采用民间音调做主题素材，打破传统思路的再加工，所表现的音乐形象不仅明快开朗，真挚淳朴，而且具有鲜明的民族区域性风格，富有浓郁的现实生活气息，展示出的是新时代人民积极向上、开朗乐观的精神风貌。用一句最简洁、最通俗的话来说，那就是两个字：“好听！”

所以，《花鼓》一经寄明演奏，立即得到听众们的喜爱，并引起音乐界的重视，被誉为最早反映新时代风格的钢琴曲。新中国成立以后，上海文艺出版社迅速出版发行了《花鼓》单行本，在国内得以广泛传播，成为音乐舞台上长演不衰的钢琴乐曲。1951 年，瞿维的《花鼓》与寄明的《舞曲》一起，由著名钢琴家李嘉禄演奏，在上海中国唱片厂灌录发行，堪称“音苑三绝”。后来，被青年钢琴家刘诗昆带到了第一届柴可夫斯基国际钢琴比赛的舞台，赢得了国际评委、钢琴家和听众经久不息的掌声。20 世纪 60 年代初，《花鼓》入选《高等音乐院校钢琴教学选曲》，成为最为人熟知、获得好评最多的钢琴音乐作品之一。

评价《花鼓》时，人们经常把它与贺绿汀的《牧童短笛》相提并论。众所周知，《牧童短笛》是最早把钢琴艺术从莫扎特、贝多芬的音乐殿堂带到我国民间的一次成功尝试。中央音乐学院教授、博士生导师梁茂春在《百年琴韵》中评论说："《花鼓》将钢琴音乐的'中国风味'又推进了一大步，它在使钢琴曲与中国民歌的深入交融方面显示了高度的智慧和技巧。这是一首能够透过热闹抵达心灵的乐曲。《花鼓》是这一时期在'解放区'产生的唯一一首经典性的钢琴作品。它和贺绿汀的《牧童短笛》《晚会》，是 20 世纪上半叶中国钢琴史上影响最广泛的三颗艺术明珠。"山东师范大学音乐学院键盘系主任、中国教育学会钢琴学术委员会委员于倩在《钢琴曲〈花鼓〉的创作特点分析》中指出："《花鼓》是产生于解放区的最成功的钢琴作品之一。自本世纪初钢琴音乐创作在中国出现以来，像贺绿汀的《牧童短笛》这样的优秀作品非常少见，20世纪40年代整个钢琴创作更为薄弱和艰难，钢琴曲《花鼓》就产生于这个艰难的时代，填补了这一时期钢琴创作的空白。如果说《牧童短笛》是中国音乐界在 20世纪 30年代产生的一部有深远影响的钢琴作品，那么，诞生于 40 年代的《花鼓》则是中国作曲家继续沿着探索民族风格的途径而产生的一部极有代表性的钢琴佳作。"

2017 年，在纪念瞿维百年诞辰的音乐会上，青年钢琴家李文琦演奏的《花鼓》独奏，触动了东方广播中心 947 频率总监沈舒强的心弦。沈舒强回忆说，他在 20 世纪 70 年代末报考上海音乐学院附中时，演奏的考试作品就是《花鼓》。他记得，当时我国的钢琴独奏曲中，最有名的就是贺绿汀先生的《牧童短笛》和瞿维先生的《花鼓》。他说："《花鼓》这部作品既有丰富的音乐表现力，也能让演奏者在钢琴上展示自己过硬的手指技巧。"这正是沈舒强选择《花鼓》为应考曲目的主要原因。

第五章
天涯人远时

TIANYA REN
YUAN SHI

一

记得亚里士多德曾经说过："爱情是两个身体住着一个灵魂。"这句话让我对瞿维与寄明的年久日深的爱情之根源，有了更深刻的理解。

瞿维与寄明的爱情，走过了55年的生命历程。延安时期，是他们相爱甜蜜的新婚阶段，也是生活相对稳定的时期。但从1945年9月撤离延安，辗转东北、北京、上海，直到1959年9月瞿维留苏归来这长达14年的时间里，因为工作频繁调动等原因，他们难得团圆聚首，鹣鲽相亲。这样，聚少离多，异地思念，便成了他们的生活常态。不过，作为革命伴侣来说，他们两人并没有因为长期分居而感情淡漠，倒是以特有的方式，实现了灵魂融合的境界。

在离别多于团聚的岁月里，鱼雁往来，遥寄思念，是他们相互沟通、加深了解、增进感情的方式。在他们平凡的书信里，表达的不是激情燃烧的爱情倾诉，而是平静、理性的思想交流，是互相关心，彼此牵念的深情。诗圣杜甫的"烽火连三月，家书抵万金"的诗句，说的就好似他们分居两地、久盼音讯的心情。可惜的是有些书信因年代久远已经丢失，但在瞿维日记的字里行间，满溢着两人因革命工作分隔两地的相思之情，披览一过，可以感受到他们纸短情长、共渡时艰的岁月。

1946 年 11 月，瞿维和寄明分别在牡丹江刁翎和宁安两地，参加土地改革和剿匪斗争。年底，率领文艺小分队进行演出的著名戏剧表演艺术家王大化，在齐齐哈尔赴讷河途中坠车遇难。噩耗传开，瞿维在惊骇之余，深情悼惜——这样一位年仅 27 岁的年轻而又才华出众的演员，曾经在歌剧《白毛女》中担任导演，他表演的秧歌剧《兄妹开荒》曾经轰动了延安，他的音容笑貌，在瞿维的脑海中，还是那样的鲜活！寄明在为王大化痛惜的同时，也感觉到了生命的脆弱。恰在此时，听说瞿维得了病，寄明很是担忧。她匆忙写信询问病情，嘱咐注意事项，并千方百计托人捎去了帽子、肥皂、手帕和细棉线袜子；知道瞿维喜欢读书，她还捎来了《中国四大家族》一书。见字如面，睹物思人，瞿维为寄明的关怀备至而由衷感动；相比之下，觉到自己对寄明还不够体贴，暗下决心要尽力弥补这方面的不足。他在日记中写下了对寄明的感激之情，也写下了对人生意义、个人与整体关系的进一步认识：

明太关心我了！从前看到“在天愿作比翼鸟，在地愿为连理枝”的诗句，是不大懂得其意义的，现在就感觉到了。一个人的存在与其亲爱者的存在是分不开的，他的幸福即另一个人的幸福，他的痛苦又为另一个人的痛苦。我感到了“白头偕老”这个陈腐的话，实在是包含了很诚恳的希望在内。不过这仅是从个人家庭的角度来看个人存在的问题而已。

而从革命来看，一个干部的存在对于整个革命是极为宝贵的财富，比如“四八”烈士的殉难对于全党来说，是多么重大的损失呀！是的，一个人的存在，应该脱出家庭、爱人的小圈子，而为着党和人民。但在我个人说来，我是多么希望与明能够“白头偕老”，能够共同走完人生的道路啊！

瞿维与寄明，在书信里表达的不仅仅是夫妻之间在生活上的关心爱护，也有创作思想的交流。有一次，寄明在信中告诉瞿维说，自己写了两首钢琴曲，音乐创作的自信心提高了。信中还特别提到了东北鲁艺副院长张庚对她的作品的褒扬，说她有女作曲家的清秀作风。瞿维知道了寄明在音乐创作方面的成绩，非常高兴。他在回信中对寄明的进步给予了热情鼓励，希望她发扬光大。同时也把自己创作的计划、遇到的困惑告诉了对方。寄明了解了瞿维的心情，从实际出发，帮助瞿维分析原因，找出解决问题的方法。这样的书信交流，既增加了夫妻感情，也为双方的共同进步起到了催化剂的作用。

1949 年 1 月 7 日，瞿维在日记中说："明给我的好几封信都挤在一起，匆匆忙忙都给读完了……"

1949 年 1 月 29 日，他们的小儿子在哈尔滨出生。瞿维与寄明也都调到了东北鲁艺音乐系工作。看着健康活泼的新生儿，想到新中国就要成立，柔情打心底而生。他们从《淮南子·天文训》中，取了一个寓意深远的名字——旦明，象征着小儿子出生在新中国旭日即将东升之时。为了纪念这个小生命的诞生，夫妻两人合作了一首女声无伴奏合唱《摇篮曲》。瞿维的歌词倾注了对儿子的无限期望：

睡吧，小宝宝！
星星在眨眼，
微风吹树梢。
明早你醒来，
太阳升得高，
鸟儿开口唱，
花儿点头笑。
美好未来属于你，

我的好宝宝……

寄明谱写的曲调与瞿维创作的歌词相得益彰，音乐形象温存、亲切和安宁，唱起来平易而又舒缓，安详而又柔美，是他们抚慰儿子睡觉常用的催眠曲。

然而，在旦明不满 6 个月的时候，瞿维先后出席第一届全国文艺工作者代表大会、参加在匈牙利布达佩斯举办的世界青年联欢节，归来当天就参加了开国大典。之后，又被留在首都北京，为世界青年联欢节的纪录片配乐。连续四个多月没有回家，瞿维很是想念妻儿。但夫妻两人每天工作在新中国喜庆安定的环境中，心中充满了对未来生活的美好向往。他们没有想到，幸福的团聚却是那么的短暂。1950 年春，瞿维奉调去了东北电影制片厂，为故事片《白毛女》创作电影音乐。这一去，他和寄明又过上了牛郎织女般的生活。直到年底，《白毛女》电影摄制工作圆满结束，瞿维才暂时有了休息时间。元旦前夕，寄明把孩子带到长春团聚。久别的重逢，只有一个晚上。第二天，寄明就带着孩子匆

①在常州，从右至左：瞿维、瞿维母亲、大儿子丹迪、寄明（1950 年）
②作者采访电影《白毛女》喜儿配唱者、著名歌唱家孟于老人（2019 年）

匆忙忙地赶回哈尔滨上班了。

1952年6月，瞿维奉调北京。11月初，他参加了中央电影局派遣的采风小组，去朝鲜人民军总政治局与“朝鲜人民军协奏团”收集军歌，会见朝鲜音乐人，采编民歌，目的是为了完成一部反映朝鲜战争战后影片的摄制工作。

当时，抗美援朝战争中最惨烈的“上甘岭战役”已经打响。去朝鲜战场采风，无异于随时都有粉身碎骨、壮烈牺牲的可能。经历过抗日战争和解放战争生死考验的瞿维，对于血染疆场的事情，是心知肚明的。但作为共产党人，在革命工作需要他上前线的时候，他没有半点的退缩和犹豫，穿上军装、背上行囊，就随队出发了。过了中朝界河鸭绿江，新义州已是满目疮痍，废墟一片。在去定州的途中，瞿维一行遭遇了敌机的轰炸，落弹地距离奔驰的车只有300米，远处不时有爆炸的火光及声波传来。残酷的战争就在身边，生死存亡只是瞬间。轰炸停止之后，汽车继续在公路上飞驰。到定州驻地已是深夜，他在四处透风的宿舍里，匆匆忙忙给远在哈尔滨的寄明写了一封报平安的家书，只是谈了入朝以来的印象，而对遇险之事却保持缄默，只字未提，他不想让妻子因担忧他的安危而寝食难安。

敌机轰炸在朝鲜是司空见惯的。瞿维的日记上有过简短的记载：

> 16日，凌晨三点多钟，敌机又来驻地轰炸，我到附近的山上躲避。
>
> 18日，晚上，刚睡下，飞机又来捣乱。嗡嗡地四处乱飞，不时扔些炸弹，使我不能好好安睡，似乎整个晚上飞机都在头上转似的。
>
> 20日，早晨步行去平壤，遇到敌机来袭击，共有十六架，皆为野马式，大概是扫射公路，我们在路边躲避一阵。

每次遇到敌机轰炸，瞿维想得最多的是，不知道又有多少善良的人民和战士被屠杀。敌机轰炸时，他也做过最坏的设想，假如自己被敌机炸死炸伤，寄明会什么样？她该怎么办？他知道自己人在战场，前路生死未卜，提前给寄明写了一封信。他说："在战争中，若要免去或者减少痛苦，首先要正确理解个人的生死问题。个人的生命是时刻存在危险的，但要相信集体的力量，未来战争的胜利必定属于我们。如果个人的牺牲会换得千百万人的幸福，是值得的。"他告诉寄明："要正视现实，将思想集中于如何战胜敌人，而不是只担忧自家人的生命安危。只有这样，才能战胜敌人，才能战胜死亡。"他还说："如果重视自己的生命，就要时时刻刻、牢牢地抓住时间，像柴可夫斯基等伟大的作曲家那样，多创作一些优秀而成熟的、经得起时间考验的作品。这样的人，虽死犹生，即便是生命不在，其留下来的旋律仍然可以时时刻刻地和亲人们生活在一起。"

当然，瞿维私下也曾想到最好的结局，假如能平安回国，一定要以极高兴的心情去拥抱寄明。他按照出发前的初步计划设想，只要双脚踏上国土，就立即拍电报。电报腹稿他也想好了："亲爱的明，30日，维回。"接到这个电报，寄明应该就可以减少担心了。他甚至想到相聚时，要穿着军衣和寄明合影留念。

做了多方面设想的瞿维，不忘自己的职责。在轰炸的间隙，抓紧时间收集朝鲜民歌。有时候，他请朝鲜人民军的同志、请身边的翻译唱，自己做记录；有时候，手抄朝鲜同志已有的歌曲记录；有的时候还到各地采风。一次，他听说驻地的山那边，有一位朝鲜妇女会唱民歌，一大清早便翻过山去请教。还有一次，瞿维找到了一位对民歌颇有研究的提琴演奏家，听他唱古老的民歌，看他表演农民中最流行的舞蹈音乐——"农乐曲"。经过半个多月的努力，瞿维对优美的朝鲜民歌有了大致了解。他把收集到的民歌分为两类：一类是单纯而深刻的抒情歌曲，一类是情绪奔放而热情的歌舞。他很幸运，在险象环生的朝鲜战场上，积累了丰富的民歌资料，圆满完成了组织交给的任务。见到寄明的那一天，他们紧紧相拥，感情更加牢固了。

二

在长达 14 年的异地生活中，他们的家始终处于“瞿维前行、寄明安后”的局面。瞿维远离妻儿，事无巨细的家务、老老少少的生活重担，都落在了寄明肩上。这样的生活状况，对寄明这样富有理想追求、工作兢兢业业的职业女性来说，困难自可想见。但寄明与普通的知识女性不同。在她看来，家庭重要，事业也重要，两者都不能偏废。瞿维不在身边的时候，她心甘情愿地独自担当家庭的重担，让丈夫能够安心工作、学习。

1952 年 6 月，瞿维从东北电影制片厂调到北京，先后在新闻纪录电影制片厂和中央电影局工作，寄明在东北音乐专科学校任副校长兼教务科长。翌年 8 月，寄明奉调中央电影局音乐处工作，一家人终于过上了团团圆圆的好日子。可夫妻团聚的时间还不到一年，瞿维又入选留苏预备生，去北京俄文专科学校补习班，接受一年时间的政治与语言培训。培训结束，考试合格，将离家四年。普通人想想都会打退堂鼓的。但寄明懂得瞿维的理想。她记得，瞿维小时候就崇拜柴可夫

①瞿维（右一）与寄明（右二）在沈阳东北音乐专科学校和陈实（左一）夫妇（1952 年）
②寄明（右一）与李劫夫（后中）、张洛（右二）在沈阳（1952 年）

斯基，1949 年在莫斯科参观柴可夫斯基音乐学院归来后，就曾经表达过渴望去学习作曲技术的心愿。她深知，瞿维的留学资格，是在“严格选拔，宁少毋滥”方针指导下，经所在单位推荐、严格的专业考试、政审取得的。以国家的力量作为奇缺的作曲专业人才选拔派送，对于追求音乐艺术的瞿维来说，是一次难得的机遇，而对于自己却是艰难考验。但是寄明还是义无反顾地选择了担当。

就在瞿维即将去天津参加留学考试的关键时刻，远在沈阳东北育才学校读书的儿子凯凯突患重病，连续高烧不退，生命危在旦夕。接到学校电话，寄明心如刀绞。此时，瞿维的俄文补习、考试、审查等准备工作正在紧张进行中，这千载难逢的机遇是无论如何也不能贻误的。为了不分散瞿维的精力，寄明把家里的孩子托付给母亲，一个人悄悄地坐上火车，疾驰沈阳。

看着重病的凯凯，寄明半个多月衣不解带，日夜守护在病床前。每日里，她把三次监测体温，病症变化、三餐饮食、用药效果以及大小便颜色……一条

①东北音乐专科学校欢送寄明（前排中，1953 年）
②全家合影。从左到右，前排：女儿方方、瞿维母亲、寄明母亲、小儿子旦明；后排：二儿子吴凯、寄明、瞿维、大儿子丹迪（1954 年）

条地细心记录在笔记簿里。当我看到珍藏了70余年的《凯凯病中日志》时，精诚的慈母心肠跃然纸上。凯凯回忆这段经历时说，自己连续五天昏迷不醒，像做梦一样。醒来时，听到的第一句话，就是妈妈惊喜的声音：“他醒了！”

经过半个多月的治疗，凯凯可以坐立了，但病情好转的速度却很慢。寄明果断将凯凯转到北京儿童医院，经苏联专家会诊为气性坏疽菌，这种能产生气体的厌氧菌引起的感染，如果得不到及时救治，轻者可丧失肢体，重者或危及生命。在主治大夫高超医术的抢救和寄明的精心护理下，凯凯终于从命悬一线的危机中回到了生命线上。

凯凯的病还没有痊愈，瞿维出国的日子已近在眼前。想到自己即将远去万里之外的异国他乡，寄明一个人要在漫长的四年时光里，独自照顾四个孩子与母亲，还要进行音乐创作，她该是怎样的含辛茹苦，才能以柔弱的肩膀支撑起这上有老下有小的家啊！当时，寄明还面临着调上海工作的问题，搬家、安顿孩子们上学，这一系列的难处，让实在放心不下的瞿维，在去不去留学的选择上犹豫了。寄明却始终坚定不移地支持瞿维。想到瞿维以38岁的年纪，由国家派遣去世界一流的音乐学院深造，不仅是实现他个人艺术梦想的需要，也是为国家培养音乐创作人才的需要。理智的寄明，在重重困难面前，没有一丝犹豫，决心承担起家庭重担，全力支持瞿维安心去留学深造。在她看来，真正的爱情是克制而不是放肆，更不是自私的占有。她希望丈夫通过系统学习，成为对祖国发展更加有用的优秀人才。这样的情感，既来自理性，也被理性所支持。

离别的时间毫不留情地进入倒计时，夫妻二人依依不舍。看到瞿维身处两难的窘境，善解人意的寄明知道，此时如果自己有半点的难过，对感情细腻的瞿维来说，都是难以割舍的折磨。于是，她故作轻松地调侃说：“你啊，真是没出息！”瞿维理解妻子的良苦用心，别看她话说得好像很轻松，可泪水却在眼中打转，不忍流下来，这“道是无情却有情”的语言，让瞿维感动有加。此时，典雅深情的《骊歌》歌词，优美动听的旋律，响在耳旁，恰合榫卯地契合了即将告别的心情。

9 月的一天，北京火车站的站台上，寄明目送着瞿维登上列车，她不忍暴露自己脆弱的一面，强作欢颜地挥挥手，大声说：“放心吧！家里有我！”瞿维难受地说不出话来，只是点了点头表示回应。寄明心一横，转过身疾步走出瞿维的视线，再也没有回头，泪珠却悄然滚落。

火车一声长鸣，徐徐驶出站台，向着远方奔驰。一路上，瞿维的脑子里总有一幅画面驱之不散，那是寄明正在以羸弱的肩膀，拖着千斤辎重，向那陡峻的山坡上一步一步地攀登。她后退不能，但前行也实在是力不从心了。

瞿维留苏的当月，寄明奉调上海电影制片厂工作，她一个人把北京的家搬到了黄浦江边的瑞金路。那时候，凯凯的病还没有痊愈，不能独自行走。寄明每日里都要背着他上下六楼，去医院复查治疗。大儿子丹迪 15 岁，女儿方方只有 3 岁。实在照顾不过来了，寄明把 6 岁的小儿子旦明交给了常州的婆婆。

瞿维与寄明这种在彼此关怀中爱对方胜过爱自己的爱情，让我对千古疑惑、万人探索的“爱情是什么”的课题，有了新的诠释——两情相悦，彼此滋养，互相成就，甘于奉献，是最理想的爱情。瞿维与寄明，正是理想爱情的范例。

三

培根说，一切真正伟大的人物（无论是古人、今人，只要是其英名永铭于人类记忆中的），没有一个是因爱情而发狂的人。这说明伟大的精神和伟大的事业可以摒除过度的激情。

“相去万余里，各在天一涯”的瞿维与寄明，虽然深深地爱恋着彼此，但正像培根所说的那样，在伟大的精神和伟大的事业的感召下，摒除了过度的儿女情长，各自栖居在“两情若是久长时，又岂在朝朝暮暮”的诗意里，他们将忠贞不渝的心置放于“身无彩凤双飞翼，心有灵犀一点通”的境界中。两个人

①瞿维在莫斯科音乐学院（1956 年）
②瞿维在莫斯科大学

互相鼓励，把全部身心都集中到学习和工作上。

调入上海电影制片厂工作，这是寄明进入电影音乐创作领域的开端。刚强的她，经过虚心学习，努力实践，取得了优异成绩。瞿维不在身边的四年，她年年都有新作品，无论数量还是质量，都是可歌可赞的——

1955年，她为国际纪录电影大师伊文思拍摄的《五朵花》之一《陈秀华》配乐；1956年，她在完成《春天来了》《李时珍》两部故事片配乐的同时，为上影演员剧团演出的话剧《北京人》配乐；1957年成就最为突出，先后为《平凡的事业》《谁是被抛弃的人》《凤凰之歌》《雾海夜航》（与黄准合作）四部故事片配乐；1958年和1959年，连续完成故事片《长虹号起义》和纪录片《热浪奔腾》《时代的声音》《上海英雄交响曲》（与黄准合作）的配乐工作。其中，她创作的《平凡的事业》三首插曲入选《中国电影百年经典歌曲》，乐曲《李时珍》得到了国际电影大师的称赞。

在繁忙的电影音乐创作的同时，寄明独自顶门立户，承担起了繁重的家务。全家老少的一日三餐、四季衣裳，都安排得井井有条。她在日记里，细心地记载了每个孩子到上海时的体重：凯凯体重35公斤，旦明25公斤，方方20公斤。目的是监测孩子们的成长速度。她的笔记中，还记载了食物中完全或不完全缺乏营养可产生的各种病状、富有维生素的各种食物，用来合理均衡搭配孩子们的饮食营养。孩子们回忆说，母亲不仅关心他们的饮食起居，而且注意对他们的教育，培养他们的艺术修养，手把手教他们演奏手风琴，认识五线谱。为了培养女儿方方的端庄气质，还专门送她去学习芭蕾舞。在她的辛勤抚育下，孩子们得以健康成长。她在信笺里，不时地向瞿维描述孩子们的长足进步、老人的平安信息。

寄明的无私奉献，使家庭生活有条不紊，让远在异国他乡的瞿维，能够专心致志地学习。

以柴可夫斯基名字命名的音乐学院，是世界最为著名，也是苏联最高的音乐学府，它以培养大师级音乐家为宗旨。建校一百多年来，培养造就了很多像斯波索宾、斯克里亚宾、拉赫玛尼诺夫、吉列尔斯那样优秀的音乐家，并为未来培养着无数的音乐家和音乐工作者。瞿维以能来这里学习音乐而感到光荣，幸福感始终伴随着他。

在瞿维的音乐创作道路上，留苏是极为重要而关键的四年。四年间，他觉得自己几乎时时刻刻地在与柴可夫斯基面对面地交流。每天清晨，他都和同学们一起，从宿舍穿过红场，再从美丽的高尔基大街来到音乐学院上课。途中，必经的白桦树丛里，耸立着一座高大的柴可夫斯基铜像。柴可夫斯基高扬着充满智慧的头颅，奋力举起指挥的双臂，就像在指挥大型交响乐队演奏那不朽的作品一样。每天从铜像下面走过的时候，瞿维都要满怀深情地欣赏镌刻在铜雕上的旋律，他时时提醒自己，要像柴可夫斯基那样将生命与音乐全部奉献给人民。

距离莫斯科80公里的克林，是伟大的柴可夫斯基度过生命最后九年时光的地方。为了深刻理解柴可夫斯基的音乐，瞿维和同学们一起，到克林，亲炙柴可夫斯基的遗泽，领略其“俄罗斯之魂”的精神风貌。

源于对柴可夫斯基的崇拜，瞿维不停地学习研究他的经典作品，如著名歌剧《叶甫盖尼·奥涅金》《黑桃皇后》；《第五交响曲》《第六交响曲》；舞剧《天鹅湖》《睡美人》，以及幻想序曲《罗密欧与朱丽叶》《一八一二序曲》等。通过学习，瞿维越来越全面地理解了他的音乐思想。瞿维发现，柴可夫斯基不仅是现实主义和浪漫主义结合的典范，而且是一位擅长以音乐描绘心理活动的大师；他的音乐基调，建立在民歌和民间舞蹈的基础上，这使他的乐曲呈现出了浓烈的生活气息和民间特色；他喜欢将音乐美建立在真实的生活和深刻的思想基础上。这个主张，使他的作品旋律优美、通俗易懂而又不乏深刻性；他善于利用音乐形象，表现各种心理和感情发展、演变的过程。他全部的创作活动，贯穿着强烈的民族意识和民主精神，所以他的音乐是社会生活的真实写照。

最初的学习，因为原来的音乐基础和语言达不到专业要求，瞿维不能完全听得懂上课的内容，感到学习任务很艰巨。为了早日消除障碍，他抓紧一切时间，努力赶上。在延安鲁艺现存的文物里，尚有10本他的俄文学习笔记和创作笔记。这些遗存，足可以看到他刻苦学习的情景。在学习过程中，瞿维如同饥饿的人看见了鲜香的面包，久行沙漠的旅人遇到了甘甜的泉水一样。他直接接触了一批俄罗斯伟大作曲家和作品，系统学习和掌握了西欧古典、浪漫派及俄罗斯学派的创作技术及中、大型音乐作品的作曲技法，如：和声风格和技法、复调音乐技法与形式、音乐结构与配器手法等。系统的学习，使他开阔了眼界，增长了见识，掌握了技巧。

瞿维的导师巴拉萨年，是学校专门从塔吉克斯坦聘请的对民族音乐有特别研究的著名作曲家、音乐教育家，曾两次荣获斯大林奖。他编写的巴拉萨年小号/短号练习曲集，曾在我国20世纪50年代广泛使用。巴拉萨年弹得一手好钢琴，音乐感觉十分敏锐，对待学生和蔼热情，对学生作品中所存在的毛病和不足，总是一针见血地指出，并能够提出很好的建议。在创作上，巴拉萨年历

①毛泽东主席在莫斯科接见驻苏联大使馆全体工作人员，最后一排左二是瞿维（1957年）
②瞿维（前右）与柴可夫斯基音乐学院导师巴拉萨年（前左）、同学邹鲁（后左）、朱践耳（后右）合影

来重视民族风格的保持和发扬。在教学中，他总是引导瞿维摆脱西洋传统的桎梏，注意保持原有的民族风格。他对东方风格的旋律严格要求配置西洋传统的功能和声很反感，对僵化呆板的方整性结构或缺乏章法的创作上的随意性也总是耐心引导。他培养瞿维从整体和细部上把握各类乐曲结构的能力，要求瞿维的作品要多样化、多色彩，但不要有任何多余的东西。

在巴拉萨年的指导下，瞿维不仅受到了严格的作曲训练，还获得了最高水平的艺术熏陶。柴可夫斯基音乐学院有异常丰富的音乐生活、艺术活动，每天晚上，世界各国著名的音乐家们的演奏丰富多彩，苏联著名的音乐大师的精彩演出，多得数也数不清。为了不断提高欣赏和理解水平， 瞿维经常选择一些著名大师的演出去欣赏。

这期间还留下了这样一段轶事。这天，莫斯科大剧院有一场芭蕾舞大师乌兰诺娃的演出，门票在几个月前就已经售罄。瞿维想到，乌兰诺娃已是50岁的芭蕾舞演员了，很可能是最后的谢幕演出。于是，他让同学杜鸣心找他的老师、莫斯科大剧院院长、苏联著名作曲家楚拉基想办法帮忙。热心的楚拉基把他们两个送到管包厢的老太太眼前，下了一个死命令，无论如何要让这两位中国学生看到演出。老太太灵机一动，给他们找了一个旧社会沙皇的专用包厢。据说，因为没有人愿意当新社会的“沙皇”，所以这个剧院里最好的位置永远是空闲的位置。就这样，他和杜鸣心坐在这特殊的包厢里，尽情地欣赏了两个多小时的完美演出。多少年以后，他还念念不忘：那天晚上乌兰诺娃的表演真是太精彩了。

留学四年，瞿维获益良多，他的音乐创作进入一个崭新的天地。留学之前，他从没有过室内乐与交响乐的创作经历。经过系统学习以后，瞿维先后创作了室内乐《G 大调弦乐四重奏》、管弦乐组曲《秧歌场景》、交响诗《人民英雄纪念碑》等作品。其中的《G 大调弦乐四重奏》是在巴拉萨年老师指导下写成的一部佳作，在当时，就被音乐学院的弦乐系同学排演过，获得师生们的好评。1960 年，上海音乐学院女子弦乐四重奏组在联邦德国举办的“舒曼国际弦乐四重奏比赛”中的获奖曲目，正是这部作品。此作后来还被女子弦乐四重奏组带到菲律宾等国演出，受到当地听众的热烈赞赏。1962 年，上海文艺出版社出版了单行本，中国唱片上海公司作为著名弦乐四重奏录制发行。另外，他还创作了钢琴独奏曲《序曲一号》《序曲二号》《主题及变奏曲》等。通观瞿维留学四年，分析他创作的作品，完全可以看出他坚实的创作足迹。

四

留学期间，瞿维一直关心祖国的音乐动态。1958 年 5 月，苏联国家交响乐团访问北京，先后演出了 13 场，受到了中国听众的热烈欢迎。其中由肖斯塔科维奇创作的《第十一交响曲》，是深切悼念 1905 年俄国大革命死去同胞的曲目。乐曲中既有不朽的思念，对所经历的事件的回忆，也有 19 世纪至 20 世纪初俄罗斯革命歌曲，以及选自苏联著名作曲家 T·斯维里多夫的轻歌剧《亚洲金莲花》的主题。陈毅副总理听了《第十一交响曲》后，深受启发，他向中国的作曲家们提出了以人民英雄纪念碑的八块浮雕为题材，进行交响乐创作的建议。

有一天，瞿维在国内出版的音乐杂志《人民音乐》上，看到了陈毅讲话，他产生了创作这个重大题材的交响乐的设想。他认为创作这样题材的作品，是一个党员音乐工作者的神圣职责。他联想自己投身革命的经历和体会，生发出对无数

① 1953—1955 年赴莫斯科音乐学院学习的中国留学生（自左至右）第一排：黄晓和、曹鹏、杜鸣心、邹鲁、刘志刚；第二排：倪洪进、徐宜、郭淑珍、郑兴丽、林应荣、仲伟；第三排：吴祖强、朱践耳、瞿维、李德伦、严良堃

②瞿维与留苏同学郭淑珍

③瞿维（左）与同学曹鹏在圣彼得堡

④瞿维（右后）与同学杜鸣心（右前）在莫斯科河上游览

革命先烈的深切缅怀和崇敬之情。于是，他将这部大型交响乐作品作为毕业作品选题，并集中时间和精力，准备向国庆十周年献上自己对祖国的一份厚礼。

然而，用器乐在一个乐章内把祖国人民反帝反封建的英勇斗争和对英雄的缅怀、敬仰表现出来，其难度是可想而知的，难怪这类音乐作品很少出现。面对这一难题，瞿维决定采用欧洲传统的具有标题性和叙事性特点的交响诗题材、单乐章的奏鸣曲式进行创作，既要表现出新中国人民站立在人民英雄纪念碑前抒发深切悼念和衷心歌颂之情，也要反映出鲜明的时代特点，标题就叫《人民英雄纪念碑》。

在这部反映中华各族人民追求光明、胜利、解放、自由的旋律中，瞿维调动了自己所有的创作热情、创作技法，夜以继日地把饱含热情的音符，倾注在一行又一行的五线谱上。创作中，瞿维确定：和人民英雄纪念碑的创作理念一样，这部作品要以“表现群体”为原则；因此，他没有描写人民英雄纪念碑八块浮雕所表现的具体革命历史事件，而是概括地抒写了人民英雄们英勇无畏的战斗精神和高尚的革命情操。他的脑海中，仿佛过电影似的不时闪现出1840年以来，特别是五四运动以来牺牲的人民英雄，前仆后继、勇往直前的一幅幅宏伟壮烈的战斗场景。毛泽东亲自为人民英雄纪念碑撰写的碑文在他的耳边由近至远不停地鸣响：

三年以来，在人民解放战争和人民革命中牺牲的人民英雄们永垂不朽！

三十年以来，在人民解放战争和人民革命中牺牲的人民英雄们永垂不朽！

由此上溯到一千八百四十年，从那时起，为了反对内外敌人，争取民族独立和人民自由幸福，在历次斗争中牺牲的人民英雄们永垂不朽！

瞿维留苏期间部分学习笔记

庄严不朽的碑文，给瞿维拓展了无限想象的空间。碑文里虽然没有烈士的名字，但他们洒下的鲜血却孕育了祖国每一寸土地上的劲草、树木和一切生命。无数烈士的队伍里，有很多他熟悉的名字。远的不说，在他的家乡，就有被李大钊赞为“学贯中西、才华出众”、“愿化作震碎旧世界惊雷”、在广州起义中献出 29 岁宝贵生命的中央政治局成员张太雷；有牺牲前写下“浪迹江湖忆旧游，故人生死各千秋，已摈忧患寻常事，留得豪情作楚囚”的不朽诗篇、从容赴死的恽代英；有自比“江南第一燕”“为衔春色上云梢”的瞿秋白；还有刚刚 20 岁就倒在了反扫荡血泊里的亲弟弟世俊；他的同事王大化、麦新……想起这些英勇不屈的烈士，瞿维的心里就无比的难过。他把烈士们的信仰与理想、责任与担当，都留在了多情的音符里，供中华民族的后来人敬仰、学习。

经过精心布局、巧妙结构，瞿维终于在毕业归国之前完成了这部交响乐。

整首乐曲描写了人们在天安门广场瞻仰人民英雄纪念碑时的内心活动。开始时的低音奏出了深沉而宽广的曲调，表达了对英雄的深切怀念。乐曲逐渐发展，展示了英雄的形象，概括地描写了他们的战斗生活。

英雄的形象是通过两个主题来体现的。第一主题具有进行曲的风格，描写了英雄们为了人民的解放事业勇往直前的大无畏精神；第二主题具有宽广亲切的民歌风格，描写了英雄对祖国和人民的无限热爱。

在音乐的发展过程中，英雄的形象得到进一步的展开。在一次激烈战斗中，英雄壮烈牺牲了。后面的一段音乐描写了战友们对烈士的悼念，要把悲痛化为力量，将革命进行到底的信念。第二主题的再现，描写了人们以无限崇敬的心情，再次回顾了英雄们战斗的一生，他们的英雄行为永远是学习的榜样。在尾声，天安门广场响起了庄严的颂歌，充分表达了人民对永垂不朽的英雄们的无限敬仰。乐曲至此结束，但余音袅袅，依然有回味无穷的韵味。

1959年9月，著名指挥家李德伦指挥中央乐团，在北京大学成功首演了交响诗《人民英雄纪念碑》，演出受到北大师生的热烈欢迎和赞扬。这首交响乐，被瞿维的学生、著名作曲家王西麟赞为“代表着当时国内的最高水平”的交响乐。他的另一位学生、原广东星海音乐学院院长蔡松崎回忆：瞿维老师自己对《人民英雄纪念碑》这部作品，在上课时曾有过两个方面的讲解。他说，从内容方面来说，用的是回忆的手法，描述了一个世纪以来在革命斗争中牺牲的先烈们的战斗历程及对未来光明的向往和憧憬。他还从技巧上仔细分析了作曲手法及和声技巧。他具体解释说，《人民英雄纪念碑》的副题汲取了陕北民歌和山西民歌的音调，表现了革命英雄的崇高理想及对祖国和人民的满腔热忱。在副题旋律及和声上，借鉴了俄罗斯作曲家柴可夫斯基的《罗密欧与朱丽叶幻想序曲》的副题发展手法，前后呈现了多次，最后一次呈示部的高潮，是借鉴中国民间音乐“加头”的手法，新加的宽广旋律在高音区以极强的力度，调动和声织体、对位织体等手法，达到了扣人心弦的震撼效果。

对这部交响诗，山东工业大学程民生教授和浙江大学陈正福教授曾经以《〈人民英雄纪念碑〉的崇高美——为瞿维先生80寿辰而作》为题，做过系统评价。他们认为，这首交响诗是内容美与形式美的统一，是真善美的统一。它的旋律优美而粗犷，既有阳刚美，也有阴柔美，给人的美感是憧憬和鼓舞。中央音乐学院教授李吉提评价这部交响乐时说，它“最集中地反映了作曲家魂系中华民族，

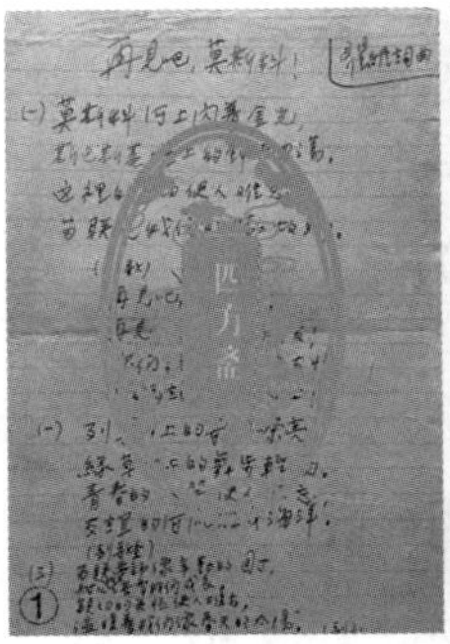
再见吧，莫斯科！

①瞿维手稿《再见吧！莫斯科》（1959 年）
②回国前夕，在莫斯科火车站。朱践耳（左一）、瞿维（左二）（1959 年）

热情讴歌为中华民族的独立、自由、解放而牺牲的历代人民英雄，以及他极富历史责任感的创作思想和长于写重大题材的创作风格、特点。

在柴可夫斯基音乐学院毕业归国以后，瞿维被分配到上海交响乐团任专业作曲。他没有满足人们对《人民英雄纪念碑》的热情赞扬，又抽出时间，根据在北京大学首演中发现的不足之处，做了精雕细刻的修改，上海交响乐团多次在重大演出活动中演奏。1961 年 5 月在第二届上海之春中，乐团副团长、常任指挥陆洪恩指挥本团首演了交响诗《人民英雄纪念碑》。1963 年 5 月，著名指挥曹鹏在第四届上海之春中再次指挥本团，演奏了这部交响诗。同年，人民音乐出版社出版了总谱。1965 年，曹鹏指挥本团演奏，由中国唱片社上海分社录音，准备出唱片，后来因为“文化大革命”的发生，唱片未能出版，曹鹏先生至今深以为憾。如今，距离首演已经过去了整整 60 年，交响诗《人民英雄纪念碑》因为奏出了中国人民缅怀先烈，崇敬为祖国的解放而英勇献身的一代代志士仁人而发自肺腑的心曲，依然是上海交响乐团的保留曲目，中央乐团也多次在国内外演奏。著名华裔指挥家林克昌，曾指挥日本名古屋交响乐团在香港录制了此曲的唱片在全世界发行。此曲作为瞿维音乐作品中的杰出代表，当之无愧地被列入“20 世纪华人音乐经典”。

第六章

师德日月长

SHIDE RIYUE
CHANG

一

我与瞿维的学生王西麟取得联系的时候，他正在美丽的莱茵河畔，作为莱茵之滨音乐节唯一特约的驻节作曲家，准备专场室内乐作品音乐会的演出。他的信息让我瞬间兴奋起来。喜爱音乐的朋友都知道，莱茵河与音乐有着难解难分的情缘。莱茵河畔，是贝多芬的家乡，《月光鸣奏曲》就是从这里徜徉流淌而名满天下。莱茵河畔，也是德国古典文学最后一位代表海涅的故乡，他取材于莱茵河传说创作的《罗蕾莱之歌》，被德国作曲家、音乐教育家弗里德里希·西尔歇尔谱曲之后，成为一首世代相传的德国民歌。著名作曲家、音乐评论家罗伯特·舒曼旅居莱茵河畔时创作的《降 E 大调第三交响曲》，因被称为“智慧的结晶，思想的总结”而享誉世界音乐殿堂。能够在这充满着浪漫气息和神奇色彩的地方举办专场音乐会，该是多少作曲家心向往之的幸事！

2019 年 8 月 18 日月上中天之时，由著名小提琴家施志安（Anne Shih）教授领衔的美因茨音乐学院管弦乐队，先后演奏了王西麟的《第五交响乐》《四重奏》《钢琴小协奏曲》，以及艺术歌曲《春雨》和《思君曲》。这来自中国、中西合璧且感染力超强的旋律，被指挥家和演奏者们展示得激情四射，久久回荡在莱茵河畔，现场观众的如雷掌声经久不息。站在谢幕的舞台上，83 岁的王西麟抚今追昔，难平的思绪犹如莱茵河水一样，荡起了无尽涟漪。他的记忆回到了在上海音乐学院求学的青春岁月，脑海中闪现出了指导他完成毕业作品《第一交响曲》的瞿维老师那微笑的脸庞。在自己获得巨大成功之际，他怎能忘记恩师!

音乐会结束之后，王西麟把 2002 年 8 月发表在人民日报的《怀念我的恩师瞿维先生》和《关于我的〈第一交响曲〉》的回忆文章，以及莱茵之滨音乐节的盛况一并发给了我，以此告慰老师的辛勤栽培和谆谆教诲。这些珍贵的信息，让我对瞿维的师德产生了无限的崇敬之情。

①瞿维（前）与上海音乐学院作曲系学生王西麟（后排中）、蔡松琦（右一）陈松林（左一）
②瞿维与学生王西麟（左）（1962 年）

1961 年 3 月，风和日暖的上海，已是繁花似锦。正在上海音乐学院本科四年级理论作曲系学习的王西麟、蔡松琦、陈松龄，得到了学院将聘请留苏归来的作曲家瞿维担任新学期主课老师的信息。

听到这个消息，同学们如沐春风，精神为之一振。他们都知道，那时候全中国留苏归来的作曲家只有 6 位，可谓是凤毛麟角。吴祖强、杜鸣心和朱践耳留在了北京，邹鲁和美丽其格分别回到了家乡四川、内蒙古，瞿维是唯一被分配到上海的作曲家。同学们虽然未曾与他见面，但曾经欣赏过管弦乐专业同学俞丽拿等人组成的女子重奏组，倾情演奏过他的室内乐《G 大调弦乐四重奏》。这首气象一新的作品，由四个乐章组成， 结构精巧，音乐清新流畅，表现出了他在创作纯音乐方面的艺术修养和个人情趣。他们对瞿维留苏的毕业作品交响诗《人民英雄纪念碑》也早有耳闻。这部具有强烈历史责任感的作品，不仅标志着作者具有驾驭重大题材的能力，也代表了当时国内交响乐的最高艺术水平，更是让青年学子们敬仰至极。他们还听说，瞿维不仅成绩斐然，而且阅历丰富。抗战时期曾在民族革命艺术大学担任过音乐系主任，后来奔赴延安，在鲁艺音乐系任教。解放战争时期，曾经在华北联合大学、东北鲁艺任教。新中国成立以后，先后在沈阳音乐学院和中央电影局作曲训练班任教。尤其是施咏康老师嘱咐他们，“做瞿维先生的学生是人生一件幸事”之后，同学们对他的教学更是特别渴望。

而瞿维对兼职上海音乐学院客座教授的事，却毫无心理准备。留苏归来之后，他的最大愿望是趁着年轻，凭借着扎实的专业学习功底和已有的创作经验，在交响乐领域扎扎实实地创作出更多更好的优秀作品，报答国家的培养。但一向把革命工作需要看得高于个人愿望的瞿维，想到自己在上海新华艺专求学时，老师周碧初和刘质平的教诲对他走上音乐创作道路的深远影响；想到为社会、为国家培养音乐人才的历史使命和社会责任时，他放下了自己的创作计划，责无旁贷地承担了这个意外的教学任务。

3月16日，王西麟、蔡松琦和陈松龄，在期待中与风华正茂、英俊潇洒的瞿维老师首次见面。之前，瞿维对三个学生的学习与家庭情况、以往的音乐作品曾做过初步了解。面对三个家庭出身不同、兴趣爱好有别、性格各异的学生，他面带微笑，和蔼可亲，丝毫没有大作曲家的架子，师生间的距离一下子就拉近了。他简要阐述了自己的教学指导思想：培养学习艺术兴趣，帮助学生健康成长，是老师应尽的社会责任。但老师提供的意见，不一定完全照办，如果学生没有主见，完全听先生的话，创作的作品就会失去个性；学习主要靠自己，每个人都要有自己的风格、爱好；创作不能脱离前人的经验，要多了解民间的、外国的音符，要掌握各种类型作品的技巧；作曲要有创造性。他的话虽然不多，但是句句都反映出了他的恪尽职守的教学理念。

苏联教育家马卡连柯说过："教师的威信，首先是建立在责任心上。每一个优秀的教师，每一个诚实的教师，都明确了公民教育的伟大使命，并为达到这个目的而顽强地斗争。"马卡连柯的话，无疑是瞿维的座右铭。

为了承担起这庄严、神圣的教书育人使命，瞿维将爱因斯坦所说的"如果把学生的热情激发出来，那么学校所规定的功课就会被当作一种礼物来领受"这句话，牢记在心。他以高度的敬业精神，认真备课，对教学要点做了循序渐进的安排。他把每个学生在每一课时中的进步表现与存在的问题、教与学之间每个环节的衔接等问题，都一一放在心上。

但是，瞿维刚开始的教学并不顺利。王西麟和他的同学们从入学到大四这几年中，由于政治运动频繁等原因，教学计划并不能正常实现，他们的基本训练很不正规，对吸收老师的意见也有分歧。他们原以为瞿维老师从苏联留学归来，能够多讲一些国外的新观念、新技术。所以，王西麟对上课时分析、示范的作品，依然是耳熟能详的德彪西的《月光》，是柴可夫斯基的和声进行，是包罗丁的《伊戈尔王中》的乐句联结技术等传统技法的基本训练，产生了些许的失望之感。有时甚至不以为然地暗想："这些技术在老师指出之前，我只不过是没有细致发现罢了！”

随着教学课程的深入进行，瞿维的教学水平很快得到了同学们的认可，王西麟的心理也不知不觉地发生了变化。这种变化正如刘少奇所说的那样：“领导者的威信并不是地位造成的，而应该是在实际工作中建立的。”王西麟发现，每当他跟随老师的指引去分析作品时，以前不曾注意的古典传统技法的规律，都会使自己大获裨益。于是，他开始像海绵吸水般地吸收老师的指导，并越发渴望获得更多的指导。这个过程，是王西麟和同学们在大学毕业前夕获得的真正大悟，是一次质的飞跃。

二

庄家院有一句俗话：“编筐织篓，全在收口。”其实，举凡生产生活中各类劳作，莫不如此。如果说，在日常教学中，瞿维是克勤克谨，尽职尽责，那么，到了指导毕业生进入毕业作品创作阶段，就可说是煞费苦心，倾尽心血了。三个学生，三个不同的毕业作品选题，从确定主题、结构框架到完成作品指导，都需要一个个推敲、审定。当时，瞿维采取了一对一的教学方式。每一节课之前，他要根据每个学生的作品选题和创作水准，制定完全不同的教学方案，以期找到解决创作中遇到的各种问题的方法，展开系统的专业教学。王西麟记得十分清楚，他的交响乐创作就是从毕业作品《第一交响曲》第一乐章起步的。瞿维先生为了他的毕业作品，花费了大量心血。他在回忆文章中写道：

我早就确定要写一部交响曲，我把第一乐章搭好详细的结构布局框架后，他（瞿维）就和我认真讨论，逐一指出存在问题，并要求我重新构思或调整，直到他同意后，才准许我开始写作。如果在哪一个地方“卡”住了，他总是坐在钢琴前反复替我推敲，寻找不同的和声和主题组织的表现方案。我在他的指教中，查找自己的弱处和不足。我一次次地跨越难关。我从中懂得了凡是写作中遇到困难之日，就是自我提高、自我超越之时。直到今天我也是这样告诫自己和来者的。在我后来的教学中，我也同样用这样的方法启迪学生。

王西麟的回忆，我在瞿维的《作曲课记事》里找到了印证。

凭着多年教学与创作经验的积累，瞿维深知，创作一部交响乐，对于尚未完成本科学业的学生具有极大的挑战性。因此，他曾经担心王西麟的驾驭能力不足以完成这样高难度选题。但王西麟对他说，创作交响乐的愿望在大二的时候就已经存在心里，并且自己也做了有关人文背景、技艺方面的积累。看到他对创作交响乐的渴望，瞿维最终同意了这个选题。为此，瞿维付出了很多心血。我通过他的有关记事，看出《第一交响曲》第一乐章的诞生经历。

1961年10月17日，瞿维在记事中写道：

上午十时，约王西麟来谈他的创作计划。他坚持要写交响乐。听了他的三章计划后，我对他写交响乐增强了信心。他是肯钻研，肯用功的。在掌握情绪方面也比其他同学要强些。对年轻人应该善于理解和鼓励。年轻人有勇气，可以放手让他搞一下。“初生牛犊不怕虎”，说不定可以写出成绩来，如果我过分小心谨慎，就会束缚他的手脚。因此同意他写，但要求他不要局限于土地革命斗争时期，可以概括得更宽泛一些。第一章写大革命风暴，第二章写艰险危难时人民的坚强意志，第三章写对革命必胜的信念，可以用“擦干了血迹再前进”来概括它的中心情感。

他看了不少文学作品，他的创作计划大多是从文学角度考虑的，其精神可佩，但做法却不完全恰当。我要求结合计划，从音乐的可能表现来考虑现在的创作，还要结合一定的技术上的要求（掌握一定的曲式）来考虑。我和他一起分析了高尔基小说的特征。他对第一乐章的考虑比较细微，做了一个提纲。我对他写好交响乐的信心增强了。

11月19日：晚上，王西麟来，第一乐章已经写出来了，但节奏连不起来，我为他改了一下，略好些，但还不是最满意的感觉，让他继续修改。

1962年1月19日：今天，王西麟熟练了很多，他能抓住思想情结，创作速度之快令人佩服。但对他应该进行教育，勿使骄傲。“艺术的质量是无止境的”。

2月2日：王西麟上午来，我把他修改后的第一乐章从头到尾看了一遍。还有两处需要作大的改动……

其他需要改的地方：

（1）有两处不用……

（2）有两处为后面的主和弦做准备……

（3）结尾和声，稍做改动。

总的说来，他的音节很有生气，有一种内在激情，这是他的长处，也是我要向他学习的地方。

决定下星期二下午三时半，给他再增加一次课。

3月30日：上午去学院上课，先看蔡松琦的作品。第二小时听王西麟的《第一交响曲》第一章音乐，整体说来作品气氛很好，很有悲剧性的动人力量。这些，正是我所缺乏的，在这一点上，则是我要向他学习的。

4月20日：王西麟在技巧上比以前有了很大进步，这是在他的刻苦努力和我的帮助下而取得的，但还可以看出不成熟的痕迹。……看了他的配器，对某些涉及音节的地方作了修改。他这一作品气势是有的，但音节性差些，从发展的观点来看，他今后是很有希望的。

6月15日：去学院给王西麟上课。看了他刚刚写出来的第二乐章的开头，他在和声上花了不少工夫，但主题与音节出入不大，旋律差不多。上次教研组会上，我已概括出他的东西都是一种味道，因此，谈了多次，要他分别写，要他解放思想，因为他目前要跳出这个圈子是不可能的……写完后要加强学习，我要求他从现在开始，把思路放宽些，写出音节不同的音调。如果暂时不能写出第二乐章，可以先考虑第三乐章的主题，然后再考虑第二乐章的主题，把主题确定了再动手。

首章的配器已看过，给他提出了一些很好的意见，叫他再改一下，记得我第一次建议他修改方案时，他没采用，我把此方案又讲了一遍。

像这样的教学记载，远不止这些，但已经足以说明瞿维对王西麟毕业作品的指导是全方位的，是具体的。1962年7月初，经过多次讨论，反复修改的《第一交响曲》第一乐章终于脱稿。6日下午，时长19分钟的第一乐章，在双钢琴毕业考试时顺利通过，与同学蔡松琦荣获并列第一的好成绩。对这部体现出了对人类命运和历史深切关怀的作品，瞿维评价为“具有交响性、戏剧性，布局宽广，感情充沛”。

以优秀成绩毕业的王西麟，在被分配至北京中央广播交响乐团任驻团创作员之后，接续完成了《第一交响曲》的第二、第三乐章。不幸的是，因其在“给领导干部下楼洗澡”的社教运动中，批评了某些文艺方针，被下放到山西长达14年。他的《第一交响曲》直到1999年才得以首演。在首演后的座谈会上，瞿维评价说：“《第一交响曲》是王西麟一生交响乐创作的起点和萌芽。”音乐评论家刘爱华认为：“王西麟作于1962—1963年的《第一交响曲》是当时中国技法最成熟，最有创造性，内涵也最深厚的交响曲之一。”著名作曲家朱践耳在给王西麟的贺信中说："《第一交响曲》虽然是1962年创作，但和当年的一些交响乐作品相比，它是超前的，先锋的。当时的交响作品大多受苏联标题音乐的观念影响，无论是我的《英雄的诗篇》，丁先生的《长征》，罗忠镕先生的《浣溪沙》，王云阶先生的《抗日》，瞿维先生的《英雄纪念碑》，更不要说《梁祝》，都是受了老肖第十一（1905）的描写性写法的影响，甚至是马思聪的'第二'用了陕北革命民歌来描写红军的革命斗争，也是如此。你的'第一'却是真正的无标题交响曲的思维，它摆脱了当时苏联标题音乐的观念和影响，摆脱了表面的刻画与描写。另外，在感情上比较内在、含蓄，有深度，很有独创性，很新鲜，很有意境。总之，你在交响气质上是非常突出的。从你早期的'第一'中已明显预示了你是一位交响乐作曲家。在我们中国这样一个交响乐土壤极其贫瘠的国度里，在一个形象思维远胜于抽象思维的艺术环境中，在音乐创作（和音乐欣赏）中交响思维相当缺乏、稀少的广大作曲界里，你是一个很少见的交响乐人才，这一点上，难能可贵，也是值得我学习的……"

每每听到人们对《第一交响曲》的赞誉，王西麟首先想到的，则是导师瞿维在自己音乐创作之初所起到的极为重要的作用。他说，自己之所以能创作出交响曲、钢琴协奏曲、声乐协奏曲、小提琴协奏曲、交响合唱和室内乐等50余部作品，以及40余部影视音乐，实现从量的积累到质的飞跃，三次获得国家交响乐作品最高奖，并多次站上国际乐坛，得到克里斯托弗·潘德列茨基（波）和索菲亚·古拜杜丽娜（俄）等国际著名作曲家的高度评价，均得益于当年在瞿维先生指导下铺就的第一个台阶。如果没有这个基础，后面的所有台阶都是无法建立的。所以，他不仅深深感谢恩师，且念兹在兹、铭记不已！

三

在瞿维遗存的文字中，我看到了他在上海音乐学院担任客座教授时写下的

《作曲课记事》。研读这半个多世纪之前的授课记事，我发现瞿维很少说掷地有声、铿锵有力之语，多是平实质朴的教学内容、教学心得和经验总结，还有类似指导王西麟创作《第一交响曲》的记载。这让我蓦然想起了著名哲学家雅斯贝尔斯的一句话："教育的本质意味着：一棵树摇动一棵树，一朵云推动一朵云，一个灵魂唤醒一个灵魂。"它带给我一种诗意的联想——是呀，作为音乐教育家，瞿维面前也正呈现着这样的树，这样的云，这样的灵魂。两年期间，他先后带了七个学生，这是正在成长的七棵树，正在飘浮的七朵云，正在铸就中的七个灵魂。而"七星拱月"的中心，则是那以其始终如一、秉烛照人的使命感，不计辛劳、甘做奉献的责任感，还有那摇动树、推动云、唤醒灵魂的导师瞿维。

《作曲课记事》分两册，第一册从 1961 年 3 月 16 日与王西麟、蔡松琦、陈松龄三位同学见面开始，至 1962 年 7 月 20 日毕业为止；第二册从 1962 年 9 月 6 日与方定昊、黄白、龚耀年、沈一鸣四位同学见面记起，到 1963 年 7 月 17 日毕业结束。连续 5 个学期、近 5 万字的授课记录，是按照教学日期和学生上课的顺序，对授课内容、作业进展、学生点滴进步，还有针对存在问题采取的修正提高的措施，以及学生的优势和不足、思想苗头、增加课时、教学思路变化、考试成绩等，甚至哪个同学因为生病住院、失恋，影响了学习，都有清清楚楚的记载。

我从《记事》中看到，即使去北京开会，去云南出差，瞿维临行之前也要把课程提前讲解好，再留下作业，以便回来后检查。甚至在母亲病重住院、逝世、安葬期间，他的教学和记录也未曾间断。白天实在没有时间上课，就利用晚上补课。他的学生们当年都感觉到，瞿维老师教学严谨，备课认真。却不曾知道，他在忙碌的教学和创作并重的情况下，还有这样细致的教学日记。如果不是亲眼阅读了《记事》，我怎么也想象不到，他对兼职教师工作，竟然做得这样尽职尽责、一丝不苟。

阅读《记事》，我对瞿维的教学方法也有了初步了解。因为每个学生的毕业选题不同，瞿维在一对一的教学中，通过思想交流、作业修改、讨论分析作品等方法，注意发现学生的各自优势，按照他们的个性特征去帮助、提高他们。他觉得，王西麟善于交响乐长呼吸思维，结构布局很快，乐思敏捷，对理论也有兴趣。所以，在教学中他多有鼓励，也不时地告诫其切不可以骄傲。这对当时年轻的王西麟来说，或许感觉不到有多么重要。但在日后历经生活道路的曲折坎坷时，这些话曾鼓励他增强信心，在取得重大成就时，这些话也让他保持了清醒。

对蔡松琦，瞿维认为他有自己的独立见解，他的作品，音乐性与技巧性比较统一，创造性更鲜明些；黄白的长处是对钢琴比较熟悉，钢琴作品偏于抒情，手法虽然平易，但很有亲切之感；方定昊的特点是思维敏捷，有抓住情绪的本领，作品很有激情，演奏时也很有热情；沈一鸣的基础比较扎实……由于掌握了每个学生的优势，瞿维采用了具体问题具体分析的方法，有针对性地因材施教，教学成效显著。

不断总结教学经验，是记事的另一个主要内容。瞿维的总结有定期的，如一个学期结束、一个毕业班的告别；有不定期的，即根据教学的需要而随时地总结。反求诸己，是瞿维总结教学经验的主要方法，是他对自己的严格要求。在分析学生存在问题的根源时，他都从自身的教学方法去考虑，而不是把问题归咎于学生。他在记事中说："学生的缺点反映了我教学中的缺点，如果要把工作做好，自己还得认真学习。""如果我的做法不能让学生的学习有所改变，尤其是在学生进步缓慢或者是止步不前的时候。要想到，教好一个真正有能力的学生不算是本领高，而在能力差的学生身上下功夫，并使之迎头赶上，才是一个好教师。"

有一个自尊心很强的学生，平日学习与创作都很努力，但创作时主题不够突出，曲调也缺乏组织。为了提高他的创作能力，瞿维特别增加了课时，给他细致讲解和声的用法、曲调发展的方法等技巧，并建议他尝试用方整性的曲调写。但事与愿违，始终不见他长进。眼看距离毕业考试的时间只有一个学期了，瞿维在情急之下，仔细回顾了教学思路，从自身寻找存在问题的根源和解决办法。换位思考之后，瞿维发现，“自己对他没有深入了解，仅看到他的问题，而没有看到教学方法上也有问题。他是一个要强的学生，由于写不出来，觉得在同学之中很没有面子。而在我这里，每次作业都通不过，因而失去了信心。”他在记事中还说道：“严格要求是对的，但应该从鼓舞信心、有计划地帮助上下功夫。应该具体帮助他多分析一些作品，使他懂得哪些问题做得不够。对他要有计划提出要求，每次让他集中精力完成一个中心内容。”按照这个思路，瞿维单独给他写了一封鼓励信。阅信以后，这个学生放下了心理负担，精神舒畅了，学习主动性增强了，创作水平也有了提高，并且逐渐达到了独立写作的境界，顺利通过了毕业考试。

有一段时间，瞿维发现蔡松琦的创作进步缓慢，他在日记中反思说：“是自己对其要求不够严格所致，我的教授方法还可以有改进的地方。”此后，在他的严格要求下，蔡松琦果然很快提升了创作水准。

教学实践，使瞿维深刻地体会到：“学习如何去帮助别人，这也是一个人对社会的贡献。做教师的人必须要有这样的信心：只要你费心栽培，总会开出鲜艳花朵的。”“我得到了这样一个经验：任何事情只要花了工夫研究，总会有比较满意的结果的。”

为了寻求恰当的教育方法，瞿维经常征求学生对教学的意见和建议。1962年元旦刚过，有的同学提出了他的教学方法抓得太细的意见。对此，他从教与学两个方面做了反复思索。他想到，自己的教学方法可能对学生的拘束太大，应该在适当的时候放宽一些，免得使学生感到太不自由。但是，在学生还不能完全独立创作的情况下，“对于存在的问题，还是应该大胆提，甚至于改动他们的作品。当学生心有余力不足时，我会带动他们。但是也会告诉他们，如果不满意，可以推翻，按自己的计划写。”这样的记载，不仅反映出他对学生的尊重爱护，而且折射出他严谨负责的教学态度、为师做人的高尚品格。

耐心做好思想工作，当一个心灵园丁，是《记事》的一个重要侧面。在一个学期期末，瞿维发现有个学生总是心情不好，创作成绩受到影响。于是他抽出时间，采用闲谈的方式与之交流，原来是因为女朋友好久没有书信，所以不能安心学习。瞿维在表示理解的同时，告诫他“盛年不重来，一日难再晨”的道理，要学会珍惜时间，抓住主要的东西。人生有限，任何时候都应当以工作和学习为第一，其他问题都是次要的。要善于用理智控制自己的情绪。如果学业有成，爱情自然会如愿。瞿维的话，如醍醐灌顶，甘露润心。但是，瞿维仍然放不下，又写了一封书信，鼓励这个学生从消极情绪中走了出来，使他恢复了学习热情，成绩得到了提高，毕业时取得了满分的好成绩。

在《记事》中，我不时看到瞿维在收获了教学成果之后的喜悦之情。1957届的三个学生，有两个毕业生在作曲系的考试中，荣获并列第一的好成绩，另一个也取得了4分的优异成绩。1958届的四个学生，毕业成绩取得了两个5分、两个4分的优异成绩。有三个毕业留校做了教师。看到学生的健康成长，他在《记事》中写道：“如果能把学生教好，这也算是我可以自慰的一份成绩。”“看到了学生取得成绩时的欣喜之情，就好像自己的作品完成时的心情一样。”

四

按照《作曲课记事》里反复记载的名字，我找到了瞿维半个多世纪之前的学生。这些当年瞿维用心血培育的朝气蓬勃的音乐青年，都变成了年近耄耋的老者。但历经岁月沧桑的学子们，至今仍然念念不忘老师的音容笑貌。先生的师德，连带着已逝去的光阴，深深地融化在他们的生命之中。这些学生毕业之后，都渐渐成长为声名显赫的作曲家、教授、学者。其中：

王西麟在国际乐坛上，享有“中国的肖斯塔科维奇”的称谓，是德国 Schott Music 出版公司的签约作曲家。

蔡松琦，广东星海音乐学院前院长、著名音乐教育家。

陈松龄，生前是华东师范大学音乐系教授。

方定昊，著名作曲家。在 20 世纪六七十年代就填补了我国在运用中国传统音乐素材进行长笛作品再创作方面的空缺，《方定昊中国长笛作品集》(2 册)由上海音乐学院出版社出版后，起到了宣传中国音乐，让世界更好了解中国的作用。

黄白，上海音乐学院教授，博士研究生导师，荷兰国立莱顿大学汉学研究院、台湾艺术大学表演艺术学院中国音乐学系客席教授。

沈一鸣，上海音乐学院教授。

龚耀年，著名作曲家，音乐理论家，音乐教育家，中国音乐家协会创作委员会副主任，国家一级作曲家。

看到瞿维学生的现状，我想起了《礼记·学记》中所说的“善歌者，使人继其声。善教者，使人继其志”。意思是说，善于教育的人，他们的语言“约而达，微而臧，罕譬而喻”，具有一种感染力，容易使从学者，继其志向，传承师道。由此可见，教师不仅能使学生的知识能力有所精进，还能以教师之志给予学生更深远的影响。

瞿维认真负责的敬业精神，赢得了学生的信赖和敬仰。毕业以后，他们始终铭记老师的教诲之恩，与瞿维保持了多年的密切联系，瞿维也在关注学生的发展。

王西麟与瞿维的联系，一直是双向的。无论是在顺境还是逆境，这份师生之情持续了数十年。1963 年，瞿维的交响诗《人民英雄纪念碑》在人民音乐出版社出版，王西麟主动承担了校对工作。1964 年，在知道王西麟被下放的遭遇之后，瞿维尤其为其何去何从的前途担忧。“文化大革命”结束后，为了把王西麟从山西调回北京并分配工作，瞿维和李德伦先生一起四方奔走。王西麟在回忆中说：“瞿维老师曾在马路边站着，为我匆匆忙忙写好几个介绍工作的纸条子，这一切都恍如昨日。”后来，王西麟终于如愿以偿回到北京，实现了进入交响乐团的愿望。瞿维一颗悬着的心才放了下来。在王西麟举办音乐作品专场演出时，只要有时间，瞿维都要专程从上海到北京亲临现场观摩。

《云南音诗》是王西麟毕业后创作的第一个作品，它在 1981 年举办的第一届全国交响音乐作品评奖活动中得以问世，并从参评的 94 部作品中脱颖而出，荣获了全国创作一等奖。此曲的终曲《火把节》备受听众欢迎，常被单独演出，迄今已在 20 多个国家的 60 多个城市上演，是国外演出最多的中国代表作品之一。在参评过程中，瞿维从《茶林春雨》《山寨路上》《夜歌》《火把节》四个乐章中，听出了四幅云南各族人民诗意盎然的生活画面和色彩缤纷的风俗文化场景，也看到了王西麟勇于探索、顽强进取的创新精神和刻苦努力的学习态度，看到了他既有交响乐专业技巧，又能雅俗共赏的音乐境界。瞿维以《绚

王西麟创作的《云南音诗》获首届全国交响音乐作品创作一等奖（1981 年）

丽多彩的画幅》为题，写了一篇评论，发表在《音乐报》上。他相信，以这次评选为起点，王西麟一定会取得更大成就。

蔡松琦的健康成长和从教经历，也与导师瞿维的教诲有直接而紧密的联系。在采访中他对我说："瞿先生是我一生非常尊重的良师益友。先生治学严谨，博采众长，和蔼可亲，脸上永远挂着微笑。他家住复兴路，上下课都是步行到淮海中路的'上音'来的。我常在半路上迎候他，并一起到路边花店买鲜花。我的毕业作品《G 大调钢琴协奏曲》及王西麟的《第一交响曲》都是在他的指导下完成的，一齐获得并列第一的好成绩。他不仅专注我的学业，生活上也关怀备至。在他的身上，我学到的做人哲理与专业技艺一样多，他是我人生道路上的楷模。"

蔡松琦印象最深刻的是，瞿维老师常常嘱咐学生不要浪费时间。就在他毕业考试的前一天，瞿维还叮嘱同学们要抓紧时间练习毕业作品。在毕业考试音乐会考场上，自己的《D 大调钢琴协奏曲》取得优异成绩时，上海音乐学院院长贺绿汀给予了热情赞扬。考试结束后，瞿维老师希望他把作品的章节全部背下来，期待以后参加演出。老师的鼓励，对蔡松琦无疑是最高奖励。

瞿维的师德，更是让蔡松琦从内心崇尚。毕业以后，他从事高等音乐教育 49 载，一直继承了老师对教学工作认真负责的精神，以"学为人师，行为世范"为座右铭。他说，瞿维在学生的学习成绩止步不前的时候，从来不埋怨学生，总是从自身的教学方式方法上找原因，从而提高教学质量。老师的言行，潜移默化地影响了蔡松琦，使他学会了处理问题的方法。他对我说："毕业后，在学术上、在职务上的成长，都与瞿维老师对我的教育分不开。"无论是教学，还是当院长，他都以老师为榜样，从未放弃对音乐教育的思考和探索。退休以后，也依然在发挥余热。只不过是把关注点从大学生转到了儿童身上。他认为，儿童是我们中国的希望，将来的人才就出在他们中间，音乐事业的继承与繁荣离不开他们，所以要重视对他们的培养。因此，他不辞辛苦，为引导少年儿童进入钢琴教育领域，和女儿蔡幸子合作编写出版了《钢琴宝典》，教会孩子们不仅要用手弹奏钢琴，而且要用脑“弹懂”钢琴，引导这么多孩子跨进钢琴世界之门，表现出了他关心下一代健康成长的历史责任感。

当听说我在为瞿维老师写传记的时候，他立即发来了毕业前夕与老师的合影、1999年底他和老师相会于第五届中国音乐家代表大会时的合影，以及他珍藏多年的老师出访法国、希腊的照片，还有老师当年寄赠他的《人民英雄纪念碑》和《革命芭蕾舞剧白毛女》总谱、从捷克归来时赠予的水晶杯。他对我说：“到现在还记得老师给我改作品的情景，细致，生动。他在讲课时，常常举一些外国作曲家尤其是俄罗斯作曲家的作曲手法来启发我。尤其可贵和留下深刻印象的是他以自身的创作体会举例，深入浅出。”听说我在寻找瞿维夫人寄明的学生雷雨声，他立即帮助我多方查找，并将电话和通讯地址转给了我。

黄白教授听我说起《作曲课记事》，心情非常激动。她在信函中说：“瞿

瞿维与学生蔡松琦相逢北京（1999年）

维老师对我们那么上心、那么认真负责的精神，实在是我们最好的榜样。他为我们上课时，对我们每个人的作品都了如指掌，这一切都反映了他的博大心胸。”她把瞿维指导完成的毕业作品《钢琴与乐队交响诗——献给母亲的诗》，特意复制了一份，快递于我。78 页的 A3 五线谱上，那些状如蝌蚪般的音符，承载了老师的谆谆教诲和殷殷期望。黄白教授的丈夫王久芳，虽然不是瞿维的亲授学生，但他称颂其是“亲老师”。他对我说，在上海音乐学院上学期间，他和同学们只要有了疑惑，最愿意求教的就是瞿维先生。不管认识不认识，先生都是有问必答，热情有加，耐性极强。我去他家里采访那天，他特意找来毕业以后和瞿维合作的交响诗《红娘子》，通过特制的超级音响放送，那撼人心魄的乐章里，珍藏着他对昔日教导过自己的“亲老师”的怀念之情、敬重之情和感恩之情。

瞿维学生黄白创作的民歌合唱曲 13 首，选入激光唱片《太阳出来喜洋洋》专辑，香港雨果公司 1993 年录制出版

五

寄明的教学经历与瞿维不同。抗战时期，她任职于重庆教师战时服务团，主要是教唱抗战歌曲。在延安鲁艺教授钢琴时，只有一个女学生。真正带班当教师，是在新中国成立前后的一段时间里。

1948 年，寄明在东北音乐工作团工作。当时，出于培养演艺人才，更好服务东北建设的目的，音工团招收了一个少儿班。中国音乐家协会名誉主席傅庚辰，就是从这个少年班里成长起来的著名音乐家。

为此，我来到北京，采访了傅庚辰，请他回忆与寄明老师的交往。言谈中，年过八旬的将军，将思绪回溯到了 70 余年前与寄明在一起的珍贵时光。

初识寄明是在 1948 年 3 月。那时候，考入东北音乐工作团的傅庚辰还不满 13 岁，只有小学四年级文化。他说，班里的同学都是稚气未脱的孩子，最大的 15 岁，最小的 10 岁，大都来自农村和小城市。当时，他们的班主任寄明，既要负责管理工作，又要和团里的老同志一起教他们学文化、学基本的音乐理论、学专业技术。她给同学们讲述聂耳、冼星海的故事，教导同学们树立正确的人生观、世界观、艺术观；她教唱《松花江上》《义勇军进行曲》《大刀进行曲》《八路军进行曲》《延安颂》《太行山上》等抗日歌曲，培养同学们的爱国主义和革命英雄主义精神。3 月的哈尔滨天寒地冻，床上没有褥子，傅庚辰和小伙伴们都睡在草垫子上。因为天气寒冷，年纪小的同学还会尿床。伙食上，只配发不足量的口粮，没有买菜的钱。幸而旁边有个荒弃的煤砟场，团里的年轻人就开垦了一块菜地。每隔十天半月，大家能够吃上一顿白米饭和土豆烧肉，算是改善伙食。

大约是当年 7 月，团里的大多数同志都去前线慰问部队。剩下他们这些年纪小的同学，跟着寄明老师留在驻地。检查卫生的时候，寄明发现同学们的头上长了虱子，于是决定把分头剃成光头。听到这个决定，同学们七嘴八舌地反对。有的说："过去生活条件差，我们从来没有留过分头，现在参加革命，生活好了，为什么还不能留？""老师，我们好不容易从光头留起来了分头，怎么舍得再剃成光头？卫生不好我们可以改进的！"寄明听了孩子们的意见，耐心开导说："参加革命了，就要讲革命纪律，服从组织决定。现在虽然物质条件比你们在家里好多了，但是现在解放战争正在进行，我们要支援前线，还有很多困难，所以我们还要挖开垃圾场种菜。你们现在还小，缺乏管理自己的能力。长虱子很不卫生，先剃掉，等到生活条件好了，还可以再留起来嘛。"经过她的说服动员，同学们心甘情愿剃了光头。

那个时候，同学们觉得寄明老师就像母亲一样，大家有问题都喜欢请教她，她总是有问必答。她亲切和蔼的作风，给少年傅庚辰留下了深刻印象。所以，毕业之后，有了难处也要找她拿主意。

1958年春夏之交，傅庚辰所在的志愿军歌舞团即将从朝鲜平安南道回国。当时，面临着文工团撤销编制的问题。情急之下，傅庚辰给远在上海的寄明老师写信，希望她介绍自己去电影制片厂工作。不久，寄明回信说："你所在的八一电影制片厂隶属部队，你在部队文工团工作，调动起来方便，又搞了电影音乐。相比之下，比到地方电影制片厂要容易些。"寄明老师的建议，给傅庚辰的心里打开了一扇窗，当组织上找他谈话征求意见时，他按照寄明的建议，表达了自己想去八一电影制片厂工作的意愿。傅庚辰的要求合情合理，他如愿以偿地调到了八一电影制片厂，他也特别珍惜、热爱八一电影制片厂的工作。从开始电影音乐创作到现在，傅庚辰已经为70余部影视创作音乐。在中宣部选入的100部爱国主义影片中，就有4部傅庚辰作曲的电影——《风雨下钟山》《雷锋》《地道战》《闪闪的红星》。回忆起自己的电影音乐生涯，傅庚辰感慨万千地说："是寄明老师给我指引了这条路。""我怎么能忘记寄明老师呢！"

1978年，共青团第十届代表大会筹委会在征集《中国少年先锋队队歌》

的时候，傅庚辰在团中央推荐的歌词中选择了胡乔木创作的《少年先锋队之歌》歌词谱曲，得票很高，很有希望入选。但不久，征歌负责人找他征求意见说，电影《英雄小八路》的主题歌《我们是共产主义接班人》这首歌，在“文化大革命”之前就已经在孩子们中间广为流传了，很受孩子们喜欢。是否可以考虑用这首歌作为少先队队歌？他当即表示，《我们是共产主义接班人》这首歌不仅主题思想好，而且歌曲的音调充满热情和朝气，充满希望和力量，象征着信念，象征着美好灿烂的明天。后来，这首歌毫无疑义地被确定为《中国少年先锋队队歌》。

习近平总书记说：“一个人遇到好老师是人生的幸运，一个学校拥有好老师是学校的光荣，一个民族源源不断涌现出一批又一批好老师则是民族的希望。”傅庚辰在人生之路上遇到了寄明老师，是他的幸运。

同样的幸运在著名作曲家雷雨声的心中，也留下了永不磨灭的印象。

采访雷雨声时，话题是从他上北京报考东北鲁艺说起的。当时，雷雨声是重庆巴蜀中学毕业的学生。那时候，他的父母在香港工作，特别希望他能够上香港读大学。但是，他自己却因为崇拜马可、李劫夫、李焕之等作曲家，向往东北鲁艺的生活，期望能够考上鲁艺，当一个音乐家。于是，他自作主张，带着小提琴去了北京。他记得，当时的考场设在北京大学红楼。考试那天，主考官是一位年轻和善、戴深度近视镜的女先生。考试伊始，先生问他：

你有什么特长？

我写过歌词。

写过什么歌？能唱给我们听听吗？

《黄梅天》！

他情不自禁地唱了起来：

黄梅天，雨绵绵

一滴滴到娘心田

低声怨天不睁眼

为啥要把田地淹

收成不好，啷个有钱

晓得哪辈子哟，才有太平年

这首歌是雷雨声在高二时所写的处女作。他记得，是白色恐怖笼罩山城重庆时那民不聊生的生活场景，让血气方刚的自己无法平复内心的激愤，就写下了这首歌词，编配上民歌的曲调。现在看起来虽然不够成熟，但在当时，同学们却都很喜欢唱。

听了雷雨声的《黄梅天》，主考官又问：

你有什么愿望？

他不假思索地回答说：

我喜欢革命歌曲，听说鲁艺有很多写革命歌曲的老师，我希望和这些老师学习作曲。

主考官和善地笑了。她指了指雷雨声随身带来的小提琴问：

你会拉提琴？

会！

会拉什么？

《故乡》！

说着，他把小提琴笨拙地夹在腮下，拉起了张帆作词、陆华柏作曲的《故乡》。这首独唱歌曲创作于 1937 年，以抒情性与戏剧性相结合的手法，抒发了流亡者对故乡、对母亲的眷恋，唱出了对日本侵略者的无比仇恨，具有丰满的艺术感染力，是中华民族苦难悲歌的见证。1938 年春，这首歌经金陵女子大学声乐教师梅经香女士在桂林首次演唱后，不仅在抗战大后方广为传唱，甚至还传播到了美国波士顿、法国巴黎和东南亚。对这支歌曲的歌词，雷雨声分外喜欢：

故乡 我生长的地方
本来是一个天堂
那儿有清澈的河流
垂杨夹岸
那儿有茂密的松林
和那小小的山岗
春天有新绿的草原有牛羊来往
秋天的丛树灿烂辉煌
月夜我们曾泛舟湖上
在那庄严的古庙
几次凭吊过斜阳
现在一切都改变了
现在已经是野兽的屠场
故乡 故乡
我的母亲
我的家呢
哪一天才能回到你的怀里
那一切是否能依然无恙

雷雨声以少年的自信，为考官演奏着这首歌的曲调。他说，当时自以为有滋有味的演奏，现在想起来，难免要起鸡皮疙瘩的。但雷雨声很幸运，“爱才尤在无名时”的女考官，没有嫌弃他的蹩脚的提琴演奏，而是看中了他在演唱《黄梅天》时所表现出来的良好乐感和质朴情怀。就这样，一个喜欢音乐但没有受过任何音乐专业教育的少年，志得意满地走进了心心念念的艺术殿堂，与音乐结下了不解之缘。

入学以后，雷雨声才知道，那位女考官竟然是钢琴演奏家、作曲家、东北鲁艺音乐系主任寄明。更让他没想到的是，主考官还是他的作曲课老师。这可是一件很光荣的事情啊！少年雷雨声的心里真是美滋滋的。

刚刚入学，雷雨声迷上了钢琴。但寄明老师却从实际出发，让他在学习作曲的同时，学习小提琴、古筝和长笛演奏，希望他一专多能。听考官老师的，准没错！

雷雨声说，和寄明老师在一起时，心里觉得很亲切，特踏实。同学们有什么困难都不怕，只要找她，一准解决问题。他记得，同学陈伟琴的伙食费没有了，而父母邮寄的资金还在途中。怎么办？她第一个想到的就是去寄明老师家借。可见同学们和寄明的关系有多亲近。

让雷雨声感到特别遗憾的，是跟随寄明老师学习作曲的时间只有短暂的一年多。可雷雨声又说他已经很幸运，幸运地遇到了主考官寄明老师，使他走上了音乐创作领域，幸运地跟随她打下了作曲基础。他说，在教材不足的情况下，寄明自编教材，其中有一首管弦乐《舞曲》，给他留下了很深刻的印象。

1953 年秋天，寄明奉调去中央电影局音乐处工作。听说这个消息之后，同学们以稚嫩的笔触，创作了一首《献给亲爱的寄明老师》的朗诵诗：

在这里
我们热烈地欢送您
到新的工作岗位
不过，说实在的
真舍不得你 离开我们
当知道你就要离开我们时

心里就好像被一件什么
沉甸甸的东西压着似的
我们想起了很多
……

记得那一年
也就是现在这个时候
杏黄了，桃李熟透了
苹果红了
火车，从祖国的四面八方
把一群群的孩子
带给了您
带给了劫夫老师
带给这可爱的学校
……
寄明老师
我们真的舍不得你
……

朗诵诗歌的正是寄明接收的那一届的学生。学生们都记得，是寄明老师在桃李芬芳杏子黄的季节，把他们接到了学校。而今，亲爱的老师却要离开他们。正值芳华的学生们，在浓情万缕的朗诵诗里，淋漓尽致地抒发了师生间依依不舍之情。晚会结束了，离别在即，难舍难分的学生环绕在寄明身旁，还献上了代表敬意的鲜花，摄影机留下了师生情深的美好瞬间。

这一天，是1953年9月19日。寄明的女儿方方找到了这张东北音乐专科学校欢送寄明赴京工作晚会的照片。雷雨声也是在这个晚会上与寄明老师道别的。

雷雨声以后的创作成就证明，寄明的眼光很准，称得上是慧眼识珠。雷雨声没有辜负老师的殷切期望，真正做到了一专多能。多年来，他在音乐创作领域取得了骄人业绩。他24岁时创作的古筝、扬琴、高胡三重奏《春天来了》，于1957年在莫斯科举办的第六届世界青年与学生和平友谊联欢节器乐竞赛中，荣获了金质奖章。此后，他又陆续创作了《情人》《琼花》等十余部歌剧。他创作的《光荣啊！中国共青团》(胡宏伟词)被确定为中国共产主义青年团团歌，与寄明老师创作的《中国少年先锋队队歌》和《义勇军进行曲》《中国人民解放军进行曲》一起，被誉为“世纪之歌”。他为长春电影制片厂拍摄的故事片《客从何来》创作的主题歌《迎宾曲》（刘文玉词），经歌唱家李谷一演唱后一夜走红，久唱不衰。他还为《李冰》《少帅春秋》等20多部电影、电视剧配乐。现在，80多岁的雷雨声，还在为普及青少年音乐教育而忙碌。

每当想起这些，雷雨声都要想起尊敬的寄明老师。他感慨地说：“人生有一好老师足矣！”

与雷雨声同期入学的谷建芬、秦咏诚等，也都是1952年考入东北音专(现沈阳音乐学院)的学生，都曾师从寄明主修作曲。如今，他们都以闻名遐迩的乐曲跨入了中国著名音乐家的行列。

第七章

《中国少年先锋队队歌》的前世今生

ZHONGGUO SHAONIAN XIANFENGDUI DE QIANSHI JINSHENG

瞿維寄明合作

一

喜欢上寄明作曲的《我们是共产主义接班人》这首歌，还是在童年时代。那时候的我，酷爱电影，尤其是《鸡毛信》《红孩子》《小兵张嘎》《祖国的花朵》《英雄小八路》《草原英雄小姐妹》等反映少年儿童生活的电影故事片，我是必看无疑的。其中印象最深刻的是《英雄小八路》。我记得，当小英雄手拉手，昂首挺胸，齐声高唱主题歌《我们是共产主义接班人》（周郁辉词）时，朝气蓬勃的旋律、铿锵豪迈的歌词和屏幕上不怕牺牲的小英雄形象融为一体。就在那一瞬间，我和同学们的眼泪不由自主地流了下来，泪水打湿了衣裳，小英雄的崇高形象印到了心底。这首歌从此成了同学们的最爱。每每唱起，一种发自肺腑的自豪感、使命感和责任感总是在心底油然而生。长大后，只要这熟悉的旋律响起，思绪就会把我带回到特定的画面中去。我想，这就是人们常说的电影的灵魂——主题歌的作用吧。

寄明和周郁辉创作这首歌的过程颇有戏剧性。据历史资料记载，1958 年 8 月下旬至 10 月初旬，在厦门与金门（台湾当局管辖的岛屿）之间，发生了持续 40 多天的炮战。炮战初期，解放军的重点是打击岛上军事目标，后期重点改为封锁海运线，以围困金门，目的是为了解放台湾，统一中国。

炮战一开始，与大、小金门岛隔海相望的厦门何厝村就首当其冲，村里 80% 的房屋被国民党军的炮弹夷为平地，处于炮战前沿的第四中心小学（现何厝小学），连中近百发炮弹。阳光明媚的教室——万顺楼，被炸成了断壁残垣，毁于一旦。8 月 23 日，何厝村紧急通知，要求所有村民必须在当晚 12 点之前转移到后方。学校组织孩子们和家人一起转移。但是，学校“前线少年支前活动大队”里，却有 13 个少先队员悄悄地留了下来。他们当中最大的是 16 岁的何明全，最小的是 12 岁的何大年。怀着家国情怀的少先队员们，决心要和解放军叔叔一起，坚定不移地守住阵地。

白天，他们不顾生命危险，在炮火纷飞的阵地上，给解放军叔叔烧开水、送地瓜汤、洗军衣、擦炮弹、挖战壕，还和民兵一起站岗放哨……甚至穿梭在炮火中，寻找被炸断了的电话线。夜里，他们就坐在防空洞的石凳上坚持学习。

1958 年底，全国各地各界人士组成慰问团来到厦门前线，慰问解放军指战员，寄明也参加了这个慰问团。在与解放军战士的交谈中，她得知了孩子们的英雄事迹，深深地感动了。出于作曲家对艺术的敏感，寄明找到了其中的少

寄明手稿：《中国少年先锋队队歌》歌曲总谱

先队员何佳汝与何亚猪。

何佳汝至今还清晰记得与寄明阿姨在阵地上交谈的情景。她说，寄明阿姨亲切地拉着她的手，用另一只手搂着何亚猪肩膀，认真听他俩讲述英勇支前的事迹。有一次解放军的电话线被炸断，指挥部的命令无法传达到前线，他们带上电话线，和电话兵一起在地面匍匐前进，四处寻找电线的断头。他们的手脚和膝盖，被土路磨得鲜血淋漓的时候，在电话兵受伤、电话线短缺、断头不能接合的情况下，何大年、何亚猪灵机一动，和小伙伴们勇敢地手拉手、肩并肩，通过人体导电的方式，忍住身体的发麻抽搐，保障了电话畅通，使指挥部的命令及时传达到了前线。孩子们的讲述，让寄明深为感动。她说："你们这些孩子真是太勇敢了，我一定要把你们的事迹创作成歌曲，唱给全国人民听。""当时，寄明阿姨就情不自禁地唱出了一段曲调，并拿出纸和笔做了记录。我们都很好奇，想知道歌曲究竟是如何写成的，便都蹲在寄明阿姨的身旁。过了不一会儿，曲子写出了大概，寄明阿姨把曲子唱给我们听。我们都觉得歌曲的旋律很动听。"

这就是《我们是共产主义接班人》最初的旋律。不久，少先队员们的英雄事迹引起了社会各界的广泛关注。各大新闻媒体的记者，作家、艺术家纷纷前来采访……1959年8月，《厦门日报》率先报道了少先队员们支前的英雄事迹。同年9月，共青团厦门市委命名他们为"优秀少先队员"，并授予"英雄小八路"的荣誉称号。他们的代表何大年光荣出席了全国第二次青年社会主义建设积极分子代表大会。时任少先队总辅导员的王添成老师，以他们的模范事迹为素材，创作了题为《英雄小八路》的五幕话剧。翌年5月，上海戏剧学院的陈耘老师带领创作系、表演系100多名毕业班学生，到厦门体验生活。王添成老师的剧本引发了他的创作灵感。于是，陈耘以这个剧本为基础，创作了八场《英雄小八路》话剧剧本，六一国际儿童节时在福州公演。上海天马电影制片厂决定，要用最快的速度，把"英雄小八路"的爱国主义事迹拍成故事片，传播给广大人民群众和全国的少年儿童。厂里把作曲与编剧任务，分别交给了寄明和党委办公室主任周郁辉。

于是，寄明再次来到厦门前沿阵地体验生活。采访中，为了更好地烘托出银幕上的少年英雄形象，让爱国主义精神的主题得到更进一步升华，寄明和周郁辉产生了创作一首既能表现少年儿童热爱祖国、不怕艰险的革命英雄主义精神，又具有时代震撼力的主题歌的意向。

周郁辉的两段歌词，写得洗练、丰满，政治思想性强却不是空洞说教：

我们是共产主义接班人
继承革命先辈的光荣传统
爱祖国　爱人民
鲜艳的红领巾飘扬在前胸
不怕困难　不怕敌人
顽强学习　坚决斗争
向着胜利　勇敢前进
我们是共产主义接班人

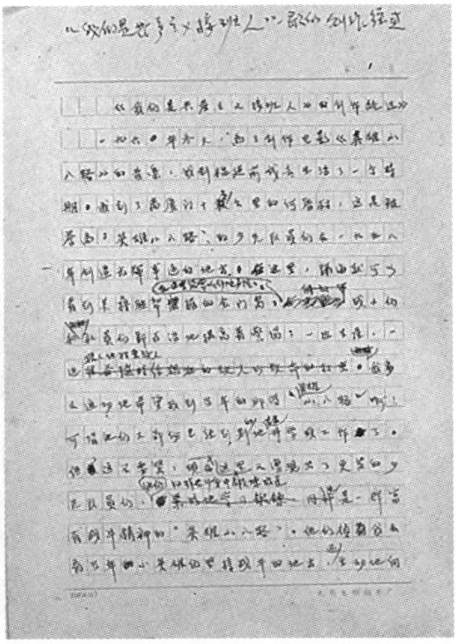
《我们是共产主义接班人》歌的创作经过

寄明手稿：关于《我们是共产主义接班人》歌曲的创作经过

我们是共产主义接班人
沿着革命先辈的光荣路程
爱祖国 爱人民
少先队员是我们骄傲的名称
时刻准备 建立功勋
要把敌人 消灭干净
为着理想 勇敢前进
我们是共产主义接班人

富于理想、昂扬奋发的歌词，更加激起了寄明对小英雄们的崇敬心情。她不满足于第一次来厦门时构思的旋律，多次到学校、到少年宫，细心体察、捕捉、领略少先队员的内心情感。有一天，她一边想象孩子们手牵着手，用身体替代电线，让电流从身体通过的影像，一边思考音乐创作。突然，一个有着明朗节奏、起伏度较大的旋律，回荡在她的耳畔。她立刻提笔记录了这灵光一现的旋律。

得之不易的旋律，以进行曲的速度出现，采用童声二部合唱形式、二部曲式结构创作。在第一乐句的“我们”处，寄明拉长了旋律的时值，放宽了节奏，并配合着大起大伏的旋律线，抒发出了少先队员们立志向人类最美好的共产主义境界迈进的伟大理想，塑造了新中国少年儿童群体意气风发、勇往直前的宏伟气魄。在歌曲的第二部分，为了强调“不怕”“顽强”“坚决”这几个词汇，寄明接连运用四个休止符， 铿锵有力地突出了少先队员爱祖国的炽热情怀和为共产主义事业奋斗的意志和决心。歌曲的最后部分为了强调少先队员们不怕牺牲的形象，寄明将“向着胜利勇敢前进”这句歌词，做了三次递进式发展。在第一次重复时，采用了将旋律提高音区、自由模进和紧缩节奏的方法，使音乐形象往前推进了一大步; 第二次重复时，将旋律提到最高音区、开始处改为弱起，将附属音到主音的上四度跳进拉宽了节奏，把音乐推到了全曲高潮。层次分明的重复，层层递进的曲调，突出了休止符的重音，刻画出了少先队员不可抗拒、永远前进的形象。最后一句，用斩钉截铁的音调和节奏，再次肯定和强调了这首歌的主题思想——“我们是共产主义接班人”，非常鼓舞人心。

曲谱写好了，寄明首先唱给孩子们听，根据他们的感觉，作了反复修改之后，方才定稿。与此同时，寄明还根据少先队员们的事迹，创作了活泼欢快的电影插曲——《给解放军叔叔洗衣裳》（于之作词）。

1960 年 10 月，《英雄小八路》摄制组在厦门开机拍摄，寄明和剧组的演职员们一起住进了小英雄们升学后就读的厦门三中。寄明将电影里的两首插曲《我们是共产主义接班人》和《给解放军叔叔洗衣裳》歌页赠送给了孩子们的母校。接着，王添成老师率先在学生中教唱，并请剧组的五位小演员和全体师生一起合唱。1960 年 12 月 29 日，《我们是共产主义接班人》与《给解放军叔叔洗衣裳》两首歌，在厦门江头师部礼堂“慰问前线三军大会”上首唱。合唱团由“英雄小八路”的队员和电影剧组的小演员们组成，担任指挥的是王添成老师，负责手风琴伴奏的是天马厂电影演员冯笑。合唱团的演唱一鸣惊人，两首歌曲深受观众的喜爱。在电影还没有上映之前，主题歌《我们是共产主义接班人》就在厦门传开了。

二

1961 年 1 月，电影《英雄小八路》拍摄完成。在这部电影音乐的创作中，为了强化爱国主义精神，寄明将《我们是共产主义接班人》的主题曲作为影片的主旋律。在剪辑过程中，寄明对导演高衡要求的音乐起止认真极了，甚至几尺几格都记得清清楚楚。她手里掐着秒表，仔细计算着音乐需要的时间，一秒不差。著名电影艺术家赵丹被她认真负责的工作精神所感动，钦敬地说：“像寄明这样又干革命又懂音乐的延安干部，才是真正的革命者啊！”

为了研究这首主题曲，我重新几次欣赏了这部电影。我看到，从开篇到结尾，《我们是共产主义接班人》主题歌，在电影中完整出现三次。第一次在电影片头，以童声合唱形式出现，点明了故事的主题思想。第二次是在五个孩子被同意留在前线之后，孩子们把桌椅搬到了防炮监督岗，并在墙面贴上了毛主席画像。此时出现的主题曲以画外音的形式唱出，将孩子们为留在前线，和解放军叔叔一起打击敌人的激动心情，表现得生动活泼、淋漓尽致。最后一次是在电话线断缺的紧急关头，孩子们手拉手用身体接通电话线时出现，主题歌从领唱到合唱接入，画内音融合了画外音，不仅在演唱方式上具有了重要的创新意义，而且使歌唱成为电影主题思想升华的推动力。

经过寄明的精心谱曲，《我们是共产主义接班人》这首豪情满怀的主题歌，在影片上映以后，以其隽永的艺术魅力不胫而走，迅速飞遍长城内外，大江南北，并且越来越深入人心。据外交家熊向晖说，日理万机的伟大领袖毛泽东主席也晓得这首歌。1961 年 9 月毛泽东主席在武汉会见正在中国访问的英国陆军元帅蒙哥马利时，蒙哥马利曾提到中共领导人的继承人问题，毛主席说，“继承人”这个名词不好，我一无土地，二无房产，银行里也没有存款，继承我什么呀？红领巾们唱：“我们是共产主义接班人……”叫“接班人”好，这是无产阶级的说法。从此，“接班人”这个名词，又有了新的含义。

后来，《我们是共产主义接班人》歌曲多次在重要的专业文艺演出中唱响，流传得越来越广泛。1964 年，大型音乐舞蹈史诗《东方红》在北京首演，1965 年又被搬上银幕。其中，《我们是共产主义接班人》的童声合唱，均在第七场中演出。同年，《红旗》杂志第 3 期将这支歌作为 13 首革命群众歌曲之一向全国推广。1978 年，《我们是共产主义接班人》这首歌，荣幸地被共青团中央确定为《中国少年先锋队队歌》。

关于《队歌》的确定，这里还有一段记忆。20 世纪 70 年代末期，我正在团县委机关工作。记得是 1978 年五四青年节那天，中共中央发出了《关于召开共青团第十次全国代表大会的通知》。6 日，共青团十大筹委会成立，筹委会下发了《关于征集团歌、队歌的通知》。《通知》指出：队歌应鲜明地体现全国少先队员、少年儿童在党中央领导下，高举毛主席伟大旗帜，好好学习，天天向上，做共产主义事业接班人的主旨。歌词要求简练、易懂、形象，曲调要活泼、明快，有儿童歌曲特点。《通知》发出以后，筹委会兵分五路在全国范围内征集意见。当时呼声较高的有 1950 年 4 月由郭沫若作词、著名音乐家马思聪作曲的《中国少年先锋队队歌》，有周郁辉作词、寄明作曲的《我们是共产主义接班人》，还有胡乔木作词、傅庚辰谱曲的《少年先锋之歌》。

经过广泛深入研究，多方论证，因为《我们是共产主义接班人》歌词具有鲜明的时代特征，并明确提出了我们是共产主义接班人的少先队宗旨，歌曲旋律悠扬、简单易学、朗朗上口，特别适合少年儿童传唱的特点，在 10 月 27 日召开的共青团十届一中全会上，确定为《中国少年先锋队队歌》。从此，凡是加入少先队组织的小学生，在戴上红领巾那一刻，首先都要高唱这首歌。然后，要右手握拳耳侧庄严宣誓："我决心遵照中国共产党的领导，好好学习，好好工作，好好劳动，准备着：为共产主义事业，贡献出一切力量！"各级少先队组织在举行主题队会的时候，《队歌》是必唱歌曲。目的是为了教育少先队员爱护红领巾，时

《英雄小八路》电影剧照（1961 年）

本书作者采访中国音乐家协会名誉主席傅庚辰

刻以少先队员的要求规范自己的行为，激发少先队员的时代荣誉感和历史使命感。

《队歌》确定不久，就入选了人民教育出版社出版的小学音乐课本。直到如今，这首歌依然是人教版的音乐课本教材。这样一来，就不仅仅是给少先队员们唱，而是通过音乐课教学，让全中国的每个小学生在演唱《队歌》过程中，进一步树立时刻准备做好中国共产党的接班人，为伟大祖国的繁荣富强奉献力量的思想。就这样，这首歌始终像甘泉一样浇灌着祖国的花朵，欣欣向荣、绚丽芬芳；像战鼓和号角一样鼓舞着一代又一代少年儿童继承革命前辈的宏愿；像火炬和旗帜一样，指引着新中国少年儿童昂首奔向正确的方向。

三

在共青团第十次代表大会确定《队歌》的时候，当年的“小八路”何佳汝正在北京参加这次会议。那天晚上，她夜不成寐，心情特别激动，迫不及待地给

《中国少年先锋队队歌》诞生地、她的母校何厝小学报告喜讯。第二天，何厝小学就举行了隆重的庆祝仪式，随后又建立了“英雄小八路纪念馆”。1994年，“英雄小八路纪念馆”被列为“福建省青少年德育教育基地”，2005年被厦门市列入“国防教育一日行”的行程之中。2008年9月，厦门市又在何厝小学所在的观音山建立了全国首个队歌广场，其中有“少先队队歌纪念馆”“英雄小八路浮雕”“队歌之源音乐喷泉”“英雄小八路纪念馆”等相关景观。2011年，全国首个以“红色童歌”为主线的 “中国少年先锋队队歌纪念馆”在观音山正式揭牌，成为少先队组织进行社会主义核心价值观体系教育的重要活动阵地和爱国主义重要教育基地，对外开放。据不完全统计，多年来，慕名而来的有英国、美国、德国、法国、日本、新加坡等外国朋友，有来自北京、天津、南京、河南、河北、江西、内蒙古、湖南、湖北、广西、新疆、黑龙江、辽宁等地的国内参观者，共计90多万人次。参观者们在这里一遍又一遍地唱响了《队歌》，一遍又一遍地重温中国少年先锋队的精神。生动的场景，真实的人物，感人的故事，使“英雄小八路”的生动形象和崇高精神，四海流传，历久弥新。

屈指算来，《我们是共产主义接班人》这首歌从诞生到现在，已近60年，始终传唱不衰，一直鼓舞和激励着少年儿童，沿着革命先辈的光荣足迹，为着理想勇敢前进，成为一代又一代少年儿童表达理想抱负的美好心声。说它是新中国少年儿童歌曲中影响最久远、传播范围最广泛、演唱规格最高的歌曲，一点也不为过。

2019年春天，我在上海电影制片厂采访过程中，听著名作曲家杨绍榈讲，《中国少年先锋队队歌》是指引他坚定走上电影音乐创作道路的动力，切实影响了他的艺术道路的选择。当年，《英雄小八路》电影上映的时候，他还是上海音乐学院民族班作曲系的学生。那时候，电影里的少先队员们的英雄事迹让他心潮澎湃，电影主旋律更是让正在学习作曲的他激动不已。他向往着有一天自己也能创作出像《我们是共产主义接班人》这样的电影歌曲，为伟大的时代讴歌，也让全国观众都喜欢唱。正是怀抱着这样的理想，他一直努力刻苦学习。毕业时，以优异成绩如愿被分配到上海电影制片厂担任作曲，并有幸和寄明老师结成了“以老带新”的对子。他的内心别提有多激动了！

杨绍椆还说，来到上海电影制片厂之后他才知道，上海有两首歌是因为电影而声名远播、经久不衰的。一首是新中国成立之前聂耳为电影《风云儿女》创作的《义勇军进行曲》，后来被定为国歌；另一首就是新中国成立之后寄明为电影《英雄小八路》创作的《我们是共产主义接班人》。从电影上映以后，一代代的少年儿童都是唱着这支歌成长的，一些重要的国事活动也都要与《义勇军进行曲》一起演奏。说到这里，杨绍椆将 1998 年上海市委宣传部编选、上海音乐出版社出版的《走进新时代——中华百年歌典》递给我，他指着排列在最前面的《序曲·世纪之歌》的目录说：“你看，第一首是国歌，依次是军歌、团歌和队歌。抛开寄明先生其他的作品都不说，仅这一曲《中国少年先锋队队歌》，就足以奠定她在中国音乐史册上的不朽地位了。”

从上海采访归来途中，我一直手捧着《寄明歌曲选》，静静地回味着杨绍椆对《中国少年先锋队队歌》的评价，并在内心一次次重温其旋律。我身旁的一对 90 后恋人，看着我捧着《寄明歌曲选》不放，投来了疑问的目光。我猜想，他们一定是想问问我，寄明是谁？为什么我对《寄明歌曲选》情有独钟？

我主动问道：“知道寄明是谁吗？”

“不好意思，真的不知道。”

“小时候喜欢唱《中国少年先锋队队歌》吗？”

“当然喜欢！我们都是唱着这首歌长大的。”

“寄明就是这首歌的作曲家。”

听了我的话，两个小青年不好意思地说：“我们真是孤陋寡闻了，居然对这么伟大的作曲家的名字还不熟悉。”

我安慰他们说：“这有什么奇怪的，我小时候喜欢唱这首歌的时候，也不知道作曲者姓甚名谁。知道她的名字也是最近的事呢。”

回到家里，我一直在想，1990 后的少先队员们喜欢这首歌，新世纪以后的孩子们是否也同样喜欢这支歌呢？

带着这个问题，我有意识地通过闲谈的方式，询问了几个家长和小朋友，结果令我非常惊喜。我同事的小女孩郭启元是三年级的小学生，和我学唱《我们是共产主义接班人》这首歌时同龄。她对妈妈说："我特别喜欢参加少先队主题活动。因为每一次辅导员老师都要带领我们齐唱《中国少年先锋队队歌》；每当唱起这首歌，我就觉得浑身有使不完的力量。"她还说："我虽然还不太懂得'共产主义接班人'这句歌词的全部意义，但我喜欢它的旋律，催人上进，怎么唱也唱不够。"由此可见，《我们是共产主义接班人》的音乐旋律，真的是二十一世纪少先队员们最爱的乐曲之一。

四

《我们是共产主义接班人》自从诞生以来，收获荣誉不断，曾荣获 1954—1979 年第二次全国少年儿童文艺创作一等奖、全国少年儿童歌曲评比一等奖，并先后入选《百年经典歌曲集》《百年电影经典歌曲》和央视文艺专题片《放歌九十年》歌曲第四集。不仅如此，还在全国妇联、中央文明办、教育部、文化部、国家广播电影电视总局、中国关心下一代委员会、共青团中央、全国少工委联合举办的"和祖国一起成长""在灿烂阳光下""我们是共产主义接班人"的"六一"儿童节晚会上亮相，以及在上海之春的开幕音乐会上，《我们是共产主义接班人》都曾以象征着春天、象征着希望的经典歌声，作为压轴曲目。2019 年，为隆重庆祝中华人民共和国成立 70 周年，热情讴歌党、讴歌祖国、讴歌人民、讴歌英雄，中宣部组织专家遴选了 100 首优秀歌曲，《我们是共产主义接班人》赫然入选。

其实，在上述这些活动之间，《我们是共产主义接班人》早已从少年儿童歌曲演唱中脱颖而出，并以其朝气蓬勃、奋发向上的饱满情绪，频繁出现在重要国事活动中。给我印象最深的是盛大的国庆阅兵式上，规模宏大的精彩演奏。

1999 年 10 月 1 日，庆祝新中国成立 50 周年的盛大阅兵式上，有手持鲜花和气球的 1.4 万名少先队员，高唱着《中国少年先锋队队歌》，列队行进在 50 多万人的游行队伍中。少年儿童满怀豪情迈向新世纪的精神风貌，赢得了观礼台上党和国家领导人的亲切招手致意。通过视频，此刻我也仿佛身临其境，我的脚步也随着少先队员的前进队列，和他们一起踊跃、欢呼、歌唱。

2009 年 10 月 1 日，首都北京碧空如洗，天安门广场鲜花簇拥，彩旗林立，人海如潮。国庆 60 周年阅兵式上，军乐队演奏的第 24 首曲目就是《中国少年先锋队队歌》。

转眼间，又一个十年走过。2019 年 10 月 1 日，庆祝中华人民共和国成立 70 周年阅兵式在天安门广场隆重举行。由 2019 名 8 到 14 岁的少先队员组成的行进乐团，紧跟在“扬帆远航”的游行方阵之后，开启了第三段情境式行进“同心追梦”的表演。其中，485 位乐队成员，分别以大小号、圆号、大小鼓、短笛等 8 种乐器，奏响了总长度 3 分 10 秒的《中国少年先锋队队歌》，在天安门前核心区驻足表演了 1 分 40 秒，这是盛典上表演时间最长的团队，也是行进管乐团第一次在游行中的停留。“同心追梦”方阵，通过旗帜和队形变换，相继组成了代表幸福少年的花朵、勇于进取的箭头和星星火炬等图案，全部表演均在《中国少年先锋队队歌》的乐曲中完成。最后，“同心追梦”方阵与“祖国万岁”方阵，共同完成压轴亮相，将全场气氛推向高潮。

《我们是共产主义接班人》这首歌，在1978年由共青团中央确定为少先队队歌之后，又相继被确定为烈士公祭活动必唱歌曲。2014年，国家民政部根据《烈士褒扬条例》公布了《烈士公祭办法》，其中公祭仪式程序中明确规定：第三项是奏唱《中华人民共和国国歌》，第五项是少先队员献唱《我们是共产主义接班人》。同年，十二届全国人民代表大会常务委员会第十次会议，又以法律形式，通过了关于设立“烈士纪念日”的决定，规定每年9月30日国家都要举行纪念烈士活动。届时，军乐团要奏响《义勇军进行曲》，全场齐声高唱《中华人民共和国国歌》，少年儿童要面向人民英雄纪念碑高唱《我们是共产主义接班人》。以此表达对1840年以来，为争取民族独立、人民解放而牺牲的先烈的庄严礼赞。这一切，足以证明这支歌曲是至今几十年间无数首少儿歌曲佳作中，最具风采的歌曲，也足以证明它具有跨越时空的精神力量、愈久弥新的艺术魅力和至深至远的影响。

多年以来，每当我在享受着《我们是共产主义接班人》的视听盛宴时，都从中感悟到：艺术的永恒魅力与最高境界，就是让人们的灵魂在美的精神境界中得到不断升华。而《我们是共产主义接班人》这首歌之所以能够流传广远，长盛不衰，就在于词曲作者在深入人民群众与现实生活时，捕捉到了时代先声和创作灵感，从而以艺术手段生动地讴歌了伟大的爱国主义精神，抒发出广大人民群众的真情实感。

关于《队歌》的成功之路，多年来一直是少年儿童歌曲研究中说不尽的话题。被誉为当代“儿歌大王”的国家一级作曲家潘振声，在《“中国少年先锋队队歌”给我们的启示》一文中，详细分析了这首歌的内容、气质及其为新中国儿童喜爱、熟悉的程度，衡量了它以往和今后将会产生的强大社会效果。他特别指出，曲调与歌词珠联璧合，相映生辉，可以说是至今几十年间无数首少儿队列歌曲中最具新一代风采的杰作。上海师范大学音乐学院教授李音蓓认为，寄明是在深刻领会了歌词内涵的基础上进行音乐创作的，不仅如此，歌词的意义在寄明的音乐中不同程度地得到了升华。

是的，作为“庆祝中华人民共和国成立70周年优秀歌曲”，作为20世纪中国音乐史与中国电影音乐史的一个历史坐标，《中国少年先锋队队歌》无疑称得上是当之无愧的杰作。在今后的岁月中，这首“世纪之歌”，仍将一如既往地伴随着继往开来的中国少年儿童健康成长，激励着中国人民为实现中国梦的宏伟目标贡献力量。

第八章

全能型的作曲家

QUANNENG XING DE
ZUOQU JIA

瞿维寄明合传

为了研究瞿维这位中国现当代的著名音乐家，我下了很多的笨功夫。首先，通过多个渠道搜集、整理他的各类音乐作品；然后，从中选出最具代表性的作品去细心体会研究，并且通过视频，欣赏了其中现如今能够找得到的乐曲；同时，研究了他的近百篇音乐理论文章，寻觅了他70余年的音乐活动踪迹，查阅了相当数量的评论瞿维及其音乐作品的文章。“功夫不负有心人”，我最终绘出了一幅自认为贴切的全能型的作曲家的素描像。

一

从20世纪30年代末到新世纪之初，瞿维在60余载辛苦耕耘的艺术生涯中，创作数量最多的是声乐作品。这些声乐作品体裁多样，既有大型歌剧、大合唱、表演唱，也有小型民歌、艺术歌曲、群众歌曲等，总计有60多首。1985年2月，人民音乐出版社精选了他的具有代表意义的部分作品，出版发行了歌曲集《心中的旗帜》。

早在20世纪30年代于新华艺专求学时，他就根据教授作曲的刘质平老师出的题目，创作了童谣《亮媖媖》。接下来在宜昌学院街小学任教时，为校长

①人民音乐出版社出版的瞿维歌曲选《心中的旗帜》（1985 年）
②人民音乐出版社出版的《瞿维钢琴曲集》（1991 年）

张一之创作的《学院街小学校歌》谱曲。这首校歌因为歌词富有号召力，曲调生动活泼，适合孩子们演唱，获得师生的喜爱，从抗战时期一直唱到今天，已历经 85 度春秋，成为学院街小学的一张名片。这是瞿维在革命道路起点时创作的第一首歌，也是他的第一首群众歌曲，还是他的声乐作品中流传时间最长的歌。这首歌的成功创作，增添了他作曲的信心。到了 1939 年，瞿维出任陕北第二战区民族革命艺术学院音乐系主任，又为马可创作的《突击运动歌》谱曲。他此时创作的合唱《打铁歌》和《大时代的青年》，由冼星海教给延安中国抗日女子大学的学员们演唱。受此鼓舞的瞿维，对创作群众歌曲更加重视。这样，群众歌曲就在瞿维的声乐作品中，占了最大的数量。

把握时代脉搏，从现实生活中选取较大的政治主题或概括性较大的题材，用以反映现实生活中最普遍的思想情感，是瞿维群众歌曲的显著特征。如在延安时期，为贺敬之的《党中央委员会》歌词创作的曲谱，是当时影响较大的一首群众歌曲：

你是我们航行的舵手，

在狂风巨浪的海上。

我们把手向你举起，
我们的党中央委员会。

在你的领导下，
我们无敌地向前，向前。

对这首简短、凝练的歌词，瞿维采用了反复的方式，在两句相同歌词的曲调上有所变化，从而表达出歌者对党中央的崇敬之心。论者指出：“全曲运用大量半音进行，与歌词紧密结合起来，这种紧密感表现了对党中央的拥护和信赖”；“这首简短的歌曲虽没有复杂的技法，却表达了人民的心声，旋律在表达上也符合了在低音诉说，而到高音时感情强烈的语言和音乐特点”。（李敬：《瞿维音乐创作与社会背景研究》）。

1946 年冬，瞿维转战东北以后，始终牢记着毛泽东在延安文艺座谈会上的讲话精神，从解放战争形势发展的实际需要出发，在群众歌曲创作中，依然坚持选取与政治和革命形势发展相关的重大题材。其中，歌唱党的历史的有《中共二十六周年》（晓星词）等；歌颂人民子弟兵的有《我们是人民子弟兵——献给 359 旅剿匪战士》《钢铁部队进行曲》《练兵歌》《人民子弟兵之歌》等；坚定人民解放战争必胜信念的有《打到南京去，活捉蒋介石》《胜利的红旗插遍全中国》等。这些歌曲对于歌者自是悦耳娱心，更重要的是引导歌者和广大听众从思想上向着党，向着人民解放军，向着新中国，起到凝心聚力的作用。当然，也毋庸讳言，这一时期的歌曲创作，由于形势需要迫切，属于急就章，题材、形式与风格也比较单一，流传广泛、影响深远的并不太多。

新中国成立以后，经过抗日战争和解放战争的洗礼，而后又在世界一流音乐学院留学的瞿维，作为上海交响乐团的驻团作曲家，牢记为工农兵服务的宗旨，始终不忘为群众创作歌曲。尤其是经历了曲折的社会主义革命和社会主义建设、“文化大革命”和改革开放新时期的长期磨炼，他的政治思想和艺术创作日益成熟。就艺术创作来说，从过去的以普及为主，发展到了与提高相结合的新阶段，先后创作了 40 多首水平显著提高、影响也日益深远的歌曲。这些歌曲的创作，坚持了为社会主义服务、为人民服务的正确方向，题材、形式、风格实现了多样化。

从题材来说，既有歌颂党的领导、毛泽东思想的合唱《向着太阳歌唱》（王森、刘鸿毅词）、《心中的旗帜》（陈克词），歌颂首都北京的《北京在我心中》《相会在北京》《北京的早晨多么好》，和歌颂世界人民在反帝斗争中紧密团结的《全世界人民行动起来》等重大主题，也有赞美广大人民群众多侧面的丰富的精神世界，如《工人阶级硬骨头》（希扬词）、《我们的歌声张开翅膀》，还有用音符呈现出自然美好事物的《清脆的铃声》《峡谷中的船歌》，等等。

题材的多样化，带动了瞿维歌曲创作表现形式的多样化和音乐语言的多姿多彩。其中，有群众性的齐唱，如《工人阶级硬骨头》，也有可歌可舞的大型表演唱，如《前进，光荣的上海工人》（瞿维、司徒汉、萧白曲），还有可供专业表演的大合唱《油田颂》（晓星词）、混声合唱《焦裕禄赞歌》、二部合

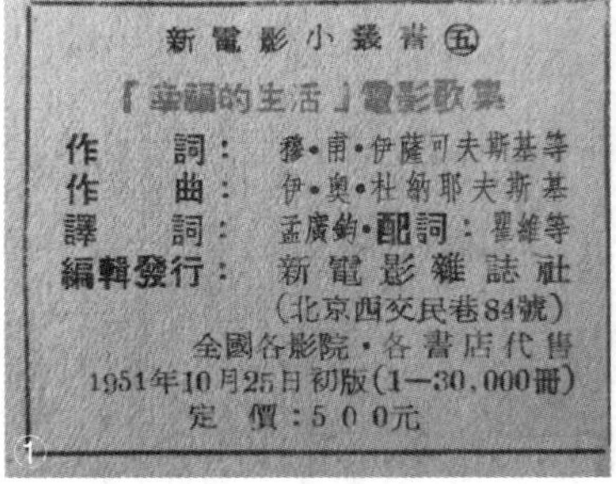
新電影小叢書㊄
『幸福的生活』電影歌集
作　　詞：　穆·甫·伊薩可夫斯基等
作　　曲：　伊·奧·杜納耶夫斯基
譯　　詞：　孟廣鈞·配詞：瞿維等
編輯發行：　新電影雜誌社
（北京西交民巷84號）
全國各影院·各書店代售
1951年10月25日初版（1—30,000冊）
定　價：500元

①瞿维配词的苏联电影歌集《幸福的生活》，由新电影杂志社发行（1951 年）
②由曹鹏指挥，上海乐团演奏的瞿维创作的交响乐《〈白毛女〉组曲》作品专辑

唱《清脆的铃声》《峡谷中的船歌》等。

欣赏瞿维的歌曲，只要仔细体会， 就可以感受到他每个作品的不同特色和创作个性。在 上海之春演唱的国际题材合唱《全世界人民行动起来》，给人以洪流浪滚、怒涛冲击的艺术形象；而《油田颂》则是充满着新时代工人阶级的自豪感和乐观主义精神。同样是抒情性较浓的混声合唱，《焦裕禄赞歌》深情赞颂了全心全意为人民、甘当公仆的党员领导干部形象；《心中的旗帜》则是通过革命的战斗性与抒情性的巧妙结合，既抒发了人民群众对共产主义理想的向往，又展现了追随这面火红的旗帜，坚定不移、奋勇向前的革命精神。同是赞颂新时代青年风采之歌，《青年进行曲》（邬大为词）唱出了新时代青年朝气蓬勃、富于理想的性格特征；《大学生之歌》（于之词）唱出了亲切欢快的风格；《上海交通大学校歌》（于之词）则表达出了当代大学生热情奔放、勇于承担振兴中华重任的精神风貌。

综观瞿维创作的这些内容丰富、曲调各异的歌曲，影响最大的是《工人阶级硬骨头》。撰写传记过程中，我反复欣赏了上海合唱团 2015 年演唱的高清视频。这首典型的进行曲，短而精致，具有鲜明的革命性和群众性。歌曲的音乐明快有力、高亢激昂，充满着劳动者的美感与自豪感。歌曲多次运用休止符，节奏感极强，将以王进喜为代表的工人阶级豪迈自信的性格和坚定刚毅的品质，表现得淋漓尽致。歌曲一经发表，立即在工人群众中广为传唱。有的工人投书报刊，赞扬这首歌“唱出了我们工人阶级内心想要说的话”，“唤起我们内心情感的激荡”，“显示了工人阶级昂扬的斗志”，“是我们工人阶级的一首赞歌”。歌曲原名《五好工人之歌》，1965 年《红旗》杂志在向全国推荐 13 首群众歌曲时，将之更名为《工人阶级硬骨头》。

另外一部影响较大的是大合唱《油田颂》，也是瞿维在大庆油田深入生活时的作品。创作时， 他从便于群众演唱的要求出发来考虑表现形式， 因而深入浅出是这部大合唱在艺术表现上的可贵特色。1965 年 5 月，《油田颂》由上海交通大学生合唱团在第六届上海之春音乐会中演唱，并在解放剧场、上海大世界舞台、交大礼堂加演三场，得到各方好评，被认为是一部反映社会主义建设题材难得的作品，唱出了工人阶级自力更生、发愤图强的英雄气概。上海电影制片厂的舞台艺术片《上海之春》录制了这部大合唱。上海交通大学在建校 120 周年珍藏版《合唱在上海交通大学》一书中，留下了这光辉的一页。

瞿维的声乐作品，就其在中国音乐创作上的历史地位而言，艺术成就最高的当数 1945 年参与创作的歌剧《白毛女》。在这部被称为新歌剧史上具有里程碑意义的经典歌剧里，共有 20 余段合唱或齐唱、重唱，瞿维与马可、张鲁合作的有黄世仁、穆仁智、黄母三重唱《九月里桂花》，合唱《太阳出来了》，与马可合作了《新社会把鬼变成人》《千年的仇要报》的合唱，还有赵老汉的独唱《过了一年又一年》《屈死的人要申冤》和黄母的独唱《插香进佛堂》，总计 7 段。其中的经典名段《太阳出来了》，不知让多少观众热泪盈眶。

特别是剧中由瞿维个人创作的二重唱《咱俩同生在杨各庄》（丁毅词，原名《咱俩同生在杨各村》），这个选段足以代表其声乐作品的最高水平。我曾经反复收看过中央歌剧院2015 年复排的新版《白毛女》。在欣赏这首二重唱时，男女主人公的完美声腔与我的思想感情达成了非常和谐的共鸣，使我不由得潸然泪下。就在大春与喜儿相识的那一刻，我也看到了观众席上那一双双婆娑泪眼。

在欣赏这段唱腔之后，我认真思考了这段音乐之所以让观众动情的原因，其中最重要的当得益于亲切、深情的曲调与富有感染力的歌词之间天衣无缝的配合：

大春：咱俩同生在杨各庄，
苦水河边紧相邻，
北山上一同打过柴，
喜儿：一同打过柴，

大春：河畔下同挖苦菜根。

喜儿：同挖苦菜根。

大春：那年三十除夕夜，

喜儿：那年三十除夕夜，

大春：一同听大叔讲红军。

喜儿：一同听大叔讲红军。

大春：多少往事你想一想，

喜儿：多少往事涌心上，

大春：我不是仇人是亲人，

喜儿：这是梦里还是真？

合唱：啊！

三年的苦罪你（我）受尽，

眼前是你（我）最亲的人。

其次，这个选段的音乐素材取自于《北风吹》的主旋律，与《白毛女》歌剧的主题思想配合得恰合榫卯。前一部分亲切、深情的相见与回忆曲调，加强了大春与喜儿在经历了三年的苦难抗争之后，在山洞相遇场面的音乐渲染。尾声合唱部分的主旋律，承接前一段的中弱音调，转而为特强的《北风吹》，将流畅优美的合唱旋律交织在一起，细致描绘出了大春与喜儿的人物形象和内心世界，产生了强烈的艺术感染力，推动了戏剧化剧情的发展，一改旧版歌剧在这个戏剧节点上的苍白，达到了全剧情感的高潮。2000年重版的《白毛女·前言》对这一段唱腔评价说："在扩展音乐表现手段、进一步完善歌剧艺术形式方面增加了新的经验，对今后的研究、选择和再次加工修改具有重要意义。"所以，中央歌剧院著名歌唱家喜儿的扮演者雷佳和大春的扮演者张英年，在央视2019年播出的《致敬民族歌剧的经典之作——〈白毛女〉》的专题里，特意选唱了这个选段。而著名男高音歌唱家王丰与女高音歌唱家尤鸿斐，在 2020 年 4 月中央歌剧院举办的《难忘的中国情歌》音乐会上，选择的唱腔也是这个片段。

二

器乐作品是瞿维创作的重要组成部分，其体裁几乎涵盖了器乐所有门类：有组曲、交响乐、幻想序曲、钢琴曲、室内乐、小乐队合奏、舞蹈音乐、电影音乐等十几种，不仅数量可观，而且质量上乘。初步统计，由人民音乐出版社、上海文艺出版社出版，中国唱片社录制的著名作品就有 20 多部。

瞿维的器乐作品从钢琴曲创作起步。20 世纪 30 年代在上海新华艺专学习时，一心想当钢琴家的瞿维，就娴熟地掌握了钢琴演奏技能。到中国电影制片厂担任合唱团钢琴伴奏时，他的演奏技艺更加纯熟。到延安以后，他是少有的钢琴演奏家之一。因为工作需要，他在钢琴伴奏的同时，对钢琴音乐创作也有了探索的愿望。此后多年他一直辛勤实践，共创作了 8 首钢琴曲，有 7 首独奏作品收录在人民音乐出版社 1991 年出版的《瞿维钢琴曲集》中。

上世纪 40 年代，处于自学探索状态的瞿维，创作了钢琴曲《蒙古夜曲》和《花鼓》。《民国钢琴志》一书收入了 1949 年前 42 位华人作曲家创作的近 200 首钢琴作品。瞿维这两首作品均入选此书。作者张奕明对瞿维的作品有独到深入的赏析。他明确指出，前者是一首优美精致、情感细腻的钢琴小品，后者是继贺绿汀的《牧童短笛》之后的四十年代一部重要的钢琴曲，从本质上反映出了翻身得解放的中国人民的崭新精神风貌。它们分别入选高等音乐学院钢琴专业教材和中国唱片集团有限公司《民国时期中国钢琴作品精粹》专辑。

瞿维留苏期间，师从对民族音乐有系统研究的谢尔盖·巴拉萨年教授，悉心学习作曲理论，器乐作品创作进入升华阶段。在四年的时间里，他逐步掌握了西欧古典、浪漫派及俄罗斯学派的创作技术。他从体裁短小的作品创作入手，循序渐进地转入了大型钢琴曲的创作。主要作品有《序曲第一号》《序曲第二号》《主题及变奏曲》。前两首均为小型作品，其中的《序曲第一号》，在短小的篇幅中，结合了各种作曲技法，特别是选用民歌或民间音乐的优秀素材作为乐曲主题，以洗炼的笔法表达出鲜明而富于个性的音乐语言形象，其着眼点在于使这种外来的体裁更能为中国的广大听众所接受。《主题及变奏曲》是瞿维钢琴曲中篇幅最长的作品，由主题、尾声等九个变奏组成，显示出了瞿维在留学期间学习积累的各种创作手法。《序曲第一号》和《主题及变奏曲》，均被编入《高等音乐院校钢琴教学曲选》。

“文化大革命”期间，瞿维的钢琴曲创作不得不停滞下来。进入改革开放新时期以后，瞿维的钢琴曲作有《荷花舞》与《钢琴与音诗》。其中的《荷花舞》是瞿维的最后一首钢琴曲。该作品根据其 1957 年创作的交响组曲《秧歌场景》中的《莲花灯》改编而成。乐曲以民族舞蹈“荷花舞”为题材， 充分发挥了钢琴演奏的特点，旋律时而宁静、清澈，时而活泼、奔放，格调优雅，情感细腻。在采用传统单三部曲式结构的基础上，主旋律保持了内在一致，带有明显的中国传统结构思维中的“渐变”特征。音乐的层层递进和情绪的不断深化，塑造出了莲花出淤泥而不染、美而不媚、秀丽端庄的艺术形象。在这首作品中，瞿维的创作手法与艺术风格延续了之前的创作道路，践行了他对“群众化”和“民族化”音乐风格的不懈追求。1981 年，人民音乐出版社出版发行了《荷花舞》单行本。在同年举办的全国钢琴比赛中，这部作品被指定为参赛曲目之一。

瞿维作为我国最早公派到世界著名音乐院校接受系统学习的作曲家，他的交响乐作品是其器乐作品的重要组成部分。这一创作，始于 20 世纪 50 年代中期，却贯穿到其后的主要创作生涯。作品有《秧歌场景》《人民英雄纪念碑》《白毛女》幻想曲、《光辉的节日》等 8 部。

1956 年，他创作了第一部交响乐——《秧歌场景》。这首交响组曲，描

①钢琴独奏曲《荷花舞》由人民音乐出版社出版（1981 年）
②人民音乐出版社出版瞿维的交响诗《人民英雄纪念碑》总谱（1963 年）
③瞿维改编的《〈洪湖赤卫队〉幻想曲》由人民音乐出版社出版（1982 年）
④瞿维创作的管弦乐总谱《〈白毛女〉幻想序曲》由音乐出版社出版（1966 年）

写了民间秧歌会的几个场景。《序曲》为演员全体出场，跳起了欢快而风趣的舞蹈；《山歌》是男女双人舞，表达的是真挚的爱情；《推小车》为诙谐风格的舞蹈：《荷花灯》为女子抒情群舞；《终曲》为欢腾的大秧歌。他“用简洁的创作手法描绘了乡间日常生活的景况。在开篇的《序曲》中，一段活泼的引子之后由单簧管奏出主题音调，在音乐充分展开行至高潮时，瞿维创造性地加入了中国传统打击乐器，用以烘托气氛。接下来的《山歌》以法国号的独奏旋律为开始，此后填入其中的长笛声部用舒展的旋律强化了乐曲的田园气息”。这部交响曲，曾在当时的莫斯科广播电台首演。1986 年由香港唱片公司灌制成了激光唱片向国内外发行。从此，瞿维在乐界确立了交响音乐作曲家的鲜明形象。

相比交响乐而言，室内乐更显感情细腻、含蓄，而且更能彰显出每件乐器的演奏技巧和表情的“潜力”，对各声部的乐器在组合关系上也更加精雕细刻。

在所有的室内乐重奏中，弦乐四重奏由于其作曲技术要求比较高，属于最重要和最具代表性的重奏形式，也是最主要和最受欢迎的室内乐类型。瞿维 1957 年留苏期间创作的《G 大调弦乐四重奏》，代表了他在室内乐方面的艺术造诣。

《G 大调弦乐四重奏》全曲分为四个乐章，结构精巧，音乐清新流畅，表现了瞿维在写作纯音乐方面的艺术修养、才能和个人情趣。就形式而言，该曲的整体结构是比较规范的西方古典弦乐四重奏写法。作为重奏整体，瞿维很好地处理了 4 件乐器的协作关系；作为个体，瞿维又使各声部乐器都能恰当地发挥相对独立的艺术表现特点，听来协调而舒适。

在考虑发挥西方弦乐的表现手法时，瞿维注意到了演奏技术和演奏音色的民族化问题。因此，他笔下的这首《G 大调弦乐四重奏》在高雅中透着亲切，是一般中国人民所可以接受的。李吉提在《踏雪寻梅第一程》一文中评价说：“我很少见过如此平易近人的弦乐四重奏表述——这首先应该归功于作曲家完全使用了中国人民感到亲切和熟悉的音乐语言。这些音乐语言不是那些外国人(或从小只接触西方音乐文化的人)临时可以学来的‘一两句中国话’，而是作曲家长期深入人民群众，学习和积累民族音乐财富，并作为四个乐章的套曲，该作品除了音乐语言要有表现力外，还要有统一性和内在凝聚力，即结构合理，笔风统一。”

从中外艺术实践中，瞿维发现普及交响乐有助于消除靡靡之音的污染，增强人文素养，转变社会风气，为此，他着意探索把优秀的交响乐作品普及到人民中间去的路径，把人们熟悉的歌剧《白毛女》和《洪湖赤卫队》的主要选段，分别改编为幻想序曲《白毛女》、交响组曲《白毛女〉》和《洪湖赤卫队》幻想曲，通过西洋乐器的演奏带入了寻常百姓的视界和听觉。

配器是瞿维音乐创作的一个重要有机部分。所谓配器，也就是编写乐队伴奏和担任总谱配器，是对原作的再创作，作者必须具有深厚的作曲理论与技能，如和声、复调等。一个乐队，每件乐器都有各自的音色，通过不同乐器之间的搭配与呼应，让音乐作品的演奏更加丰满，实现立体化、生动化，这是完善音乐旋律的一个重要步骤。选择何种乐器，如何让不同乐器之间的搭配让人听起来更舒服，更有创意，让音高、音色、音长、音强等结构有条不紊，这是一项艰苦细致的幕后工作。瞿维肯于奉献时间和精力，认真负责地做这项工作，完全是出于适应革命工作的需要。

瞿维的配器始于大型声乐作品《凤凰涅槃》。这部作品是著名音乐家吕骥根据郭沫若的叙事长诗《凤凰涅槃》而作的长达 30 多分钟的大型合唱作品。1942 年 1 月，《凤凰涅槃》大合唱在延安首演时，就是由瞿维编排乐队伴奏和担任总谱配器。他的创作使原作的各个乐章的完整性和统一性得到加强，作品也以更为完整和丰富的乐队总谱形式正式出版。1989 年 5 月，在纪念吕骥诞辰 80 周年演出时，瞿维再次为管弦乐队编配了伴奏曲谱。这部交响大合唱在北京音乐厅演唱以后，人民音乐出版社编辑严镝评论说："它不是一个简单的和声伴奏，而是有自己特点、与原作结合得非常自然完美，并且补充了声乐部分所无法表现的丰富内容，使这部大型声乐作品成为一部更为完善、富于想象的作品。如'凤歌'中的宣叙调，被伴奏烘托得非常有个性，它没有受零碎音符的影响，与声乐紧密衔接；形成一个严谨的整体。《凤凰更生歌》中，音乐一开始就奏出了曙光初照，远处不时传来几声鸡鸣，暗示了凤凰就要更生了，由此也使得整部作品充满了活力，也增添了作品的艺术魅力。"原作曲者吕骥在创作手记中说，如果没有瞿维同志精心而富有创造性的合作，这部作品的演出是不可能获得现在这样富于色彩的。当然，瞿维最重要的配器还是 1945 年在延安，为鲁艺集体创作的五幕新歌剧《白毛女》配器，经过瞿维的辛苦创作，使声乐和器乐实现了完美的配合。

在延安时，瞿维曾经多次为《黄河大合唱》的演出担任钢琴伴奏。众所周知，《黄河大合唱》是冼星海最重要、影响最大的一部代表性作品，是近代合唱音乐的一座光辉里程碑，也是近代大型音乐作品的典范之作。但由于冼星海创作《黄河大合唱》时，延安鲁艺只有几把小提琴、二胡、三弦、笛子、吉他、口琴之类的乐器。十几个人的乐队，大多数演奏员不识五线谱，要组成一个真正的管弦乐队是不可能的。为了演出方便，冼星海只好用简谱来写，这是被称为“延安版本”的第一个总谱。1941 年冼星海在苏联重新配器了第二个版本，曾在主旋律及声部上做了调整。但限于当时条件，时间匆促，手稿又较为粗糙，而且未曾经过演出，有些方面未能尽如人意。

1947 年 5 月，瞿维担任了牡丹江鲁艺文工团副团长。为了让《黄河大合唱》的演出效果更加突出，切实深入人心，他开始着手改编伴奏。1948 年 10 月，瞿维率领鲁艺音乐工作团，奔赴前方慰问东北野战军指战员和国民党起义部队士兵，又做了进一步的努力，重新编配了《黄河大合唱》乐队总谱，演出收到了前所未有的效果。1949 年 10 月，在北京劳动人民文化宫劳动剧场，由皖北、苏北、河北、河南灾民寒衣劝募总会主办的音乐歌舞晚会上，北京中山公园音乐堂的演唱会上，选用的都是瞿维为《黄河大合唱》所作的配器。

由于瞿维上述的成就与贡献，人民音乐出版社委托他为《黄河大合唱》改

创作中的瞿维

编钢琴伴奏谱，但因“文化大革命”爆发无法完成，直到“文化大革命”结束后才得以出版。这就是人们现在所说的由瞿维编订的钢琴伴奏版本。2005 年，香港中文大学音乐学系以瞿维版乐谱的合唱声部为主，演出了《黄河大合唱》。

另外，瞿维还曾经为著名音乐家马可创作的歌剧《血海深仇》写伴奏，并且在《白毛女》《革命家庭》《燕归来》等电影故事片的配乐中，奉献出大量心血，做出了重要贡献。

三

在 20 世纪五六十年代，大概很少有像瞿维那样跨越歌剧、电影音乐、钢琴音乐、舞蹈音乐多种界面的全能型作曲家。如果不是撰写他的传记，接触到他那风格各异、五彩纷呈的声乐、器乐作品，真是想象不到，他竟然如同一位十八般武艺件件皆通的大将军，在音坛纵横驰骋。为此，我们确实有必要认真研索一番他是怎样走上这条音乐创作的成功之路的。

“生活是艺术唯一的源泉，人民是艺术家的母亲”——这是瞿维常说而且终身奉行的一句话。这句看似简单的话，涵盖了他的坚定正确的整个音乐创作理念。

这里有两个关键词：一曰“生活”；二曰“人民”。还在中学时代，我们就在语文课本中读到了著名诗人何其芳的诗句：“生活是多么广阔，生活是海洋。凡有生活的地方，就有快乐和宝藏。”是呀，生活真是浩瀚无边，像大海一样包罗万象，像长空一样大而无外。而人民的需求，同样也是宽广无垠、多种多样的，并且随着社会的进步、时代的发展不断地升华、变化。那么，作为人民的艺术家，就应该尽一己之全力，把握无限广阔生活这“艺术唯一的源泉”，服务好人民这“艺术家的伟大的母亲”，满足他们多方面的精神需求、艺术需要。而这两大方面都是确确实实的现实存在，需要艺术家拿出真正的本领、高超的技艺、多方位的艺术才能，徒托空言，或只靠良好愿望是难以奏效的。

为此，自从出席1942年延安文艺座谈会以后，瞿维就明确了文艺为工农兵服务的方向，奠定下坚实的思想基础；几十年如一日深入实践，刻苦学习，熟练把握多种音乐技能，探索、尝试以多种富有价值的题材、各类为群众所喜爱的体裁，通过音乐这一艺术手段，贡献自己的聪明才智。

在艰苦的解放战争岁月，他自觉地到劳动人民中去观察、体验生活，了解、熟悉他们的思想感情，为农民、战士创作歌曲。新中国成立以后，他注意深入到工人群众中去，创作工人群众最需要、最喜欢的作品。可以说，瞿维属于那种既重视又善于和人民沟通感情的作曲家。他在《摆脱困境走上坦途——对音乐创作的思考》一文中说："音乐创作要繁荣，就必须切实地、坚持不懈地走与人民群众相结合的道路，舍此很难找出另外的出路。音乐创作要与人民群众紧密相连就要求作曲家深入人民群众生活中，体会和感受他们的喜悦与哀愁。"我从《工人阶级硬骨头》的旋律里，真正理解了他的"生活是艺术唯一的源泉，人民是艺术家的母亲"的创作理念。

1964年春节，瞿维响应国家主席刘少奇的号召，放弃了和家人团聚的假日，在大庆油田度过一个不平凡的充满革命精神的春节。除夕之夜，他随着中国青年艺术剧院的同志们到采油井、转油站、泵站等工地，给那里的工人慰问演出。在这个夜晚，瞿维看到了石油工人在茫茫荒原上所付出的无比辛勤的劳动，只为了甩掉我国石油工业的落后帽子。也是在这个夜晚，他知道了有许多石油工人，主动放弃了回家探亲的机会，一丝不苟地战斗在平凡的工作岗位上。工人们的革命精神深深地感动了他，油田中迸发出的火热的革命激情鼓舞了他。

于是，瞿维抱着甘当小学生的态度，从日常生活中去了解工人的爱好，按照他们的要求，为各工种的劳动者写歌作曲，并请他们自己写歌词，和他们一起修改后再谱曲。从大庆回来后，他《在革命的熔炉里》一文中写道："在这里，我看到了新型的、用毛泽东思想武装起来的工人阶级，时代脉搏跳动在他们身上，共产主义的火花在他们的思想中闪耀。我们常常说要表现时代精神，他们的光辉思想不就是时代精神的体现吗？”这是瞿维这首歌曲写得好的根本原因。

这次深入大庆体验生活，瞿维与生产建设第一线的工人们建立了深厚感情，这也为他增添了创作的激情和灵感。《工人阶级硬骨头》一曲，就是他体验生活之后有感而发的结果。创作实践使瞿维体会到，音乐作品只要反映了工农兵群众情感需要，表达了他们最先进的思想，唱出了他们内心深处最想说的话，就一定具有生命力，就一定能够不胫而走，四处风行，深入人心。

《工人阶级硬骨头》一曲在报刊发表以后，特别是在各地工厂、矿区广泛传唱开来，果然受到了空前热烈的欢迎。在成功面前，瞿维没有满足，没有止步，而是发扬连续作战的作风，接下来与诗人晓星合作，一鼓作气地创作了大合唱《油田颂》。为了表现成千上万个铁人王进喜式的石油战士的音乐形象，瞿维采取了比较简朴的手法，赞颂了他们冒风寒、 披烈日、 奋战荒原，使祖国结束了用“洋油”的时代的惊天之举。“在全部 5 个乐章中， 有气势磅礴如千军万马之势的《开天辟地的人》， 有轻快活跃、刻画出大庆人自豪而乐观的心情

祝贺'99老年艺术节圆满成功

节目 PROGRAMME

1. 白毛女幻想序曲(1961年)
   Fantasy Overture 'The White-haired Girl'(1961)
2. 黄土情(1993年)
   The Brown Earth(1993)
3. 五指山随想曲(1988年)
   Capriccio 'The Five-fingered Mountain'(1988)
4. 音诗－钢琴与乐队(1984年)
   Tone Poem 'Piano and Orchestra' (1984)
   钢琴独奏：陈彦新
   Soloist:CHEN Yanxin

——— 休息 Intermission ———

5. 洪湖赤卫队幻想曲(1964年根据张敬安、欧阳谦叔原作改编)
   Fantasy 'The Guerrilla Band of Honghu'(1964)
6. 组曲选段(1956年)
   Excerpts from Suite(1956)
   a. 前奏 Prelude
   b. 山歌 Mountain Song
   c. 推小车 Wheeling the Cart
7. 交响诗《人民英雄纪念碑》(1959年)
   Symphonic Poem 'Monument of the People's Heroes'(1959)

（谨演此曲，以表达对我国无数先烈和这次在以美国为首的北约袭击我驻南使馆而遭杀害的邵云环、许杏虎、朱颖三位烈士的深切悼念之情。）

的《咱们的油田好》，有表现大庆人勇往直前精神的《沿着自力更生的大道前进》。”（雍谊，《战斗歌舞竞争春》人民音乐 1965 年 03 期）《油田颂》在第六届上海之春演唱后，受到了高度赞誉。由此可见，摸透工农兵的心，把他们心中所蕴藏的思想感情、艺术爱好等，通过凝练手法，化作自己多彩的音符，再使它变为群众喜爱的乐曲，是瞿维优秀音乐作品获得赞誉的奥秘之一。

——瞿维踏上全能型作曲家的成功之路，绝非偶然，乃是他的先进的音乐思想和宏伟的艺术追求的必然产物。

他在《做名副其实的灵魂工程师》一文中阐述了这样的观点：“要写出革命的文艺作品，首先要求作家是一个革命者。”鲁迅先生说得好：“从喷泉出来的都是水，从血管出来的都是血。”（《而已集·革命文学》）著名作曲家朱践耳曾亲临瞿维作品专场音乐会，并发表评论：“瞿维的人品、艺品都非常好，他的作品是思想、生活、技巧三者的高度统一。”

是的，瞿维所书写的每一个音符，都是在强烈的历史使命感和高度革命责任感的鞭策下，发自内心的由衷之情，绝无任何矫饰之处。他牢牢记取大庆石油工人对他说的话：“我们非常喜欢唱歌。可是，适合我们的歌太少了。给我们多写些歌吧！”“我们这里很美，春天、夏天到处都开遍了鲜花。每当太阳升起，我们背着压力计去上工时，就想唱歌。但是，就缺少为我们写的歌曲。”工人们的中肯批评，让瞿维感到十分惭愧，进而激发了他的政治责任感。他把工人们的意见当成鞭策和期望。正是这种心理动机，驱使他在创作了《工人阶级硬骨头》一曲之后，又马不停蹄地投入大合唱《油田颂》的谱曲。

按照“人类灵魂的工程师”的称号来严格要求自己的瞿维，期望自己创作的音乐作品能够成为黑夜中的火炬，去照亮前进的道路；同时要求自己创作的乐曲像芬芳的鲜花，去美化人民的生活。在他心中，理想之火时刻都在高燃，从来不曾熄灭。因此，他创作的交响诗《人民英雄纪念碑》，与《油田颂》一样，首先考虑的就是怎样才能使之有益于振奋人民的革命精神，提高人民的道德水准与审美境界。这首歌曲，集中反映了他心系中华民族的情操，热情讴歌为中华民族的独立、自由、解放而牺牲的历代人民英雄，充分体现了他极富历史责任感的创作思想和长于书写重大题材的创作特点。

创作实践中，他努力贯彻理论与实践相一致、内容与形式相统一、革命现实主义与革命浪漫主义相结合的指导思想。瞿维深深体会到，作曲家有了创作内容，有了主题和思想还不够，这仅仅是创作的基础。作品的诞生，还要求音乐家掌握科学的表现手段，实现艺术形式与内容的完美统一。他懂得，对于一个作曲家来说， 仅有生活感受、创作热情，而无一定的专业修养，缺乏相应的表现手法，欲诉衷肠心曲，谈何容易？正如毛泽东主席所说的：“缺乏艺术性的艺术品，无论政治上怎样进步，也是没有力量的。”

1958 年，毛主席根据辩证唯物主义和历史唯物主义的原则，总结了文艺史上的经验，基于发展无产阶级文艺的需要，提出了革命的现实主义和革命的浪漫主义相结合的创作方法。通过学习、实践，瞿维认识到，生活本身充满了辩证法，今天的生活是由昨天的生活发展而来的，而今天的生活又必然孕育着向明天发展的因素。从辩证法的观点去认识生活、反映生活，就必然会预示明

①瞿维（中）与新歌剧《白毛女》主要执笔者贺敬之（右）、作曲者张鲁（左）在河北石家庄（1999 年）
②瞿维（前左）在作品专场演奏会上

天的远景，这是革命的浪漫主义合乎生活逻辑的依据。他所创作的钢琴曲《黄土情》《光辉的节日》，小乐队合奏《草原之歌》《洪湖赤卫队》幻想曲、音诗《钢琴与乐队》等器乐作品，都是践行这一创作方法而产生的。他在音乐创作中，努力在思想、生活、技巧三方面狠下功夫，使三者有机地结合起来，达到“革命的政治内容和尽可能完美的艺术形式的统一”。而创作的抒情歌曲，不论选取何种题材、采用什么形式，内容总是着眼于展示人民的精神世界，曲调总是显得舒畅、优美、明快，使歌者和听众都乐于欣赏，乐于接受。

几十年来，为了充分满足广大听众的精神需求，瞿维不断更新音乐表现手法。他在《中国作曲家的职责》一文中说：“音乐的发展犹如一条奔腾的大河。它从发源地流出后，不断地汇合了沿途的支流，形成了百川归海的浩荡声势。音乐总是随着时代的变迁而不断地发展着，不可能固定在一种格局上。音乐的表现手法也总是不断地更新，新的乐器、新的音色也不断地引用进来。这是事物发展的辩证法，具有不可抗拒的趋势。人们的听觉是不断扩展的，他们的审美要求也是不断发展的。我认为：作曲家的耳朵要和听众的耳朵同时发展。我们的目的既然是为了群众，那么在写作时就要考虑到能否为群众接受，同时又不断地提高他们的鉴别力。听觉和审美要求也不是随心所欲地发展的，它必须根据传统的基础，同时又不拘泥在原来的地位，逐步地向前推进。”在这样的思想指导下，瞿维始终在不间断地学习。

——在更好地为人民服务，做合格的“人类灵魂的工程师”这一宏伟目标的驱动下，几十年来，瞿维尽心竭力，刻苦学习，掌握了全能型、多方面的音乐本领。

瞿维牢牢记取毛主席关于文艺作品要有“新鲜活泼的、为中国老百姓喜闻乐见的中国作风和中国气派”和“要多多吸收外国的新鲜东西”，“音乐可以采取外国的合理原则，也可以用外国乐器，但总要有民族特色，要有自己的特殊风格，独树一帜”的指导原则，并在艺术实践中身体力行。

首先，下苦功学习、研究民族民间音乐，努力从本质上把握民族民间音乐的精髓。在延安鲁艺文化园区的现存资料中，我看到了他的一本采风日记。因年代久远，字迹有些模糊，但还依稀可以看到他所记录的山西梆子、五台秧歌、福建民歌、淮海小调，包括我们耳熟能详的《茉莉花》《走西口》《五哥放羊》《采茶歌》，大约有五六十首。这些不同地域、不同民族的民间音乐遗珍，如同源头活水，为他创作中国风格的音乐提供了取之不尽、用之不竭的营养之源。

其实，从他的器乐作品中也足以看到民族风格的深厚影响。他的《蒙古夜曲》吸收了蒙古族民歌的特色；《白毛女幻想曲》吸取了河北、山西民歌的曲调；《花鼓》取材于安徽民歌的曲调；《秧歌场景》再现了陕北大秧歌的热烈火爆；《荷花舞》主题吸收的是甘肃陇东民歌的音调特征；《五指山随想曲》采用海南岛黎族民歌写成。这些器乐作品，将丰厚的民间音乐语言化作自己的音乐语言，将民族的音乐灵魂化作自己的音乐灵魂，每一首听起来，旋律都是那么优美，民间音乐的地域特色都是那么鲜明。

学习、研读现当代中国优秀文学作品，是他汲取民族民间艺术营养的另一个途径。在东北解放战争时期，硝烟弥漫中，他抓紧时间如饥似渴地阅读郭沫若、赵树理等名家著作。他在日记中写道："李季的民歌体叙事长诗《王贵与李香香》出版后，我在子夜里，曾不顾疲劳，一口气读完了。"广泛的阅读，不仅使他的内心有了创作的冲动，而且还有助于他掌握艺术普遍规律，积累足资借鉴的成功经验。

艺术实践使瞿维越来越深刻地认识到："我们要创造新的民族音乐，那么继承和发扬我国民族音乐的优秀传统就必须放在重要的地位。""那些来自民间的文艺，特别是来自农村的文艺，犹如山泉、清流、野花、森林那样，给我们提供了清新、朴实的美的享受。这是民族传统中的宝贵遗产，应予以继承和发扬。"（瞿维：《实践〈讲话〉的成果，人民智慧的结晶——纪念〈白毛女〉诞生50周年》）瞿维的创作实践充分证明，利用民歌、小调创作钢琴曲的方法，的确是创作中最有效的方法之一。它不仅探索了音乐民族化的道路应该怎样走，而且因为来自民间，更容易使作品为群众所接受。

在坚持民族化道路的基础上，瞿维借鉴、吸收了外国的成功经验，做到“洋为中用”。早在延安时期，瞿维就开始学习俄文。留苏期间，他的创作笔记与学习心得全部是俄文记录。同时，他还系统学习西方音乐著作，阅读、翻译俄罗斯作曲家的《现代管弦乐队》，掌握配器方法；在朝鲜战争的炮火硝烟中，他坚持搜集朝鲜民歌、民间舞蹈曲目；出访世界各地、出席世界音乐活动时，他抓紧时间同各国艺术家交流互动，了解不同国家民俗文化和音乐风格，研究世界著名音乐家及其作品，他能以纯熟的英语，在世界音乐论坛进行艺术交流，代表中国音乐家发表富有中国特色和世界眼光的艺术见解。

瞿维在熟练掌握了钢琴这种西洋乐器之后，便在创作中勇于突破西方传统的作曲技法，很自然地吸收、融合中国民族的音乐创作结构技法与观念，将民

①瞿维与著名指挥家黄贻均（右）在一起
②瞿维在保定参加会议（艾克恩摄于 1999 年）

族精神通过西洋乐器钢琴的演奏表现出来，这是瞿维最值得称道的本领之一。中国音乐家协会书记处原书记、音乐理论家李业道在《瞿维文选》的序言中说：“我最初是从钢琴曲《花鼓》知道瞿维同志的名字的。在听了许多外国钢琴曲后听到有中国特色的钢琴曲，不但有艺术欣赏的清新、亲切的感受，而且启开了一条思路——中国钢琴艺术的创造境界是广阔的。”

关于他在中西结合、“洋为中用”方向上的尝试，这里有一个典型的事例。《红娘子》是瞿维与王久芳合作的一部典型的中国钢琴作品。上海采访中，王久芳老师说：“《红娘子》是戏曲素材与钢琴作品有机融合的代表作品之一。在《红娘子》的创作中，瞿维先生从戏剧性与抒情性出发，采用了京戏、昆曲的曲牌发展乐曲。”他为了让我理解《红娘子》的音乐风格，专门用目前最先进的音响播放了一番。这是一部气势与抒情相结合的京韵旋律：“乐曲开始时用小号奏出强烈的引子主题，它具有史诗的性质，表现了明末农民起义军的强大声势。在引子的第二部分，出现了小提琴齐奏的朗诵性乐句，表现女英雄热爱祖国，救民于水火的决心。主部着重描写英雄人物的形象。展开部的开头，描写了夜的气氛，然后开始了战斗。”（瞿维，《巾帼英雄逞英豪——介绍交响诗〈红娘子〉》，摘自 1980 年 5 月 27 日《舞台与观众》报）此曲热情讴歌了红娘子的英姿和起义军的胜利。在尾声采用民间器乐曲《将军令》的音调，描写了娘子军在胜利的凯歌声中准备迎接新的战斗的豪迈、喜悦之情。这种把交响乐的磅礴气势与京戏、昆曲的细腻婉转相结合而呈现出的诗意境界，用荡气回肠来形容真是再恰当不过了。这样的效果，正是瞿维为表现古代英雄人物与交响乐民族化所要追求的艺术效果。李吉提教授曾经把这些使中国老百姓听了感到亲切、熟悉，外国人听了感到意外、新颖而又完全不同于西方的钢琴曲，誉为一朵朵盛开的“梅花”，评价它是新中国新音乐创作历史中当之无愧而又最具代表性的一页。

第九章

为祖国的春天而歌

WEI ZUGUODE CHUNTIAN
ER GE

一

翻开《寄明歌曲选》的那一刻，我的眼睛顿时亮了。我真的没有想到，早在60年前，我和我的同龄人就已经与寄明结下了缘分。只不过那个时候少不更事，未曾想过那些我们喜欢唱的歌，它们的词曲作者姓甚名谁。现在细一思量，心里很是过意不去，对于曾经伴随我们成长的著名作曲家寄明，竟然如此忽略了。现在，重新欣赏那些曾经给我儿时的健康成长带来快乐的音符，激活了对往日时光的回顾——

我的儿时记忆，是从电影《平凡的事业》插曲《好阿姨》《欢迎新来的小朋友》《看我们小朋友生活是多么好》开始的；少年时的印象，是《我们是共产主义接班人》《我为解放军叔叔洗衣裳》《新中国少年进行曲》的旋律；青年时的印象，是在共青团组织工作时，庆祝六一儿童节大型音乐会上必不可少的《中国少年先锋队队歌》《少年，少年，祖国的春天》等脍炙人口的曲目。不知不觉，这些超越时空、情感真挚、活泼生动的旋律，在我步入中年的时候，自然而然地传唱到了我的下一代。记得侄女和儿子从幼儿园到小学再到中学，每当他们兴高采烈地踏歌起舞时，这些口碑载道的曲调也常出现在他们口中。

回放的画面如同水中的涟漪，一圈圈地扩散，又一点点地复原，我的心仿佛回到了充满童真诗意的黄金时代。于是，我怀着虔敬的愿望，从她留下的富有童趣的优美旋律开始，追本溯源，寻访这位从未谋面的隔代知音。

根据《寄明歌曲选》的线索我发现，寄明的少儿歌曲成名作是从电影插曲开始的。1957 年，海燕电影制片厂决定，《平凡的事业》故事片的作曲任务由寄明承担。这是一部描写中国保育事业的影片，剧情讲述了被分配到托儿所的中学毕业生林培明，对保育员工作从失去信心到最后决心将终身献给这平凡而光荣的事业的故事。在认真研究编剧黄宗英剧本和林扬导演意图的基础上，寄明又深入分析了词作家于之创作的 4 首歌词。其中的《好阿姨》，仿佛是小朋友对阿姨的亲切召唤；《欢迎新来的小朋友》《宝宝开车跑得快》最适合幼儿表演游戏；《看我们小朋友生活是多么好》意在通过游戏赞美幸福生活。这几首歌词从不同的角度，歌颂了保育员的伟大。

为了让这几首幼儿歌曲的旋律与歌词完美结合，更好地推动剧情发展，服务于影片的主题思想，寄明从接受任务开始，连续多日不辞辛苦地去幼儿园体验生活。她和孩子们一起打秋千、荡浪船，一起唱儿歌、捉迷藏，细心观察小朋友与保育员之间的情感交流方式，从中了解幼儿的习性，倾听他们的心声。她把自己对孩子们的热爱、对保育员的尊敬之心都融和到音符之中。渐渐地，情感真挚朴实，活泼欢快，音乐节奏与语言节奏十分吻合，唱起来朗朗上口的四首曲调，自然而然地诞生了。电影放映以后，其中的《好阿姨》这首歌很快就在幼儿园中广泛传唱开来。

首战告捷，更激发了寄明为少年儿童创作歌曲的使命感。在此后的 30 多年的音乐生涯中，她先后创作了近 50 首少儿歌曲，为少年儿童倾注了大量宝贵的心血，音乐出版社出版了她的《新中国少年进行曲》（杨因词）单行本；人民音乐出版社出版了《祖国的春天——寄明少儿歌曲选》；上海音乐出版社出版了《寄明歌曲选》。

我国新音乐运动的先驱者之一、中国音乐家协会名誉主席、音乐理论家吕骥在《寄明歌曲选·序言》中指出："寄明同志擅长写儿童歌曲，在她的创作生涯中，十分关注儿童歌曲。""可以说，寄明同志所创作的少年儿童歌曲是她的创作中最美好的部分，像《我们是共产主义接班人》《少年，少年，祖国的春天》等歌曲，不仅是她的代表作，也是我们这个时代留给后代最美好的音乐作品中的一个组成部分。"这一高度评价，启发并指引我对寄明的"最美好的音乐作品"进行认真的分析研究。随着越来越深入的了解，我认识到，无论是思想内容还是艺术形式，寄明的少儿歌曲都代表了中国现当代儿歌的最高成就。

首先，寄明的少儿歌曲题材丰富广阔。在歌词的选择上，她从少年儿童正处在长身体、长知识的年龄，精力旺盛、求知欲强的特点出发，特别注意选择思想性、知识性、趣味性统一的题材。在谱曲之前，她反复仔细地阅读歌词，把紧扣时代脉搏，反映时代主旋律，引导孩子们健康向上、滋养心灵成长、提升道德情操的歌词作为首选内容，然后以适合少儿演唱的旋律植入歌词中。她的少儿歌曲里，有启发引导孩子们热爱领袖、热爱党、热爱祖国的《蜜桃献给毛主席》《毛主席，我们热爱您》《党就是金色的太阳》《我的故乡富饶美丽》；有鼓励少年儿童树立远大理想的《新中国少年进行曲》《我们是新世纪的主人》（张秋生词）、《前进，快乐的少先队员》（李幼容词）、《我的心》（王守民词）、《星星火炬之歌》（张铁苏、邵本权词）；有赞美英雄的《你就是海燕》（茅晓峰词）、《有一位轮椅姑娘》（李幼容词）、《毛泽东时代出英雄》（郭丽丽词）等；有热爱校园、热爱集体的《欢迎新来的小朋友》《校园飘动美丽的彩云》（曾泉星词）、《我爱我们的班级》（王晨湖词）；还有鼓励孩子们珍惜时间、勤奋学习的《台钟的声音多么美妙》（陈克词）。

寄明了解儿童的特点，在选择歌词时，注重用孩子的眼睛，体现孩子本真的内心，把不经掩饰的童真、童趣，通过音符表现出来，达到“寓教于乐”、陶冶情操的目的。《春雨在下》（张鸿西词）模拟了孩子们欣赏春雨滴滴答答的声音，活泼有趣；《广阔的课堂》表现了孩子们背着标本箱，在大自然中观察小螳螂捕捉蚂蚱、小蚂蚁建造新房、小蜜蜂辛勤采花蜜的欢乐景象；《小足球夏令营营歌》（王森词）抒发了孩子们努力拼搏、渴望胜利、要为祖国的明天增添荣光的情怀；

①人民音乐出版社出版的《祖国的春天——寄明少儿歌曲选》（1990 年）
②音乐出版社 1965 年出版的寄明谱曲的《新中国少年进行曲》（杨因词）

《柳笛》《夏天多美好》（吴珹词）、《浪花亲着我的小脚丫》（程宏明、王林然词）等，都是歌唱儿童快乐生活的画面。题材丰富的少儿歌曲，潜移默化地饱含着某些教益或启迪，凝聚着追求理想、奋进前行的力量，对少年儿童的健康成长起着重要的促进作用，而这正是寄明的少儿歌曲的价值所在。

其次，寄明采用了多种多样的演唱形式和手法，表现少年儿童绚丽多彩的生活内容。不仅有独唱、领唱、齐唱、轮唱、合唱、重唱、表演唱，还有二部合唱、无伴奏合唱等。如《小小邮递员》（吴杨词），既可以独唱，也可以齐唱、表演唱。轻快自由的旋律，表现出了孩子们不怕困难、热爱工作的愉快心情。《我们将无愧于中学生的名称》（胡宏伟词），以鲜明有力的节奏，使旋律起伏动听、段落分明。歌中有多处从小节弱拍进入强拍，因而有一种豪迈向上的气概，生动地表现出刚刚升入中学的少年对美好未来的憧憬。《台钟的声音多么美妙》，运用对位手法，模拟台钟滴答、滴答不停摆动的声音，在宛如说话般的曲调和节奏中，形象生动地教育孩子们要珍惜时间；二部合唱《前进，快乐的少先队员》的音调是跳跃型的音程曲调，在附点、切分节奏连用的音调中，以充满舞蹈的韵律，形象地描绘出了少先队员与“欢腾的春风”“热情的小鸟”相伴，在“美丽的队旗”和“星星火炬”的引导下，朝气蓬勃地前进在社会主义金光大道上的形象。

表演唱《什么“鸡”》，通过富有民歌特点的问答，以轻松活泼的曲调表示出了孩子们好奇的神气和猜谜般的语气；《浪花亲着我的小脚丫》，以疏密相间的节奏、大跳与级进的中板抒情曲调，以独唱和齐唱相间的方式，与歌词的问答方式相呼应，启发了孩子们的想象力，鼓励少年儿童努力学习文化，树立为建设社会主义国家而开发海底宝藏的宏伟志向。北京市161中学音乐教师、少年宫合唱队辅导员米黎明指挥合唱队演唱的这首歌曲，被中央人民广播电台选中、播出。在给寄明的信中，米黎明说：“《浪花亲着我的小脚丫》曲调清新明快，孩子们很喜欢唱。”她代表北京市的中小学音乐教师和千万名学生，向作曲家致以崇高的敬礼，并请求她为中小学生多多创作大合唱、齐唱、重唱、小合唱、齐唱等形式多样的好歌。这一来信，给寄明带来了无限欣慰。

寄明在阐述自己的创作思想时曾经说过：“我喜欢那种易记易唱、健康向上、给人以鼓舞力量的音乐。”这一美学观体现在了她的全部音乐作品中，少儿歌曲当然也不例外。从节拍和节奏的选择看，寄明的少儿歌曲绝大多数运用的是2/4拍，这不仅因为2/4拍能广泛适应各种不同内容、体裁、风格的歌曲，而且同其他节拍相比更为简单，对于智力发育尚未完全成熟的儿童来说相对容易掌握。从曲式结构来看，寄明遵循的是精炼、简明、清晰的原则，因而她的少儿歌曲作品中最多见的是一部曲式和单二部曲式。如《我们是新世纪的主人》和《浪花亲着我的小脚丫》就是典型的一部曲式的合唱歌曲。前者是一个起承转合的四乐句乐段，后者则是一个结构非常规整的六乐句乐段。由于一部曲式结构短小、形象集中单一，因此最容易把握。运用单二部曲式的歌曲，有耳熟能详的《中国少年先锋队队歌》《前进，快乐的少先队员》和《台钟的声音多么美妙》等。这些单二部曲式，由于结构简明清晰， 不仅体现了孩子们的审美情趣，而且也最容易把握。从曲调和旋律看，其十分显著的艺术特色就是

寄明（前排左二）在大寨体验生活（1975年）

简洁、流利、易唱、好学，因此也更易于传唱推广。

研究寄明的少儿歌曲创作的过程，也是研究新中国少年儿童歌曲创作历史的过程。我在寄明同时代的作曲家队列里看到，为儿童作曲者不在少数，其中不乏名家大师，但从艺术成就和影响深远的意义来说，首屈一指的则非寄明莫属。她奉献的《我们是共产主义接班人》，到如今依然是唯一一首与国歌同奏于重大国事典礼的少儿歌曲。由中国青年音像出版社出版，中央少年广播合唱团演唱的当代获奖歌曲中，《中国少年先锋队队歌》与《少年，少年，祖国的春天》，分别是社会主义革命建设时期和改革开放新时期少儿歌曲的领衔作品，而且同期入选人民音乐出版社出版的《中国少年儿童歌曲博览》。另外，《好阿姨》和《我们是共产主义接班人》两首电影歌曲，也同时入选了《中国电影百年经典歌曲》集。

二

“文化大革命”中，寄明的身心受到了双重伤害。但在重新拿起音乐创作之笔时，她还是倍加关注少年儿童音乐的创作。当她发现，由于少儿音乐作者队伍在“文化大革命”中备受摧残，当时给孩子们创作的歌曲少之又少，人民音乐出版社的《少年儿童歌曲》杂志，不得不刊载一些历史歌曲和“文化大革命”前已经发表过的歌曲延续生命。而且，少儿歌曲的内容单调，尤其是忽略了对当代少年儿童内心世界的开掘，更缺少一些主旋律的歌曲。为此，这位资深音乐家非常焦急，她多么希望能够有更多的词曲作者，为少年儿童的身心健康成长而歌。于是，她身体力行，先后创作了《你就是海燕》《浪花亲着我的小脚丫》《我们是新世纪的主人》等歌曲。

1981 年初，团中央《辅导员》杂志的编辑出于对寄明的信任，特意给她寄来了解放军总政歌舞团著名词作家、国家一级编剧、音乐诗人李幼容写的《少年，少年，祖国的春天》的歌词。歌词以第一人称的少年口吻，抒发了快乐自豪的心情。寄明激动地一遍遍地朗读，体会着歌词的意境：

我们欢乐的笑脸
比那春天的花朵还要鲜艳
我们清脆的歌声
比那百灵鸟还要婉转
谁见了我们都要称赞
少年，少年，祖国的春天
少年，少年，祖国的春天

我们胸前的红领巾
像那灿烂的朝霞一样耀眼
我们心中的理想
像那星星闪着光焰
谁能比我们幸福美好
少年，少年，祖国的春天
少年，少年，祖国的春天

我们学习锻炼
明天肩负起祖国建设重担
我们时刻准备着
去把未来亲手创建
谁能有我们这样自豪
……

这首生动形象而又富有感染力的歌词，深深地打动了寄明的心。她不禁想起了以往深入中小学和少年宫体验生活时，结识的那些活泼可爱的少年儿童们，他们天真烂漫的笑脸似乎就在她的面前闪现，他们正在熙熙攘攘地向她跑来，把她紧紧地围绕在中间，要求她为他们谱曲……想到这里，寄明的使命感油然而生，她感到为少年儿童谱曲，是自己不可推卸的责任。如果自己能够以音乐的方式将文明之光照亮祖国的每一个角落，直抵孩子们的心灵深处，使孩子们的精神世界在旋律中得到提升，在歌唱中受到启迪，在感悟中获得洗礼，那将是她一生莫大的安慰。

于是，她忍着胃病的折磨，戴上了高倍近视镜，不厌其烦地一字一句地修改曲谱，哪怕是一个音符不准确也不放过。她决心要把这首歌谱成孩子们最喜爱的主旋律乐曲。

根据歌词所提供的形象，寄明以单二部曲式结构，创作出了一首旋律简洁明快、活泼开朗的童声齐唱与二部合唱。在第一乐段的齐唱旋律中，她以弱起的节奏和休止符的运用，将曲调表现得跳跃而又朝气蓬勃，歌颂了少年儿童积极向上、快乐健康的生活状态和追逐远大理想的精神风貌。在第二乐段，她采用了合唱形式，将音区逐渐上扬，使音乐形象更加坚定有力。在合唱部分，她采用了和声织体，将两个声部之间的音程关系以三度和六度为主，表现了少年儿童精神抖擞，立志建设祖国的坚定意志。在副歌的第一句，为了表现新时代儿童的幸福感和自豪感，曲调力求表达他们向上的精神状态和奋发有为的气质。最后一句“少年，少年，祖国的春天”是这首歌的主题，寄明以最有少年个性的音乐语言，运用重复的手法，把“少年”两个字处理成朗诵性的乐句，以果断、坚定的语气唱出，用来加强主题思想。在音乐形象上，她增加了更多的抒情元素，塑造出了英气勃勃的少年儿童群体形象。整首歌曲采用了长短相间的节奏、明朗欢快的大调式手法，旋律流畅、易唱上口，尽情着意于少年儿童天真活泼性格的描写，充分表现了广大少年儿童在社会主义祖国的培育下茁壮成长，表达他们为建设祖国繁荣富强的明天而一往无前的坚定信念。

这首歌一经发表，便被全国各省市的电台争相传播，同时深受少年儿童和音乐老师的喜爱。一位资深音乐教师说，每当和孩子们一起唱这首活泼欢快、朝气蓬勃的歌曲时，就会想到梁启超的《少年中国说》。是啊，少年智则国智，少年富则国富，少年强则国强。少年是祖国未来的希望，是美好的春天，社会主义祖国建设的重担，需要一代代少年儿童去接班。一些音乐老师说，他们特别愿意教唱《少年，少年，祖国的春天》这首歌，这样就可以和少年儿童一起步入明天的盛典！后来，经全国少年儿童投票，《少年，少年，祖国的春天》相继被评选为“全国红领巾喜爱的歌”“第一届当代少年儿童喜爱的歌”，还被文化部、团中央和国家教委等七个部门推荐为歌赛的必唱曲目，并荣获全国1976—1981年少年儿童歌曲优秀奖。一首歌曲能够具有如此强烈的生命力，在儿童歌曲的创作史上是不多见的。有一位评论家说，《少年，少年，祖国的春天》作品是继《中国少年先锋队队歌》之后的又一个里程碑式的当代少年之歌。

关于这首歌的获奖，词作者李幼容讲了一个颇富戏剧性的小故事。在文化部组织评奖的时候，寄明从上海带来的录音效果不好，就在这首歌几乎落选的关键时刻，中央人民广播电台青少部的敖丽蓉大喊了一声：“我这里有北京的录音！”随着录音带的缓缓转动，少年合唱团孩子们朝气蓬勃、热情奔放的声音清晰地流泻而出，在动人的旋律中，新一代中国少年昂扬向上的音乐形象宛在眼前，评委们被深深地震撼了，他们把这首几乎就要落选的歌提升为此次征歌活动中最好的作品。

三

一位西方哲人说过：“生命中重要的成功条件是有工作的意愿，有取得成功的意愿及用友谊和合作的方式跟别人相处。” 我在探讨寄明之所以能在少儿歌曲创作领域取得了非凡成就的因素时，充分认识到这句话的积极意义。

一首歌，只有词曲相谐，才能声情并茂。说到底，成功的歌曲都是文学与音乐高度结合的典范。因此，词曲作者密切合作，是产生优秀歌曲的必要条件。寄明深谙这个道理，为了给少年儿童创作出更多更美的歌曲，她特别注意与词作者保持良好的友谊。

用心体会词作者的感情，珍惜、尊重词作者的创作成果，是寄明少儿歌曲创作成功的主要因素之一。这里不仅体现出了寄明的文学修养，而且也显示出她高尚的品格修养。作为曲作者，寄明对歌词的理解并未停留在浅表的欣赏层面上，而是不断从歌词的内涵里寻找新的更高境界。在谱写《我们是共产主义接班人》这首歌时，原作的标题与首句是“我们是新中国的儿童”，但寄明在作曲时想到，一群年龄只有十几岁的少先队员，为了接通指挥部与前线的电话，能够挺身而出，手拉手地让电流通过，这种将生死都置之度外的行动，绝不是一般的新中国儿童可为，而是具有崇高共产主义精神的少年英雄群体的壮举。如果按照原作谱曲，立意显然还不够高。于是，她在征得词作者周郁辉的同意之后，把首句歌词连同标题一起改写为“我们是共产主义接班人”。这个看似简单的修改，不仅升华了原作的意境，而且也为后来《中国少年先锋队队歌》的确定赢得了必要条件。但是，在以后关于队歌的多次谈话中，寄明从来不提自己曾经做过的修改，而是把词作者写出新中国少年的精神风貌摆在第一位。她的不居功自傲的前辈风采，使词作者敬佩有加。

在寄明与词作者的书信往来中，我看到了她平等待人、海纳百川的光辉品格。一次，寄明在谱曲时，对一首歌词产生了异议，她主动写信征求词作者的意见，希望能做一点修改。后来作者坚持原作，寄明也表示理解和尊重，按照原作谱写了曲调。还有一次，词作家李幼容将《有一位轮椅姑娘》的歌词寄给了寄明。这是一首“中国保尔”张海迪身残志坚的颂歌。她在精心研读以后，感觉对孩子们励志有很好的榜样作用。但在谱曲时，她从音乐的感觉出发，认为把前后顺序变动一下，曲调会更舒畅。谱曲后，寄明特别给李幼容写信说明了情况。她谦虚地说："这很可能是我的主观感觉，因此先寄您定稿，音乐方面，我可以再次修改。"寄明平等待人、谦虚谨慎的作风，赢得了李幼容的尊重与信赖。此后，他们一直保持密切联系，有了更多的合作。在全国掀起开展"文明礼貌月"、大兴"五讲四美"的热潮中，寄明又主动约请李幼容创作了《花要飘香人要美》的歌词，共同为引导青少年做一个心灵美、行为美、语言美的新人，奉献出了文艺工作者的一分力量。

在长期的少儿歌曲创作实践中，寄明为扩大词作者的队伍建设竭尽了心力。在接触到有潜力的词作者时，她总是不失时机地激发他们为孩子们创作好歌的热情。20 世纪六十年代中期，寄明与上海港的业余作者朱烁渊在一次培训班上认识了。那时候，朱烁渊正在学习写诗，寄明便鼓励他写歌词，尤其要给孩子们多写一点歌词。她对朱烁渊说："现在好的歌词实在是太少、太少了。而好的儿童歌词就更少了。"在她的鼓励下，朱烁渊学习儿童歌词创作的劲头很足，他每次写好歌词以后，总要上门向寄明请教。看到朱烁渊的不断进步，寄明坚信，他一定能够写出优秀的儿歌歌词；为此，在接受了为儿童电影《朝霞异彩》作曲的任务之后，就毫不犹豫地将电影插曲的作词任务交给了朱烁渊。当时，她和摄制组赴邯郸体验生活行程在即，还抓空特意找了很多电影主题歌词给他作参考。朱烁渊被寄明的衷心信任、热情关怀所深深感动，竭尽全力完成写作任务，然后寄呈寄明审定。这样，寄明又多次通过长途电话和信件往来，与他商讨修改意见，体现了循循善诱、诲人不倦、认真负责的师道佳风。

在长期真挚的交往中，朱烁渊与寄明结成了忘年交。在《我们是共产主义接班人》被团中央确定为《中国少年先锋队队歌》的消息发布的时候，正赶上朱烁渊患了严重的风湿性关节炎，因为行走不便，他特意给寄明写了一封长信，表示衷心的祝贺和虔诚的敬意。寄明知道了他的病情，心里异常惦记。让朱烁渊没有想到的是，正月初一清晨，年过花甲的寄明，竟然踏着清雪走了很远的路，来到龙华医院，给他送来了最喜欢吃的八宝饭。这寒冬里的温暖，让朱烁渊感受到了慈母般的心肠。临别时，寄明关切地嘱咐他，你这么年轻，一定要把病治好；治好了病，才能为孩子们写更多更好的作品啊！坐卧不安的朱烁渊，目送寄明的身影渐渐远去，他把寄明真情的关心，化作了为少年儿童创作歌词的动力。此后，他不负厚望，逐渐成长为著名的词作家。他创作的《放学歌》歌词，经音乐家柴本尧谱曲后，被选入江苏教育出版社出版的小学音乐教材。他的工作，也由上海港调入上海市委宣传部文艺处。

张秋生是中国著名儿童文学家、上海《少年报》的总编辑。小时候，因为喜欢欣赏寄明作曲的电影和歌曲而由衷地崇拜她。“文化大革命”后的一次音乐创作讨论会上，他认识了寄明，与其建立了工作联系。寄明得知他出版过儿童诗、童话及散文集，看到他的作品既有诗的意境，又有散文的飘逸，还有童话的想象，这些正是给孩子们写歌词的有利条件，因而每次来到《少年报》社，都恳请他为孩子们多写些歌词。在寄明的鼓励下，张秋生开始把少年儿童歌词创作放到了心上，并且取得了很好的成就。有一次，寄明在歌词刊物上看见张秋生创作的《我们是新世纪的主人》的歌词。这首富有诗意的歌词，以一问一答的对话方式，将白云、蓝天、小鸟、鲜花拟人化，形象而又生动地表现出了新世纪少年儿童的自豪感。寄明诵读中，仿佛沉浸于诗歌与童话揉合的艺术世界，恍若自己就是词作中的那片白云、蓝天，就是那飞翔的小鸟、盛开的鲜花。她当即为这首歌词谱写了童声二部合唱，深受孩子们的喜爱。

音乐老师的来信，常常代表了少年儿童歌曲的创作倾向。寄明在长期的音乐创作中，与一些音乐老师建立了密切联系。《英雄小八路》电影在全国放映以后，长春市净月台中心学校的音乐老师张冠声被影片中的《我们是共产主义接班人》和《给解放军叔叔洗衣裳》两首歌曲所吸引，特别想在学校予以推广，却苦于找不到歌谱，便给寄明写信求助。收到信以后，寄明立即作复，并邮递了歌片。作曲家的支持，给予张冠声的工作以莫大的鼓励，他在学校教唱推广这两首歌曲的过程中，探索了孩子们之所以喜欢这两首歌的重要原因，认识到寄明谱写的曲调高度概括了歌词的境界，其节奏与旋律的多种艺术手法的运用，增加了小英雄形象的感染力。北京市 161 中学音乐教师米黎明，应中央人民广播电台和《儿童歌声》编辑部的邀请，写了一篇有关怎样教唱《中国少年先锋队队歌》的讲话稿，特意邮递给寄明指正。不巧的是，寄明去外地出差，没能及时接到信件；她回到上海以后立即给予回复，为其在传播队歌时所付出的精心劳动，表示由衷感谢，并为自己没能听到米黎明的广播讲话和教唱而致歉。她真诚地说："您的文章写得极好"，"相信您的广播讲话一定是非常精彩的"。

四

从 1955 年开始，寄明就是上海电影制片厂的作曲家。多年来，她先后为 30 多部电影创作音乐。平日里，她经常走出家门，把儿女交给婆婆和母亲照看，只身到基层、到边疆、到工农兵群众中去体验生活，为电影音乐捕捉创作灵感。她所拥有的时间原本十分有限，但她还是经常挤时间为孩子们创作歌曲。她说，"今天的儿童就是明天建设'四化'的新生力量，用优美健康的歌曲武装他们好好学习、天天向上，长大都成为革命事业的接班人，这是音乐工作者义不容辞的责任。""少年儿童是人类的花朵，祖国的未来。在他们身上寄托了我们的希望。"因此，她以完全自觉的创作热情和艺术探索精神投入到少儿歌曲创作之中。

应该说，寄明自觉地为孩子们奉献歌曲，肇源于小时候的审美体验。20 世纪二三十年代，著名音乐家黎锦晖的儿童歌舞剧创作，是中国传统音乐和西方歌剧、舞剧的熏陶之下形成的新的戏剧形式。他的儿童歌舞剧，善于抓住儿童心理情绪，刻画儿童可爱的形象，对儿童进行富有成效的音乐素质教育，这在中国教育史上具有开拓性的意义。因此，黎锦晖的儿童歌舞剧风靡小学校。能歌善舞的寄明，就曾经在“音乐妈妈”顾西林的指导下，学唱、排演过黎锦晖的儿童歌舞剧。在排演歌舞剧《葡萄仙子》的快乐过程中，她不仅懂得了大自然中的阳光雨露与植物成长的关系，还了解了植物从发芽到开花结果的全过程；既懂得了鸟、兽、虫类对植物的危害与益处等知识，并且从切合儿童心理的音乐旋律中，体会到了友爱、仁慈、礼让、快乐、活泼的情绪。这个歌舞剧对少儿时期的寄明产生了巨大影响，不仅培育了她的美感，还陶冶了她的情操。

《小小画家》是黎锦晖的另一部儿童歌舞剧。剧情的发展和情绪的变化幅度都比较大，但艺术手法高超的黎锦晖，仅用了《贵姓大名》《教子歌》《斯文曲》《背书歌》《我要睡觉》和《赶快画》等七首简单、轻快、富有节奏感的歌曲，就把歌剧里的人物性格，生动地刻画了出来。妙趣横生的剧情和曲调，深得寄明的喜爱。这出剧对提高她的音乐感知和模仿能力、形成良好的生活习惯，都起到了积极作用。黎锦晖的歌舞剧的排演，不仅给寄明的童年、少年时光增添了乐趣，开阔了视野，而且使她在学习音乐歌曲中感受美好生活，接受

寄明（前排左三）与上海国立音乐专科学校校友相逢于第四届全国文艺工作者代表大会上（1979 年），前排中为吕骥

了新文化的启蒙教育。少年时的审美体验，更使寄明懂得了创作少儿音乐的重要意义。她常常想到，如果自己小时候没有接触过黎锦晖的儿童歌舞剧，她对音乐专业的学习不会产生特殊的兴趣，也不可能取得后来的成就。推己及人，她立志要挖掘多种多样的题材，为祖国的花朵写出更加丰富多样、更加新鲜活泼的乐曲，尽到一个党的音乐工作者应尽的义务和责任。

寄明自觉为孩子们奉献更多更美的音乐的另一个推动力，是聂耳的榜样作用。在就读于上海国立音乐专科学校时，她曾经观看过聂耳作曲、田汉导演的新歌剧《扬子江暴风雨》。剧中的《卖报歌》在舞台上由报童原型小毛头首次公开演唱。这首短小精悍的儿童歌曲，以跳跃的节奏、活泼的音调，展现了贫苦儿童的苦难生活和对光明未来的期盼，活脱脱地刻画出一个天真活泼的报童形象：

啦啦啦！啦啦啦！
我是卖报的小行家，
不等天明去等派报，
一面走，一面叫，
今天的新闻真正好，
七个铜板就买两份报。

啦啦啦！啦啦啦！
我是卖报的小行家，
大风大雨里满街跑，
走不好，滑一跤，
满身的泥水惹人笑，
饥饿寒冷只有我知道。

啦啦啦！啦啦啦！

我是卖报的小行家，

耐饥耐寒地满街跑，

吃不饱，睡不好，

痛苦的生活向谁告，

总有一天光明会来到。

《卖报歌》乐观向上的音乐曲调，短小精悍，易记易唱；它以洗练短小的衬词句式开篇，将儿童活泼天真的神态跃然托出的艺术手法，使寄明受到了重要启迪。后来，寄明又从《卖报歌》产生的背景中，进一步了解到聂耳热爱儿童、关心儿童的感人故事。多年以后，她在《文汇报》发表的《像聂耳那样关心儿童》的文章中说，当年自己就是唱着聂耳、冼星海写的歌曲，走上革命道路的。所以，她决心像聂耳那样，要把儿童音乐推进到一个新的水平。

回顾自己的审美体验和成长经历，寄明亲身体会到，音乐对少年儿童的影响力，足可以惠及一生。寄明的这种强烈的历史责任感，早在去往延安的路上就已经显出端倪。那一年，刚刚22岁的她，抛开了《百家姓》的束缚，将自己的姓名“吴亚贞”改为“寄明”，在这独一无二的姓名里，寄托了她的革命人生观和世界观。从那个时候起，“寄希望于明天”的宏伟抱负，就驱使她要不遗余力地为少年儿童创作歌曲。

词作者王晨湖，在《一步一个脚印地前进——访女作曲家寄明》的文章中，介绍了他与寄明就重视少儿歌曲创作原因的交流。面对他的提问，寄明爽朗地笑了。她很自然地回答说：“祖国有三亿八千万少年儿童，他们就是祖国的未来，革命的希望，我们也应当让他们唱着优美健康的歌曲，激发他们热爱祖国热爱党的崇高理想和高尚情操，长大以后也要成为四化建设的接班人。这是一个音乐工作者义不容辞的职责。”寄明还对王晨湖说，自己在创作少儿歌曲时，总是觉得有一双双渴求的眼睛和热望的眼神，在时时刻刻看着她。这样的画面也时时刻刻地驱使她，呕心沥血，殚精竭虑。夜深人静的时候，她躺在床上，还经常在思索着歌曲的曲调。一旦有灵感撞击心灵，她会一骨碌从床上起身，迅速走到桌前，伏案疾书。她的很多好歌曲就是这样饱蘸着心血写出来的。

《少年报》的总编辑张秋生，在长期的交往与合作中，深切了解寄明的品格和作风。他说，《少年，少年，祖国的春天》发表以后，《少年报》决定把这首歌推荐给全国的小朋友。寄明知道后，先后三次来报社校阅。有一次，仅仅是为了改动一个附点，专门跑了很远的路。寄明这种认真负责的创作态度，让张秋生赞佩不已。词作家李幼容曾经回忆说，《少年，少年，祖国的春天》在评选中获奖以后，寄明依然不放心。她坐在旅馆的木椅子上，戴着老花镜，拿着放大镜，还在字斟句酌地修改曲谱。然后，把李幼容叫到身边，请他核定修改得是否恰当。她说，拿出作品是要负责任的，不仅为这一代人，还要为下一代以至无穷尽的后代负责。她对创作精益求精、一丝不苟的品格，让李幼容深受感动。他们之间也建立了深厚友谊。

有一年，《河北歌声》编辑部给寄明来信说，她创作的《我们是光荣的预备队》的歌曲，很适合少年儿童演唱，决定采用。但寄明对这首曲子并不满意，一直在修改中，因此并没有予以回寄。可是，由于词作者特别欣赏这首歌，便径自将她的第一稿歌谱寄到了编辑部。寄明得知后，立即复信申明想法，希望编辑部能够撤下原稿，待修改定稿后再发表。她的精益求精、一丝不苟的责任心，感动了责任编辑。

这一桩桩一件件看似简单的“小事”，映衬出寄明平凡而伟大的风范，足以接续我和我的同龄人以及后来人，与她的割舍不断的缘分。她谱写的少儿歌曲，必将一代代地传下去，传到很久、很远。

第十章

世界音乐交流的使者

SHIJIE YINYUE JIAOLIU DE
SHIZHE

瞿维寄明合传

一

新中国成立前夕，一辆墨绿色的专列，满载着党中央和全国青年的殷切期望，在各界人士的热烈欢送中，从北平站徐徐开动。此刻，作为中国首次组团派出参加世界青年学生与和平友谊联欢节的中国民主青年代表团的成员，瞿维从内心感到无限的自豪与荣光。

列车在送行人员的视线中渐行渐远，风驰电掣般地越过华北、东北，在满洲里国境线换乘了苏联派来的专列，穿越辽阔的西伯利亚，直抵欧洲。周遭一切，在刚过“而立之年”、首次跨出国门的瞿维看来，全是平生未曾寓目的异国风光。好在同行的熟人不少，他所在的代表团下属的文工团中，有他在延安鲁艺就熟悉的李伯钊、周巍峙、吴雪、舒强、水华、丁里、任虹、马可、李焕之、沈亚威、李波等老同志，也有结识于华北联合大学的郭兰英、孟于、仲伟、贾作光等青年艺术家。一路上，车厢内欢歌笑语不断，《世界民主青年战斗进行曲》《列宁山》《祖国进行曲》《团结就是力量》《东方红》和《大秧歌》等充实有力的乐曲，不断飞出车窗，飘向天穹。这些旋律宽广、音调铿锵、风格各异的歌曲，淋漓尽致地抒发出代表团成员对世界和平的无限向往，表达了他们对即将成立的新中国的深情憧憬。

在欢乐的歌声中，列车到达了此行的目的地——素有“多瑙河明珠”之称的匈牙利首都布达佩斯。车站上到处是鲜花、彩旗与笑脸。身着色彩鲜艳的民族服装的匈牙利男女青年们，对中国派来的代表团怀有特殊的亲近感，他们不停高呼：“毛泽东！”“毛泽东！”然后，兴奋地围上来握手、拥抱和亲吻，这是瞿维印象中最热烈的被欢迎的场面。他在当天的日记中写道：“友谊的手像树枝似的伸过来，使我们握不胜握。”

世界青年学生与和平友谊联欢节开幕的那一天，来自世界 80 多个国家和地区的万余名青年，在欢快的乐曲声中依次进入会场。当身着灰色军装的中国民主青年代表团高举中国共产党党旗、中国人民解放军军旗和毛主席、朱总司令的巨幅绣像，高擎以绿、红、金三色丝线刺绣的寓意五千年文明古国获得新生的“凤凰涅槃”团旗入场时，全场响起暴风雨般的掌声。其中的印度代表团，高举着一条用中文书写的“向战斗的中国青年致敬！”的标语。当代表团团长肖华同志在开幕式上致辞时，全场高呼“毛泽东”长达数分钟之久，数千只和

①瞿维在布拉格（1961 年）
②瞿维在布拉格肖邦纪念碑（1961 年）

平鸽振翅盘旋，飞向蓝天，九架轰鸣的飞机编队从会场上空抛撒下无数的彩色花瓣，手舞足蹈的青年们以不同的语言，高唱起苏联作曲家穆拉杰里为大会创作的会歌，会场的热烈气氛达到了沸腾的顶点。

身临其境的瞿维，亲身感受到了祖国备受国际瞩目的骄傲与自豪。中国青年文工团的小型节目，排在开场的第一个晚上演出。首次登上有漂亮包厢和现代化设施的大舞台，文工团员们发挥出了最好的演唱水平，全场观众和着音乐节奏，不断高呼着中国人民的伟大领袖毛泽东的光辉名字！在剧场的演出结束后，法国代表说：“我们看到了中国人民的劳动生产，看到了中国人民的斗争生活，看到了英勇的解放军和军民关系，给我们很大的教育。”匈牙利的一位观众说：“《牛永贵负伤》是我这几年中所看到的最好的戏。”一位导演激动地说：“你们的表演、舞蹈和音乐都很好，是生活与艺术的美妙结合。” 从小生长在捷克的世界学联主席格罗曼，特别邀请中国青年文工团能去他的国度演出。

联欢节的第二天，中国青年文工团在街头和广场表演了热烈奔放的《大秧歌》，火爆质朴的《胜利腰鼓》。雅俗共赏的演出，震撼了成千上万的匈牙利人民和各国青年代表的心，征服了联欢节艺术比赛评委会。他们仿佛从豪放雄浑的腰鼓声里听到了古老的中国大地响起了欢庆解放的礼炮，从质朴粗犷的秧歌舞步里看到了中国人民站起来了的胜利英姿。联欢节结束后，《胜利腰鼓》荣获特别奖，首开中国民间舞蹈在国际舞台获奖的先河。同时获奖的还有李波的《翻身道情》和郭兰英的《妇女自由歌》独唱。

各国朋友对中国青年文工团表演的节目如此赞美，让瞿维为祖国感到骄傲。那些天，像其他成员一样，他被大批外国青年代表视为最好的朋友，大家纷纷与他合影，请他签名。他牢记着党中央领导在临行前寄予的殷切期望：要利用这难得的学习交流机会，充分发挥青年人的特点，生动活泼地宣传介绍我国，把国外优秀的艺术带回祖国。因此，他在练习钢琴演奏、为本团演出的歌曲谱写伴奏的同时，抓紧时间看艺术比赛，听音乐会，记录国外流行的舞蹈音乐，收集世界各地的特色民歌，细心体会民间合唱、乐队与合唱队的技巧；他与蒙古人民共和国的青年作曲家谈话，了解他们歌剧院的建设；还与正在莫斯科音乐学院学习、这次也前来与会的朝鲜大学生交流学习经验，做传递友谊的桥梁和纽带。总之，他不失时机地尽一切可能，向外国朋友学习各种有价值的艺术。

短暂的联欢节在依依不舍的告别留念中结束。瞿维随代表团按照预定计划，前往莫斯科学习参观。

莫斯科是瞿维早已向往的地方。那还是在郭沫若的《苏联纪行》刚刚出版的时候，他立刻买了一本，当天就把卷通读，直到子夜还不肯放下。在阅读中，他一边为苏联人民所取得的成就而欣喜，一边更增添了振兴祖国的意愿。当他身处浪漫而古老的莫斯科，仰望宁静祥和的蓝天白云，欣赏那如诗如画、撩人心弦的金秋风光时，他的心沉醉了。

在苏方的精心安排下，代表团先后参观了莫斯科市容、列宁集体农庄、斯大林汽车厂、莫斯科大学；参观了“列宁”“革命”“红军”“美术”等博物馆、

①瞿维在捷克卡罗维发利（1961 年）
②瞿维在布拉格莫扎特纪念馆（1961 年）

舞蹈学校、卢那察尔斯基戏剧学院和柴可夫斯基音乐学院；观赏了歌剧《罗密欧与朱丽叶》《叶甫根尼·奥涅金》《萨特科》《伊万苏萨宁》；舞剧《天鹅湖》《巴赫切萨拉伊的泪泉》《青铜骑士》等经典剧目，以及俄罗斯民族舞蹈，交响音乐会、民族管弦乐音乐会等；还参观了金碧辉煌的红场与克里姆林宫。

一系列的参观学习，使首次走出国门的瞿维眼界大开，尤其是苏联人民演员乌兰诺娃、列米舍夫、奥依斯特拉赫等世界顶尖艺术家的精湛演出，更是增长了他对苏联民族歌剧、舞剧和交响音乐艺术的感性认识，找到了学习和借鉴的榜样。

欣赏歌剧《伊万苏萨宁》之前，瞿维曾经对它的乐谱进行过研究。他从中体会到，民族乐派作曲家米哈伊尔·格林卡创造性地把西欧音乐文化的优秀成果和民族传统相结合，使这部充满俄罗斯民族风格的歌剧，成为具有高度艺术性的、获得国际声誉的歌剧。这部歌剧虽然很少直接引用民歌曲调，但民歌的精神实质和表现手法已融汇其间。因此，瞿维总结了《伊万苏萨宁》歌剧的创作经验，一是表现人民为民族之主体；二是很正确地使用民歌来表现人民的力量；三是表现手法上的现实主义，演员动作与日常生活的接近。鉴赏舞剧《巴赫切萨拉伊的泪泉》时，他惊叹于艺术家们和每一个群众演员，竟都毫无“做戏”或者是“活的道具”之感，仿佛是在经历着真实的生活。观看芭蕾舞剧《天鹅湖》，他在沁人心脾的浪漫抒情旋律中，体会到了柴可夫斯基的音乐在推动戏剧矛盾发展、刻画角色性格等方面，都具有丰富而深刻的交响性。他还从乌兰诺娃的舞蹈动作里，看到了音乐的灵魂。他们的舞台设计，每一个节目都有特定背景的做法，也引起了瞿维的特别注意。演出《天鹅湖》时，灯光射在舞台布景上，很像水波在荡漾；唱俄国民歌时用的是俄国图案的幕布，其他民族的独唱均用该民族图案的背景幕布；独唱时为白色的绸幕。

在莫斯科参观学习的时间虽然有限，但瞿维的收获极大，他熟悉和了解了苏联在社会主义革命和建设、特别是艺术建设方面的伟大成就，受到了一次生动的国际主义和爱国主义的教育；他对新中国文艺工作的发展，对个人在音乐专业方面的发展，都充满了信心，看到了方向。

结束在莫斯科的参观访问，满载收获的文工团员们，日夜兼程，赶在10月1日凌晨，回到已是中华人民共和国的首都北京，迎接新中国的到来。被幸福、自豪感包围了的瞿维，与文工团的所有同志一起被邀请到了天安门金水桥的观礼台，亲历了毛泽东主席向全世界庄严宣告中华人民共和国中央人民政府成立的伟大时刻。在军乐队演奏代国歌《义勇军进行曲》的音乐中，主席亲手按动电钮，升起中华人民共和国第一面国旗的瞬间，整个天安门广场汇成了欢乐的海洋，由30万军民参加的盛大的阅兵式，为中国人民成为新国家、新社会的主人，为中国历史揭开了新的伟大篇章而欢呼雀跃。

开国大典之后，瞿维被留在北京，为纪录片电影《中国民主青年代表团在匈牙利》配乐，走上了专业作曲家的道路。

二

作为第一次出访的音乐使者，瞿维接受了世界各个民族先进音乐的洗礼。从此，他树立了宏伟的艺术目标，希望自己的作品能够不断超越国土，走向世界音乐舞台，作为展现中国文化艺术的一个窗口，让更多的民族了解中国。从而，让民族音乐在与友邦的文化互动中，焕发出新的生命力，架起友谊的桥梁。

为了实现这个远大目标，瞿维孜孜不倦地奋斗了50多年。最初的实践，是从1950年春天奉调东北电影制片厂，为由王滨、水华执导的电影《白毛女》配乐。虽然电影《白毛女》在音乐上有很大的创作空间，可以不受很多因素制约，但也没有成功的模式可以照搬。因此，瞿维把它作为一个崭新的挑战，一次新的学习机会。

在电影音乐创作之前，瞿维做了充分的准备工作。首先，根据毛泽东《在延安文艺座谈会上的讲话》精神，从“艺术是人民生活的反映”的原理出发，他与王滨、水华去了河北省平山县，调查了解“白毛女”的传说在当地流传的经过，同时考察人民的生活状况。接着，他认真学习了世界著名的音乐理论和文学作品，进行理论与实践两个方面的研究。他阅读了英国现代著名作曲家佛格汉·威廉士著（沈敦行译）的《民族音乐论》和果戈理的文学作品，领会了别林斯基关于文学的民族化问题和格林卡关于“真正的创作是人民，作曲家不过做些改编工作而已”的经典论述，研究了音乐的人民性、人民力量的感觉以及如何表现人民性等问题，尤其是注意理解民歌对于创作者的重要性。他认识到，音乐如果不能写出“人民的声音”是毫无价值的。在这个极深刻见解的导引下，瞿维倾听了世界著名作曲家贝多芬的第六交响乐、柴可夫斯基的管弦乐《一八一二》序曲、鲍罗廷的交响音画《在中亚细亚的草原上》、里姆斯基·科萨科夫的交响组曲《天方夜谭》，并对照原谱做了较详细的研究。他欣赏了卓别林的电影《淘气地》和美国电影《浪子回头》，记录了其中的音乐片段，探索其源流。他认为，西洋的作曲方法必须运用，但重要前提是要以自己民族的音乐语言为基础，至少要包含一些民族音乐的成分。所以，他回顾了延安时期“小调大王”安波等人的作品，温习了山西民歌，并把其中所需要的经典曲调抄录下来。丰富的学习内容，使他越来越坚定了一个重要信念——活泼生动的音乐语言，完全是从研究民间音乐得来的。

在此基础上，瞿维根据导演确定的拍一部歌剧电影，而不是歌剧舞台纪录片的电影《白毛女》的要求，选看了歌唱成分较多的《货郎与小姐》《西伯利亚交响乐》《古班哥萨克》《牧场风光》等苏联影片，从中受到了重要启发：故事片的插曲，一是要在人物的情感自然流露时加唱；二是要为人物的唱腔，安排适当的环境。思路明确了之后，他遵照贺敬之和张松如改编的歌词，对音乐布局做了全面考虑，精心设计了 16 段既能保留歌剧的故事情节和人物关系，又能体现音乐特色的歌曲。除了歌剧中的《北风吹》一曲保留原有旋律不变之外，需要重新作词谱曲的歌有 15 首。

这样的音乐创作布局，工作量是非常大的。尤其是原定的歌剧《白毛女》的原班作曲者马可，因为工作脱不开身不能参加，而张鲁也因为另有创作任务，只是完成了《秋收》和《相思》以后，就离开了剧组。剩下瞿维自己，他不仅要完成唱腔的设计，还要为全剧创作伴奏音乐。而这部电影，作为东北电影制片厂 1950 年的新年献礼片，全部的拍摄时间只有八个月。

面临重重困难，瞿维发扬了革命战争年代不怕牺牲的奋斗精神，常常工作到深夜，一鼓作气完成了全部配乐工作。

首先，他秉承了歌剧《白毛女》的精髓，将《北风吹》作为主旋律，贯穿于电影音乐和主要剧情当中。如，在影片开头的秋收场景中，表现相恋中的喜儿给大春补衣服，大春给喜儿摘柿子的故事情节推进时，在结婚前夜喜儿剪喜字、剪鸳鸯，对镜梳发髻、戴绒花时，以《北风吹》的欢快节奏，把两个年轻人内心的喜悦刻画了出来。而大春在山洞中与“白毛女”相认时，则以《北风吹》的旋律为背景音乐，充分表达了历经磨难的有情人重逢时的幸福感。

其次，瞿维根据电影剧本，创作了新的唱段。如，根据大春与喜儿爱情戏的需要，创作了女声齐唱《赞歌》；混声合唱《送葬》，是歌剧第 34 曲的标题，曲调是重新创作。对于和剧情紧密相关的音乐，瞿维采取的是借鉴歌剧曲调进行改编的方法。如，杨白劳《自尽》的独唱曲，由歌剧第 28 曲与 29 曲合并改编；喜儿《哭爹》的独唱，是歌剧 31—33 曲改编；喜儿逃进深山的独唱《出走》是歌剧 52 曲《扑不灭的火》改编。歌剧《白毛女》中杨白劳的经典唱段《十里风雪》，由四部分音乐组成，蕴含了丰富的音乐美学内涵。但在电影剧情发展中，这样长的唱段不能完全保留。一天上午，瞿维根据电影情节需要，创作杨白劳惨死前的咏叹调，他删除了前两部分，增加了朗诵调及山西梆子的曲调，改编了歌词，音乐比以前有了发展，情感也比较突出了，他自己感觉很是满意；但是，在与意大利歌剧作曲家普契尼的歌剧《托斯卡》中的男主人公咏叹调相比较以后，他看到了差距。他在日记里感慨地说：“男主人公卡伐拉多西在被执法军杀害之前的咏叹调，既有宽度，又具有深沉的力量！而我现在还写不出这样的东西。”所以，他决心要永不止步，继续努力创作出更加优秀的音乐作品。

对于电影《白毛女》音乐，无论是再创作还是改编，瞿维都遵循着从民歌中汲取元素的重要原则。他在 1950 年 4 月 20 日的日记中记载：

饭前一小时温习山西民歌梆子。民歌中确实蕴藏了丰富的东西，仔细发掘是会充实自己的音乐语言的。

《白毛女》电影歌曲第 12 首《进边区》，是大春找到八路军时新增加的一首齐唱歌曲。瞿维运用了老百姓熟悉的陕北民歌《工农齐武装》的旋律为主基调，采用速度与调性的变化手法，将齐唱的原调发展到二部、三部合唱，把人民武装进入解放区、人民站起来、砸碎旧世界的喜庆气氛和人民武装要在千山万水插遍红旗的革命豪情，表达得酣畅淋漓。

文艺作品有“豹尾”之说，意思是，结尾要像豹尾一样有力，才能收到最佳的艺术效果。为了让电影《白毛女》的结尾的《斗争会》音乐，真正体现人民力量，具有鼓舞人心的伟大作用，瞿维设计了一个又一个的方案，费尽了心力。有一天，他在创作中忽然想到一个“很光亮，流利，并且带有对于生活前景有欢快的心情”的曲调。他趁热打铁，一挥而就，立即写下了这个发自肺腑的心曲。我在电影《白毛女》歌曲集中，找到了这段四部混声合唱。对照歌剧剧本我发现，《斗争会》是在综合了歌剧《你的罪孽到了头》《太阳底下把冤伸》《如今是咱老百姓的天》《我们要翻身》四首曲谱之后，重新设计创作的整体旋律。其愤怒、激烈、高亢的情绪，起到了震撼人心、鼓舞斗志的作用。这一大段震动山谷的大合唱，把农民们处死地主黄世仁的情景，处理成了最受感动的高潮。一个日本评论家说：“这个大合唱，到底是在电影里发生的事情，还是在日常生活中发生的事情？这件事对于我来讲，是一个包括电影、戏剧以及日本文学范畴的问题。由那个大合唱引起的感动，与我过去读日本文学作品或观看日本歌舞伎引起的感动有所不同。这并不是某个人物形象给读者和观众带来的感动和鼓舞，而是民众自己创作，让民众回归自我的感动和鼓舞。”

1951 年初，《白毛女》电影在国内 25 个城市的 155 家电影院同时公映。当天的观众竟达到了 47.8 万余人，创下了当时中外影片上座率的最高纪录。而最为轰动的是，《白毛女》成为新中国第一部进入世界影坛的影片。诚如日本电影专家川喜多所说，日本电影靠《罗生门》打入世界，中国电影则是靠《白毛女》打入世界的。

电影《白毛女》在国际上影响卓著。在 20 世纪 50 年代，这部影片先后在 30 多个国家、地区映出。继 1951 年在捷克斯洛伐克举行的第六届卡罗维发利国际电影节获特别荣誉奖之后，1957 年又获得国家文化部 1949—1955 年优秀影片一等奖。

曾任中国驻马里大使的刘立德回忆说：“在非洲马里放映《白毛女》时，不少妇女哭声一片。时至今日，许多看过影片的当地老人还记得这些动人的场景。”在日本放映时，听到喜儿唱的《剪喜字》《相思》的歌曲时，有的学者想起了《万叶集》里的相闻歌。在喜儿《哭爹》的唱段场面出现时，观众席上出现了激烈的哭泣声。

日本观众认为，《白毛女》电影的成功，不仅是因为其有美丽的画面和动人的故事，而触动人心的配乐也是重要因素之一。日中友好协会的刊物曾经以《通俗易懂的‘群众路线’——在山田女士家举行的〈白毛女〉放映会》为题，报道了观看者的评论，其中涉及音乐的有下村先生的原话：“这部电影的歌曲部分一点也不做作地唱出了农民的痛苦心声，歌曲就变成活生生的语言，形成了故事的高潮，我很佩服了。”著名电影评论家瓜生忠夫认为：“这部影片应该属于音乐电影范围。但不像以前看过的美国、德国音乐剧那样，歌曲部分并没有脱离画面上的情节，歌唱部分很真实地打动人心，这应该是很值得关注的地方。并且歌剧的主角是农民，尤其是由佃农唱出欧洲作曲法的歌曲来，这让我们再一次感到很惊讶。”对于喜儿和父亲杨白劳的歌曲之所以打动人心，他认为有三个理由：“第一，贯穿了《白毛女》的主题思想；第二，歌曲部分是人物感情最高涨的表现；第三，很自然的发声，始终立足于中文，并且是单旋律。”另一位日本著名学者安藤彦太郎认为，《白毛女》电影的“唱腔和画面紧密地结合在一起，充满着艺术的紧迫感。”晏妮在《后满洲电影论》中说：“即使对中国的阶级斗争之类的政治状况产生不了什么共鸣，《白毛女》也以通俗的故事脉络、情感丰富的传统配乐以及强烈的旋律，使日本观众能够和剧中人物感同身受。”

法国著名小说家韦克尔在评论《白毛女》电影时也深有同感。他说：“这部作品的成功来自形式与内容的有机结合、协调的完美。残暴凶残的地主主宰着佃农和他们家里人的生活及生命；女人没有任何目的与希望，只是作为奴隶而工作；广大农民没有文化而导致迷信，地主压制他们不让进行任何抵抗，这些民众真实生活的场景都在电影《白毛女》中再现了，通过唱腔表现出这些长期以来的痛苦，由此引起了民众的感动。”他认为，这部作品是希望的象征，让全世界人民能够接受的象征。

上述的评论，无疑是对瞿维创作的电影配乐的积极首肯。而《白毛女》影片在日本的成功传播，最为显著的成果是衍生出了芭蕾舞剧《白毛女》，并由此架起了一座中日友谊的桥梁，被史上称作“芭蕾外交”。

几乎与电影《白毛女》上映同时，瞿维参加创作的歌剧《白毛女》在国际上也赢得了连续不断的喝彩。1951 年，歌剧《白毛女》荣获了“斯大林文艺奖”二等奖。同年，中国青年文工团将歌剧《白毛女》演遍了苏联、德国、匈牙利、波兰、罗马尼亚、保加利亚、捷克、奥地利、阿尔及利亚等国家。在一年多的时间里，《白毛女》歌剧在欧洲的 150 多个城市，演出了 473 场，观众达 242 万，大大促进了国外人民对中国的了解，促进了国家之间的友谊。

之后，英国、法国、意大利等西方国家纷纷翻译、出版、上演了歌剧《白毛女》。德国艺术家梅耶在柏林观赏之后评价说，《白毛女》歌剧对一切观众都是一个动人的经历。在这里我们看到了歌剧创作的一个重要革新……歌唱不是本剧的目的，它不像许多西欧歌剧，音乐只有在增强表演效果、描写情感和凡是用语言、布景不能彻底表现的地方才使用它。在这个歌剧中，歌唱加强了剧情中的高潮和转变，而且音乐在全剧中不是连续不断的，有时候在很长的阶段中只用对话和道白，而由乐队伴奏的音乐，所表达的是剧情中不能言而又不能缄默的东西。

听到《白毛女》电影和歌剧在世界各地获得的广泛好评，瞿维作为作曲者之一，越发看到了音乐文化交流在国际交往中所发挥的增进双方理解、改善国际关系、连接不同国度人民心灵的独特作用。因此，他更是加倍努力地学习、钻研中外音乐创作技能和经验，期望能够为世界音乐宝库献出一己的全部力量。

古人有“取法于上，仅得为中，取法于中，故为其下”的说法，对这一真理性的认识，瞿维可谓深知深解。他的音乐理想是与世界水准的音乐接轨。因此，他经过了严格考试和审查，去了世界一流的柴可夫斯基音乐学院学习作曲。留学苏联期间，他的音乐创作领域比之前宽广了许多。他创作的第一部交响乐——组曲《秧歌场景》，在莫斯科广播电台首演；他创作的室内乐《G大调弦乐四重奏》，在第二届“舒曼国际弦乐四重奏比赛”中，为中国赢得了国际弦乐大赛的第一枚奖牌；他创作的交响诗《人民英雄纪念碑》，曾先后在前西德、日本、澳大利亚、新西兰等国演出，并由香港著名指挥家林昌先生指挥，日本名古屋交响乐团灌制了唱片。

留苏期间，瞿维早期创作的钢琴曲《花鼓》，经中国青年钢琴家刘诗昆在首届柴可夫斯基国际钢琴比赛中加演，使在场的国际评委、钢琴家和听众为之惊叹。熟悉音乐的朋友都知道，这个比赛是与肖邦音乐比赛、伊丽莎白女王音乐比赛并称为世界上规模最大、最具权威性的三大音乐赛事，被认为水平最高、难度最大的“国际乐坛最高奥林匹克赛”的顶尖钢琴赛。

留苏归国后，瞿维并没有满足已有的创作水平，继续向新的高峰攀登。他参加创作的芭蕾舞剧《白毛女》，在世界各地上演了1500多场；他接受日中文化交流协会理事长中岛健藏建议，采用芭蕾舞剧《白毛女》音乐改编的交响组曲《白毛女》，曾经被中央乐团作为访问日本演奏的曲目。

上述音乐创作成就的取得，都标志了瞿维的音乐作品已经具有了进入世界音乐舞台的水准，他本人也具有了担负世界音乐使者的能力。

三

“别梦依稀咒逝川，旧游三十二年前。”秋天的布达佩斯，披上了金灿灿的盛装，看上去暖洋洋的。梦幻般的多瑙河流水，依旧闪耀着银色的波光。1981 年，作为中国出席联合国教科文组织下属的国际音乐理事会 19 届全会的代表，第二次来到这里的瞿维，心情格外激动。他记得，1949 年首次来这里参加世界青年联欢节时，还是英姿勃发的青年，而今已历经沧桑，渐入老境。其间，他以著名音乐家、中国音乐家协会副主席的身份，足迹遍布于世界多个国家和地区。国际音乐家理事会、亚太作曲家联盟代表大会及亚太地区艺术节，都有他观点鲜明、情理兼容的讲话。这次前来布达佩斯，将遵从大会纪念巴托克诞辰一百周年活动的宗旨，发表《巴托克给我们的启示》的演讲。

钢琴家、民间音乐学家巴托克·贝拉·维克托·亚诺什是匈牙利现代音乐

与享有世界声誉的钢琴家傅聪亲切握手（1985 年）

的代表人物，他的很多创举曾经深刻影响了20世纪的世界音乐艺术，一些研究者认为，他是现代音乐的开拓者之一，也是21世纪最伟大的作曲家之一，甚至将他与贝多芬相提并论。因此，研究、传播巴托克的音乐思想，对于促进世界音乐文化共同繁荣具有重要意义。

瞿维的演讲内容，是他的音乐理论研究的重要成果之一。

在第一次圆桌会议的演讲中，他首先阐述了爱国主义是贯穿于巴托克一生的红线的思想。他以巴托克给母亲的信为例："每个人到了成年时，必须决定为之奋斗的最高目标，作为他全部活动与一切行动的准绳。就我来说，在我整个一生中，我将时时刻刻、千方百计地为匈牙利民族和匈牙利祖国服务。"他通过研究巴托克《科树特交响曲》对民族英雄的歌颂，概述其早期的爱国主义热情。巴托克以其令人感动的遗嘱，展现了决不屈服于法西斯暴力的坚贞气节："在我死后，如果人们要用我的名字命名一条街，或是在公共场所为我建造纪念碑的话，我的愿望是：只要布达佩斯古老的八角广场和圆形广场仍像今天那样用这两个人的名字（指希特勒和墨索里尼）命名，只要在匈牙利还有一个广场或街道仍用这两个人的名字，我就不允许用我的名字来命名任何广场、街道、公共建筑物，我也不允许把我的纪念碑建立于任何公共场所。"

在演讲中，瞿维通过巴托克的艺术实践，阐述了"人民取得自由解放的基本力量就蕴藏在群众之中"，"要在人民的生活中去发现美的要素，通过艺术家的加工再交还给人民，用它去振奋民族精神，用它去鼓舞人民的斗争"的重要思想。他从巴托克跑遍祖国各地，其后又扩大范围，对罗马尼亚、斯洛伐克、南斯拉夫、保加利亚直到土耳其、北非的民间音乐，做了大量的收集、研究工作，看到了巴托克对民间音乐的深入研究、民族音乐的起源和相互关系，看到了巴托克的创作在表达民族精神方面达到的新境界，并从中找到了巴托克为现代比较音乐学、音乐民俗学奠定基础的途径，从中得出重要结论："艺术是属于人民的。凡是伟大的艺术家，总是站在时代的前列，表达了人民的要求。爱国主义的艺术家必然要在人民中去寻找力量的源泉。”

在演讲中，瞿维通过分析《舞蹈组曲》《小宇宙》《乐队协奏曲》《第三钢琴协奏曲》等范例，揭示了巴托克独特的创作思想与音乐风格，即在继承传统的同时，发扬创新精神，把鲜明的民族特点与现代音乐发展中所达到的先进技巧，高度完善地结合起来的思想深刻、风格新颖的作品思路——尊重古典原则和民间音乐传统，反对各种臆造的体系和脱离历史发展的所谓“创新”。同时，善于吸收各种表现手法，使之变为自己的东西。这是不同于前人的、经过自己开创出来的新路径。因此他认为，巴托克的作品对于中国乃至世界的同行们具有极大的吸引力。

在演讲中，瞿维指出了匈牙利与中国音乐发展过程中存在着某些因缘关系。他以巴托克“古老的匈牙利五声音乐是中亚土耳其、蒙古和中国五声音阶大中心的一个分支”的结论为例，并引证匈牙利音乐家萨波奇的《匈牙利音乐简史》中的论述，来验证巴托克关于中国和匈牙利曲调相似的论点；他根据中国和匈牙利在音乐上存在着的共同点，提出了学习巴托克关于收集、整理、研究民间音乐的方法，借鉴其把现代作曲技巧与民间音乐相结合的经验，去开采中国民

瞿维（右二）与音乐家们瞻仰巴托克塑像（1981年）

间音乐的矿藏，以此增进中匈两国音乐工作者之间的友谊和相互了解的愿景。在讲话的结尾，瞿维以散文诗一样的语言，祝愿中匈两国人民之间的友谊像多瑙河、扬子江那样奔流不息！

身为音乐使者，瞿维在研究、宣传世界伟大音乐家的先进音乐思想的同时，始终牢记自己的责任和使命，珍惜在世界音坛宣传中国及中国音乐文化的机会。

1984 年 11 月，瞿维出席了在惠灵顿举行的亚太作曲家联盟代表大会及亚太地区艺术节。会上，他以中国音协代表团团长的名义，作了题为《中国音乐家的职责——为人民而作》的发言。他向与会人员宣传了以聂耳、冼星海为代表的中国爱国主义音乐家站在时代前列，用歌声号召“不愿做奴隶的人们”奋起抗争的光辉历史；阐述了中国作曲家为人民服务的宗旨和建设社会主义的民族新音乐的目标，并从历史的纵横汇合点上，提出了中国作曲家为实现这一目标的措施；他从作曲家是“人类灵魂的工程师”的高度，阐述了中国音乐家的理想；他在向世界介绍中国作曲家的创作环境和工作状态的同时，号召作曲家要学习古今中外的一切优秀音乐遗产，取得作为表现人民生活的参考和借鉴。他说，中国的民族音乐是一座尚未完全被开采的丰富矿藏，它是我们祖先巨大智慧所创造的成果，这对于发展新音乐具有重大意义。同时，外来的音乐文化也向我们提供了有益的经

①

②

①瞿维在维也纳施特劳斯纪念碑前（1985 年）
②瞿维在奥地利“音乐天堂”萨尔茨堡（1985 年）

验。我们要根据古为今用、洋为中用的原则，使它们成为有益的养料。

会议期间，瞿维去了位于新西兰罗托鲁阿市郊区的毛利纪念馆参观。毛利人是新西兰的土著，是由原始直接过渡到现代的民族。毛利文化，是新西兰生活中不可或缺的一部分。临行前，新西兰作曲家协会主席告诉瞿维一行人说，毛利族的古老风俗是用歌声表达友谊。希望朋友们也能用歌声来答谢。瞿维自告奋勇地准备了一首中国民歌。

进入庄重而古朴的毛利纪念馆时，妇女们唱起了一首朗诵性的欢迎歌曲，大多用同音反复。欢迎的人们，逐个以毛利人传统的问候方式，和瞿维等代表轻轻互碰鼻子和前额。仪式开始后，各个国家的代表们分别唱起了本国的民歌。瞿维给出席欢迎仪式的人们唱了一曲《无锡景》：

我有一段情呀
唱拨拉诸公听
诸公各位静呀静静心呀
让我来唱一段无锡景呀
细细呀　道道呀
唱拨拉诸公听呀

天下第二泉呀
惠山脚半边
泉水碧清茶叶泡香片呀
锡山么相对那惠泉山呀
山脚下　两半边
开个泥佛店呀
……

曲调以苏州评弹的形式演唱，婉转抒情，软糯之至，优雅动听；歌词宣传了无锡的美景和风俗文化。歌声落音时，出席欢迎仪式的朋友们似乎还感觉余韵犹存。掌声过后，他们立刻围上前来请教："您唱的这首歌是什么地区的？""真是太好听了！"来自中国香港、中国台湾地区和新加坡的朋友尤感兴趣，还要把谱子抄写下来。瞿维感到，具有江南特点的歌曲在有着共同文化传统的朋友们心中，更容易引起共鸣。回国以后，瞿维把此行的收获写下来，以《毛利族的欢迎仪式》为题，发表在《新民晚报》上。他希望国内的读者能够通过他的介绍，了解不同国度、不同音乐文化的风格。

"他山之石，可以攻玉"，这是瞿维学习外国经验的指导思想。莫斯科音乐学院教授德·罗加尔·列维茨基，是瞿维留苏时的老师。他曾经做了一个题为《管弦乐队讲话》的系列广播讲座，详细生动地讲解了交响乐队各个乐器的来龙去脉，颇受欢迎。此后，他又根据大量的史料，通过许多作曲名家创作手法中的实例，撰写了《现代管弦乐队》一书。这册书由绪论、弓弦乐器的小提琴、中提琴、抒情古提琴、大提琴、低音提琴等内容组成，对管弦乐队及其常用乐器的历史及其性能、演奏和音响等各方面的特点，做了深入浅出的介绍和文笔生动的叙述，可以说既是一部通俗的乐器学，也是一部颇具兴味的有关管弦乐队和乐器的史话。同时，作者尽可能地介绍了一些在管弦乐队采用了的中国民族乐器总谱，特别选择了那些在中国听众中已经获得承认的作品片段，其中也包括尚未出版的手稿。这些内容对于我国音乐工作者和音乐爱好者，对创作人员和专业从事管弦乐指挥、演奏的人员尤为需要。有鉴于此，瞿维遂与吴祖强等同学，着手翻译了《现代管弦乐队》的第一卷·第一分册。1984 年，由人民音乐出版社出版。本书在给我国音乐家提供现代管弦乐知识的同时，也起到了增进两国音乐家感情的作用。

第十一章
“脱离电影母体的音乐”

TUOLI DIANYING MUTI DE YINYUE

一

在新中国电影发展史上，寄明既是见证者、参与者，也是探索者。据不完全统计，从 1955 年调入上海电影制片厂到 1982 年离休，由她作曲的故事片有《平凡的事业》《凤凰之歌》《李时珍》《金沙江畔》《鲁班的故事》《英雄小八路》等 15 部，纪录片、动画片 9 部。其中，《寄明歌曲选》里刊载的电影故事片歌曲计 16 首，入选人民音乐出版社出版的《中国电影百年经典歌曲》的有 3 首。由此可见，电影歌曲是她电影音乐中的一个重要组成部分。

我细心研读了《中国电影百年经典歌曲》的《前言》，了解了编选标准，方知入选作品的不易：一是要考虑歌曲自身的艺术成就、在群众中流传或受欢迎的程度；二是歌曲在电影中发挥的作用；三是要看影片的创作成就以及在中国电影史上的地位。我从目录上看到，从 1926 年我国第一部有电影插曲的故事片《良心的复活》开始，那些名震中华的优秀作曲家，几乎都参与了电影音乐创作。老一代的有聂耳、冼星海、任光、刘雪庵、吕骥、贺绿汀、王云阶等；与寄明同时代的有马思聪、江定仙、沙梅、张棣昌、瞿维、马可、刘炽、雷振邦等；新一代的有傅庚辰、秦咏诚、谷建芬、王酩、吕远、王立平等，多得真是数不胜数。因此说，在对于创作年代较近的作品偏严的情况下，寄明有三首作品入选《中国电影百年经典歌曲》，是很了不起的成就。

入选作品中，创作时间最早的一首，是寄明进入电影音乐创作领域刚刚两年时，为电影故事片《平凡的事业》创作的插曲《好阿姨》。词作家于之的歌词写得朴素无华：

好阿姨 好阿姨，
阿姨像妈妈，宝宝听你话。
跟您学唱歌，跟你做游戏，
亲亲热热笑哈哈，
做个快乐的娃娃家。
好阿姨 好阿姨，
跟您在一起就像在家里

好阿姨 好阿姨，
阿姨像妈妈，宝宝听你话，
跟您做早操，跟您学礼貌，
皮球木马大家玩，
我们都是好娃娃。
好阿姨 好阿姨，
跟您在一起，就像在家里

寄明的旋律充满了童真童趣，轻松快乐。我重温这首在浑然不知世事时就莫名喜欢的歌，不由地想到，这首歌应该是我的同龄人初进幼儿园时学会的第一首歌，也应该是给无数的父母解除后顾之忧，给千百万家庭送来温暖阳光的

“好阿姨”的一首精美的赞歌。

这首三段体的儿童歌曲，歌颂的是光荣而平凡的保育工作。在这首歌曲中，作词家于之用小朋友的语气，提出了希望阿姨像妈妈，幼儿园像自己家的心之向往、美好追求。作曲家寄明，根据词作家的语气，在第一段，使用了稍长一点的旋律线条，表达出了小朋友亲切地呼唤阿姨的心愿；在中间段落，用了轻快而短促的节奏，刻画了小朋友们活泼欢快的生活；最后一段的节奏，再现了小朋友对阿姨的呼唤和美好愿望的表达。钱亦平在《用心血捕捉儿童的心声》一文中评价说：“《好阿姨》在音区上，则主要控制在六度以内，节奏则力求简单，甚至连附点音符和切分节奏都没有，歌曲的音调朗朗上口，接近口语。”这样的歌曲，简单易学而又抒发了儿童心中的快乐之情。这首插曲对推动故事情节发展和揭示情感有着重要作用，极富感染力。

入选《中国电影百年经典歌曲》的《我们是共产主义接班人》，是故事片《英雄小八路》的主题曲，被称为一座巍峨辉煌的少年儿童音乐的纪念碑。据瞿维与寄明的女儿方方回忆，母亲为了让《英雄小八路》电影的主题曲，能真正反映主人公的思想感情变化，专程从上海赶到厦门采风，亲自走访“支前小英雄”，

①寄明（弹钢琴者）与黄准为电影故事片《雾海夜航》谱曲（1957 年）
②寄明在家中创作（1981 年）

听他们讲述冒着炮火上前线，给解放军叔叔送饭送水、洗衣裳、擦炮弹的英勇故事。通过近距离接触，母亲在对新中国少年儿童为实现革命先辈的理想，勇于奉献一切甚至生命的崇高心灵和豪迈奋发、一往无前的英雄气魄，有了深刻体会后，找到了最能体现影片主题的旋律。影片中的主题歌《我们是共产主义接班人》，经上海人民广播电台少年儿童合唱团演唱后，更是起到了推动电影故事情节发展，达到了锦上添花的境界。到如今，这首歌的历史价值和所产生的影响，早已远远超过了影片本身，是寄明年富力强时的巅峰之作。

入选《中国电影百年经典歌曲》的《燕归来》，是同名故事片的主题曲。影片描写了知识分子路燕被错划为右派，毅然离开丈夫林汉华，远去内蒙古草原"劳动改造"的坎坷人生经历。改革开放初期，她像燕子一样飞回人民的怀抱，与爱人林汉华重逢在旧日的湖边，百感交集：

杨柳依依小湖边
似梦似真又相见
悄然燕归来
不堪忆当年，不堪忆当年
伤痕泪迹何须寻
化作春风荡心田，荡心田

杨柳依依小湖边
又惊又喜情难言
花落又重开
放眼望明天，放眼望明天
寒冰严霜消逝尽
永留春光暖人间，暖人间

画外响起的主题曲里，既饱含着喜悦之情，也有痛苦的回忆；既有相聚的激动，还有难以言喻必须克制的情感，情感细腻而复杂。前面的 3/4 拍，是两位主人公不堪回首的记忆，激动与哀伤交织；后面的 2/4 拍段落，情绪有了明朗而坚定的变化，待到“花落又重开，放眼望明天，寒冰严霜消逝尽，永留春光暖人间”的时候，寄明将清新委婉的旋律，通过切分与三连音的多个使用，铸成了歌曲的高潮，表示要把痛苦的过去化为激荡人心的春光，抒发了张开双臂，拥抱新生活，寄希望于未来的美好情感。“作为主题曲，在这样一首短短的歌声当中，含有了相当大的思想容量和丰富的感情变化”，这也赋予了这首主题曲具有深情凝重的感染力。

歌唱家钱曼华记得，《燕归来》影片进入最后录音剪辑阶段时，正是暑热难耐的盛夏时节。但她在拍摄现场就感受到了同志们对这首歌曲的喜爱。在录音结束的路上，她完全忘记了夏日的燥热，心绪依然停留在电影歌曲的意境中。回到家里，立即给寄明写了一封长信说：“感谢你对我的信任，给了我一首这样好的歌曲，使我从中得到锻炼和提高，我深信它将会感动千千万万的观众的。”

①寄明（右）与音乐编辑家潘奇（左）相逢在上海之春音乐节（1964 年）

②瞿维（后排右五）与寄明（前排右二）和延安鲁艺音乐系的同志们在上海之春音乐节（1964 年）

钱曼华的预言果然应验了。这首优秀的电影主题曲，因其动人的旋律与洗练的歌词相辅相成，鲜明的思想在情景交融的画面中深刻体现出来。影片上映后不胫而走，被广泛传唱。在入选《中国电影百年经典歌曲》不久，又被收入《中国电影百年歌曲精粹》（3）和《抹去吧，眼角的泪——十大伤痕电影歌曲音乐专辑》。这是寄明在经受了“文化大革命”迫害之后，离休之前创作的最后一部影片插曲。

王国维先生有人生三境界之说，中央音乐学院音乐学研究所副研究员、中国当代音乐博士项筱刚也有电影音乐三种境界的说法。他在《穿越时空的“一条大河”——歌曲〈我的祖国〉是怎样诞生的》一文中指出，音乐镶嵌于电影之中，成为电影这门综合艺术的一部分，是第一种境界；音乐贯穿于电影的故事之中，有力地推动着故事情节的展开，是第二种境界；音乐能够脱离电影母体，可以作为一门“纯音乐”作品而独立存在，是第三种境界。很显然，寄明创作的电影歌曲《好阿姨》《我们是共产主义接班人》《燕归来》已然进入了电影音乐的最高境界。

其实，作为脱离电影母体可以独立的电影音乐，在寄明的创作成果中远不

①寄明在井冈山黄洋界（1965年）
②寄明在山西文水县瞻仰刘胡兰纪念碑（1975年）

止这三首。如，《平凡的事业》影片中的插曲《看我们小朋友生活是多么好》，也是一首旋律轻松、音调活泼的幼儿歌曲，深受小朋友的喜爱。再如，《英雄小八路》电影的插曲《给解放军叔叔洗衣裳》，因为完整演绎、抒发了孩子们帮助解放军叔叔干活的甜美、喜悦的心情，成为流传广泛的少年儿童歌曲。还有她为故事片《春天来了》创作的《让我开花结莲蓬》《大雁飞过淮河岸》（均为鲁彦周作词）的电影插曲，由于借鉴了安徽民歌的曲调而富有民族特色，很快在群众中流传开来，并被录制成唱片发行。后一首《大雁飞过淮河岸》还被选入音乐学院的声乐教材。

二

电影是一门综合艺术，音乐是其中的重要组成部分，是对电影本身的解读。就是说，电影音乐既有电影方面的特征，又有音乐方面的特征。一部好的电影，不仅要有美丽的画面和动人的故事，更离不开触动人心的配乐。精彩动人的电影原声旋律，常常成为电影观众长久珍藏的美好回忆。因此，音乐与画面紧密结合，为表达影片内涵服务，是寄明首先考虑的问题，每当为影片配乐时，总是要精心设计最能突出主题思想、揭示剧中人物的思想和心理活动，使人物形象的塑造更立体化，并且能推动剧情进展的音乐。

这一点，我在欣赏寄明配乐的历史人物传记片《李时珍》时深有体会。面对李时珍的光辉形象，寄明在反复研究剧本深意，理解他为民行医、悬壶济世的伟大抱负之后，从延伸影片的思想内涵，发挥音乐艺术功能的愿望出发，运用了男女声二重唱、混声合唱的方式，将李时珍的五言诗“身如逆流船，心比铁石坚，望父全儿志，至此不怕难”作为主题曲，创作了高亢激越的旋律，以此贯穿影片首尾，恰如其分地渲染了李时珍的内心世界，实现了音乐与剧情内涵和画面的对接与融合。

在影片的开端，英气勃发的李时珍因为讨厌八股文，乡试落第，他和年迈的父亲李月池，乘坐一叶扁舟在江水中静静前行。垂首凝眉的李时珍，在脑子里生发了一个要像父亲那样做一个能为人民消灾免祸、救亡扶伤的医生的崇高理想。他激动地对父亲说：“爸爸，就让我来继承您的事业吧！”父亲并没有立刻回答他的请求，而是遥望江面上那些破衣烂衫、面容枯槁的船夫，一步一弯腰地在漩涡中拖着船，逆水行过险滩的画面，反问他：“你以为做一个真正的医生容易吗？”此时，画面响起了“身如逆流船，心比铁石坚，望父全儿志，至此不怕难”的主题曲。气势如虹的歌声，具有划破苍穹、势不可当的穿透力，表达了李时珍坚不可夺、立志行医的伟大理想。父亲默许了他的请求，说了两句意味深长的话：“你的一生，就像这只船一样在逆流里，虽然处处是困难，可还要往前进。”父亲的话，与船夫拉着纤绳、喊着号子、逆流而行的艰难步履，一起珍藏在李时珍的心底。

影片接近尾声，长须飘髯的李时珍完成重修《本草》的夙愿，但因无法完成刻印而一筹莫展。返乡途中，幻觉突现的他，听见了远处传来的船工号子，一路疾行，来到江边，惆怅地望着迷茫的江面。这时，“身如逆流船，心比铁石坚，望父全儿志，至此不怕难”的歌声在画外出现。画面与歌声相辅相成，恰如其分地刻画了李时珍身处逆境、不屈不挠、坚忍顽强的性格。宽阔无边的江面，犹如李时珍襟抱河山的壮阔胸怀。此时的音乐，情景交融，不仅完成了影片“凤头豹尾”的使命，还意味深长地揭示了影片主题，达到了与画面的完美结合，与李时珍内心情感的完美结合，不仅为李时珍的伟大形象增添了一个光辉夺目的闪光点，而且，让观众从他修《本草》的坎坷遭遇中，看到了封建社会的残酷、黑暗。

为了给《李时珍》电影寻求最好的配乐形式，使其更具时代特征，熟知音乐创作规律和配器技艺，精通二胡、扬琴、琵琶、钢琴等中西乐器演奏的寄明，并不满足于这些得天独厚的实力，而是又从李时珍所处的明代社会背景出发，注重了对民族特色乐器古琴的利用。创作之前，她与著名音乐家李焕之就《李时珍》这样的电影片要不要全部使用中国乐器，特别是要不要用古老的乐器——古筝、古琴等问题，进行了深入交流。在得到李焕之的赞成以后，她更坚定了运用好古琴的信心。于是，她不辞劳苦，拜古琴名师学习演奏技巧。她深知，如果能在电影《李时珍》里，运用古琴这一我国最古老的弹拨乐器来演奏乐曲，对增强艺术感染力，具有特殊意义。因此，寄明在作曲时，创造性地配置了音区低沉，音色明净浑厚，风格古朴的古琴弦乐。她利用古琴轻灵清越的泛音，沉着浑厚的散音，舒缓、激越、凝重的按音，与幽怨迷离、如泣如诉的箫音相配，很好地衬托出李时珍不畏强暴，扶助弱小，为修《本草》而不惜献身的精神；渲染出了青年李时珍的稚真倔强，中年时的坚毅执着和进入老年之后的敦厚深沉的精神气质和性格特征。从影片开始，古琴声就伴随着李时珍走过了漫长崎岖的人生旅程，创造性地复活了李时珍的光辉形象。

我对《李时珍》电影的喜爱，应该代表了普通观众的欣赏水平。但是，世界电影界的大师的评论，却让我有了一点沾沾自喜的骄傲。有一天，我从一篇评论文章中得知，香港《明报》月刊曾经刊登过《英国电影学者谈中国大陆电影》的访问记，被访问者汤尼·雷恩长期致力于国际电影的推广与影像制作，尤为关注东亚电影的创作与推广，被称为“亚洲电影教父和伯乐”，是西方看过中国电影最多的电影学者之一。于是，我沿波讨源，在图书馆找到了这篇文章。阅读过后，大有如获至宝的感觉。

1979 年，为了在伦敦举办中国电影回顾展，中国电影公司邀请汤尼·雷恩来北京看片。在看到的 30 多部影片中，汤尼·雷恩认为《李时珍》是传记影片中的最佳影片。他在接受访谈时说：“这是一部极出色的黑白影片。”“《李时珍》这部传记片是同类影片中最佳的。……无论在编、导、演和配乐上都具有一种认真态度， 而且风格统一。 这点在我看过的中国影片中实在是极为少有的。”汤尼·雷恩还说： “中国在这部影片拍好二十三年以来，从没有想到向西方推介，可能他们认为西方没有人会看一部黑白中国草药影片罢。但其实这正是一部西方观众最感兴趣而且又可以为中国电影争取国际声誉的影片。”他认为，在看到的 30 多部影片中，《李时珍》毫无疑问是一部可以在西方参加重要影展和作为艺术电影广泛发行的作品。如果英、美、法等艺术电影院的人士看到这部影片，他们必定会立刻争取来上演。在访谈即将结束的时候，他再次强调说：“《李时珍》是一部严谨而品质高贵的影片。”他表示，一定会尽力推介《李时珍》，在全英艺术院线努力推荐这部影片的发行。他坚信这部影片在西方会取得成功。

电影作为最具特色的一种综合艺术，需要很多人的通力合作。传记片《李时珍》成就的获取，无疑得力于编剧张惠剑、导演沈浮、主演赵丹等出色的艺术劳动，但作曲家寄明的精彩配乐，同样是功不可没的。遗憾的是，在我看到的《李时珍》影评中，多的是对于主演赵丹的赞赏，而对于音乐及其他方面的评价却很鲜见，这不能不说是一个缺失。

三

在电影音乐创作领域，寄明收获了令人瞩目的成就。通过研究她的电影音乐我发现，浓郁的民族风格是她的音乐作品的鲜明特色。

寄明这方面的处女作《陈秀华》，是荷兰著名导演伊文思执导的纪录片《五朵花》中的一个短片。《五朵花》由五个独立短片组成，反映了中、苏、意、法等五个国家的妇女生活。在这部短片中，寄明用浙江乡土气息浓郁的山歌为素材，将新中国妇女陈秀华当家做主的幸福生活和欢乐自豪的感情，展示得生动活泼、富有韵味。当秀发飘飘、满面笑容的陈秀华缓步走出稻田，在银屏上初现的时候，“秋季到来稻谷香哎”的苏南民歌悠然而起，充分显示出了寄明对电影音乐的创作和运用的独到见解，以及运用电影音乐的深厚功力。

1957 年，编剧鲁彦周根据家乡安徽多年来存在的童养媳的事实和农村唱山歌的习俗，将传说与现实相结合，写出了风格独特的剧本《凤凰之歌》。影片描写了童养媳金凤在公婆的虐待、未婚夫的遗弃、封建宗族势力的打击、落后群众嘲笑的环境中， 接受党的教育，大胆斗争反抗， 争取幸福解放，最后成为当地第一个女干部的故事。

这部影片最突出的一个特点是插曲多。在一遍遍的研读剧本、理解剧情之后， 寄明来到淮河岸边采风。她在笔记本上记下了皖南民歌细腻甜美、纯朴优雅的曲调，皖北民歌粗犷朴实、色彩明快的旋律，还有热情奔放、边歌边舞的凤阳花鼓；汲取安徽民歌的音调，为《凤凰之歌》电影配乐，并为鲁彦周作词的《凤凰啊，你在哪里躲藏》《山下有花山上有凤凰》《黄莲树为什么那样苦》《山上花落又花开》《童养媳也要活得像人样》《他们只生下我一条命》等 9 首插曲谱曲。其中的《山中的凤凰为何不飞翔》，由著名电影表演艺术家孙道临和北京歌舞团女高音歌唱家林明珍演唱后，成为当时年轻人特别喜爱的流行歌曲，曾经在新中国成立十周年大庆前夕，入选《上海十年歌曲选》；由著名歌唱家王昆演唱的《一把镰刀一片心》(赵明词)，同样受到观众们的喜爱而广为传唱；

①寄明在大寨采风（1975 年）
②寄明在济南趵突泉（1975 年）

上海音乐出版社将《凤凰之歌》与《女篮五号》的电影插曲，同时出版发行。

《燕归来》电影插曲《欢迎远方的客人》，是一首男声独唱。歌唱的背景，是主人公路燕被下放到内蒙古草原劳动改造时，蒙古族人民张开了热情的怀抱，在篝火旁弹起了马头琴，吃“手把肉”，喝马奶子酒，听蒙古民歌，欢迎她的到来。这首歌的伴奏，采用了蒙古民族的代表性乐器马头琴，使乐曲具有深沉粗犷、激昂而欢乐的草原风格。

中国音乐家协会原副主席孙慎曾经说过：“寄明在音乐创作上取得的这些成就不是偶然的，是她自觉地坚定地遵循党指明的文艺方向的结果。她始终没有忘记作为一个人民作曲家应尽的责任。她沿着以聂耳、冼星海为代表的革命音乐道路，学习他们的创作经验和优良传统，努力使自己的作品成为时代的强音，成为鼓舞人民前进的力量。为此她尽一切可能深入实际生活，感受时代前进的步伐，熟悉和表现人民的新的思想感情；在艺术上则努力探求具有民族特点的新的表现形式。凡此种种，就是寄明在创作上取得成就的根本原因所在，也是我们应该向她学习之处。”孙慎的这段评论，对我研究寄明电影音乐创作

寄明（右一）去上海农村参观（1981年）

的成功要素，起到了指引作用。

关于寄明的艺术成长道路，其幼子旦明有过如下一段介绍：

抗战以前，母亲在上海国立音乐专科学校学习四年，曾经受到了资产阶级美学观点的熏陶。那时候母亲只知道西欧音乐艺术，看不起我国的民族民间音乐。抗战以后，虽然受爱国热情的感染，在参加四川、贵阳等地的教师服务团工作时，经常在学生和工人群众中教唱抗日救亡歌曲，但是艺术观点并没有发生根本的转变。到了延安以后，母亲还穿过洋气的演出服装，给那些从来没有接触过西欧音乐的干部和群众，演奏那些曾经用功练习过的西欧古典乐曲、歌剧选曲和小提琴、大提琴的独奏曲、重奏曲。母亲后来给他回忆起当时的情景，还觉得自己幼稚得好笑。是延安文艺座谈会为母亲日后的音乐教学与创作实践奠定了方向。

母亲发表在《解放日报》的《指路明灯》一文中曾经回忆说："我永远也忘不了那个激动人心的时刻——有人轻轻地说：'主席来了！'我们马上停止了热烈的交谈，不约而同地站了起来， 把注意力集中到正在走进会议室的主席身上。他那高大的身躯，容光焕发而又慈祥的笑脸。唰的一下，似乎把整个会议室都照亮了。他从容地走进来，和每一个与会的同志亲切地握手，并且询问我们的姓名和工作。当我握住他那只温暖的大手时，内心的激动真是到达了极点。……尤其使我深为感动的是，他举出了自己情感上变化的例子来教育我们，使我们看清楚一个知识分子改造自己的必经之道。"

母亲说："是毛主席的讲话，像明灯一样指引了我前进的方向，使我获得了艺术的智慧，从那时起我才认识到去民间采风的重要。"

在《讲话》精神的鼓舞下，寄明从练琴的小房间里走出来，到群众中学习丰富的陕北民间音乐，参加延安的大秧歌运动，并尝试着用刚学来的民间音乐语言写作了一些曲子，虽然都是些不成熟的东西，但却使她懂得了如何用群众熟悉的音乐语言来反映人民生活的新知识。从此以后，寄明懂得了民族民间音乐并不像自己过去认识的那样简单、没有学头，而是那样的美妙动人，情感深厚。对民间音乐的学习，此后她更是恪守不渝，再也没有忽略过。

东北解放战争时期，她不辞辛苦，系统记录、整理、研究民间音乐，出版了新中国第一本《东北蹦蹦音乐》专著。在新中国成立初期担任东北音乐专科学校副校长兼任教务主任时，她为了补充民间音乐教材不足的问题，把民间音乐理论学习作为重点，系统地研究了《民间音乐十九讲》。我在她的笔记上，看到她从宏观地研究民间音乐的意义开始，到微观地进行民间劳动音乐、说唱音乐、戏剧音乐、民间器乐的专题探讨，而后深入民间音乐与创作的关系、民间音乐与新音乐运动的关系等问题。同时，她还注重向身边的同志学习民间音乐研究的经验，其中有“小调大王”安波的《研究民间音乐的态度与方法》、李焕之的《民间音乐曲调研究》、雷振邦的《民族乐器配器法》等。

在进行民间音乐理论研究的同时，寄明还注重民间音乐的搜集。她的采风笔记，几乎就是全国各地民间音乐集锦，当中民歌、古曲、器乐演奏等不一而足。其中有新疆伊犁自治州的《冬不拉》《战斗在荒原》《叫我如何不歌唱》的曲调，以及热瓦普弹唱《和田好得很》《帕米尔的欢笑》《银丝结友谊》等；有皖南的《划龙船》、皖北的《打麦歌》《笙箫管弦齐奏曲》，还有凤阳花鼓调《雁落沙滩》《一把扇子》；有闽南民歌《满心愿意情郎来》、民乐《芗曲联奏》，还有无锡、温州、徽州、淮北、河北、湖南等地的民歌、小调，甚至还有美国的《牧童之歌》、日本的《出征之歌》《樱花歌》的记录。她在厦门创作《英雄小八路》电影音乐时，采录的民间音乐就有《红楼梦调》《凤凰调》《悲调》《喜调》等十多首。这种深入民间采风的活动，贯穿了她的整个后半生。她走遍祖国各地，用心倾听各族人民的音乐心声，苦心研究各民族的民间艺人，运用各种不同乐器和演奏方法，并且在不同的影片中加以借鉴。她深入淮河岸边采风，汲取安徽民歌的音调，为《春天来了》《凤凰之歌》电影配乐；她前往四川、西藏、云贵体验生活，为故事片《金沙江畔》作曲；她远赴新疆生产建设兵团，为艺术性纪录片《革命熔炉练新人》配乐，创作主题歌《高举红旗踏上征途》；她多次走进工厂、农村、部队，先后为《春满人间》《春天来了》《长虹号起义》《鲁班的传说》等故事片作曲……

丰富的民间音乐积累，使寄明的电影音乐创作，具备了进入“脱离电影母体的音乐”这一更高境界的重要条件。

有人评论说，寄明是一位充满母性光辉的作曲家。她钟爱孩子，不仅爱自己的儿女，也爱姊妹的孩子，爱同事的孩子。新中国成立之初，寄明回家乡苏州，把两个姐姐的孩子春晖和小牛先后带到沈阳、上海上学，像养育亲生儿女一样精心。在她 1952 年的日记上，我偶然看到了她绘制的简单图表，上面记录了儿子凯凯和春晖、小牛三个孩子的学习情况，其中有加分、减分、总分。她给三个孩子的伙食费，也是一视同仁，每个月每人 12 元，购买衣服的价格也都一样。

寄明、瞿维与林路（右）参加聂耳诞辰 70 周年活动时合影（1982 年）

寄明的老同事蓝为洁回忆说，儿子汤沐海小时候喜爱作曲，经常去请教寄明阿姨，每次她都认认真真地予以修改指正，重点的地方还要圈圈点点。“文化大革命”中物资最紧缺的时候，汤沐海有一天回到家里高兴地对妈妈说：“我今天在寄明阿姨家里喝鸡汤啦！”

在寄明的心里，全中国的小朋友都是祖国春天的花朵。她把这份博大的爱，化作斑斓多情的音符，在电影音乐中，塑造出不同风格的儿童音乐形象。在歌颂幼儿教师的故事片《平凡的事业》中创作的《好阿姨》等四首儿童歌曲，以活泼、欢快、质朴的音调见长， 生动地表达了幼儿园小朋友的欢乐心情和对老师的敬爱和信赖。她用充满激情的音乐之笔，为故事片《英雄小八路》创作的主题歌《我们是共产主义接班人》和插曲《给解放军叔叔洗衣裳》，塑造了新中国少年儿童朝气蓬勃和昂扬向上的音乐情绪，雕刻了高耸在孩子们心灵里的少年英雄群像，成为少年儿童音乐的传世之作。这是她电影音乐创作的又一个显著特色。

第十二章
将音乐之美惠泽更多心灵

JIANG YINYUE ZHIMEI HUIZE
GENGDUO XINLING

一

在上海交通大学采访的时候，胡企平教授送给我一本纪念建校 120 周年的珍藏版文集——《合唱在上海交通大学》。静心阅读，发现这部厚重的著述，在清晰记述了上海交大艺术教育的历史发展道路的同时，还留下了瞿维晚年倾力于交大音乐教育的珍贵记录。

改革开放之初，沐浴着春风的交大，重提老一辈教育家的美育理念，加强了艺术教育第一课堂的建设，于 1981 年 10 月，成立了音乐研究室，聘请瞿维兼任音乐研究室主任和校级艺术顾问，并在文治堂隆重召开音乐研究室成立大会。

接过聘书的那一刻，瞿维的心情特别激动。他很清楚，历史悠久的上海交大，在美育方面有着引以为自豪的传统和基因。建校一百多年来，这里先后走出了“学堂乐歌之父”沈心工、“中国合唱鼻祖”李叔同、著名画家朱屺瞻、旅美表演艺术家卢燕、著名翻译家傅雷、中国近代著名记者和出版家邹韬奋等一批文化艺术名家；世界著名科学家、空气动力学家、中国载人航天奠基人钱学森，堪称交大校友中科学与艺术相通、相融的典范；特别是曾任南洋公学特班总教习、民国首任教育总长、上海交通大学校长的蔡元培首倡美育主张，他说：“美育者，应用美学之理论于教育，以陶冶感情为目的者也。……美育者，与智育相辅而行，以图德育之完成者也。”这一美育主张对于学校的发展产生了深远影响。

瞿维深知，交大的聘书里，承载了恢复美育传统，培养塑造德智体美全面发展的一代新人的重要责任，饱含着提高大学生文化素养、道德品质、审美情操、审美理想的热望。他想起了作曲老师刘质平提倡的“使社会人生受着音乐教育的谐和、感化”的理念，想起了当代著名美学家、文艺理论家、教育家朱光潜关于“如果美育是教育中一项要目，美育的最好工具就应该是音乐”因而“我们必须普及音乐教育”的论述，决心尽职尽责，辛苦耕耘，以不负交大的厚望。当然，瞿维很清楚，经历了“文化大革命”的交大，音乐教育已经沉寂多年，起衰振弊，谈何容易！他深知，开展音乐教育工作，需要的不仅仅是认识，更重要的是扎扎实实的实践。

上任伊始，瞿维根据音乐研究室成立时，学校党委提出的创作新校歌的意愿，立即和诗人于之着手创作《上海交通大学校歌》。于之在歌词写道：

相聚在东海之滨
汲取知识的甘泉
交大 交大 学府庄严
师生切磋 共涉艰险
为飞跃而求实
为创业而攻坚
同学们 同学们
振兴中华 振兴中华
宏图在胸 重任在肩

迎向那真理之光

扬起青春的风帆

交大 交大 群英汇聚

同舟共济远航彼岸

为自强而奋发

为人类多贡献

同学们 同学们

饮水思源 饮水思源

母校的光荣 长存心田

根据歌词的意蕴，瞿维从校歌是群众歌曲的特殊体裁出发，采用了抑扬格的节奏，以颂歌与进行曲相结合的音乐风格；全曲以主副歌的形式，整个曲调共分 19 小节，其中的 1 至 9 节作为主歌，10 至 19 节作为副歌。这样，它的音乐结构布局就显得合理、清晰，可以充分表达出交大同学们的自豪感和奋发向上的精神。

五四运动百年纪念日那天，我在央视新闻里看到了交大同学演唱校歌的青春面庞，积极向上的风度气质。那优美动听的旋律，气势磅礴而富有感染力的声韵，与饱含爱国主义、国际主义思想，体现艰苦创业、追求真理精神的歌词，相映生辉，互为彰显，唱出了交大学生对母校的热爱深情。这首歌被评论为：“最好听的高校校歌，没有之一。”《上海交通大学音乐教育发展史》把校歌评价为 1981 到 1984 年间最重要的成果之一。原国家副主席、交大校务委员会主任王震在听了校歌录音之后，立即写信表示赞赏，他号召全体同学要“练习唱熟，用歌声奋勉学生学习”。

在唱响校歌，拉开交大艺术教育序幕的同时，瞿维把音乐教学与科研纳入工作日程，亲自规划开设了《读谱与乐理》《音乐理论基础》《钢琴音乐》《中国民族音乐欣赏》和《外国音乐名作分析》等选修课，还围绕丰富学生课余生活、增长学生音乐审美知识和活跃校园音乐文化的目标，开设了全校性的定期音乐讲座，并与视听室建立了协作关系，陆续完成了《上海交通大学音乐选修课教学大纲简表》，在指导思想上突出了音乐教育与审美相结合，在实施手段上采用了3个层次、螺旋式循环递进的方法。该大纲简表荣获“高校音教学会教学优秀集体奖”。教研室为此撰写的论文《关于普通高校音乐选修课教学大纲》，获全国首届教育科研优秀成果二等奖。音乐工程实验小组，攻关完成了《电子钢琴触键力度分析》论文和实验报告、音乐素质测试两个层次的录音工作。

①上海交通大学大学生合唱团在第六届上海之春演唱瞿维创作的《油田颂》（1965年）
②瞿维为老干部合唱团伴奏
③瞿维和寄明在常州市少年宫（1982年）

到1988年国家教委下达关于《普通高等学校普及艺术教育的意见》时，音乐研究室已先行一步，将音乐选修课逐渐改革、探索，发展到了30余项。其中既有提高鉴赏能力的《读谱与乐理》《中国民族音乐欣赏》《外国音乐名作分析》《外国歌剧名著欣赏》《合唱与指挥》《二声部作曲法》《交响乐欣赏》《钢琴音乐》等选修课，又有学习技能的《管乐合奏》《吉他弹唱》《弦乐合奏》《话剧表演》和小号、长号、单双簧管、萨克管，小、中、大提琴和打击乐等器乐演奏课。在整个学校，音乐选修课和演奏课，影响颇大，深受师生欢迎。

开展丰富多彩的音乐生活，是瞿维领导音乐研究室开展的重点工作。为了在校内对交大师生进行高雅音乐艺术的熏陶，音乐研究室组建了室内乐团，聘请曹鹏等著名指挥家，排演贝多芬、舒伯特、科普兰的名曲和瞿维的《幻想组曲〈白毛女〉》《〈洪湖赤卫队〉幻想曲》；并建立了重奏组，排演了一批中外弦乐木管重奏经典名作，旨在向师生进行高雅音乐艺术熏陶。室内乐团的演奏，在上海之春和"世界音乐节"等演出中均获得好评。

在音乐研究室的辅导下，学生工作指导委员会、团委和学生会，都积极行动起来，电声小乐队、合唱队、吉他乐友社、口琴队、钢琴组、声乐组、合唱团等各种艺术团体如雨后春笋般涌现，并在上海市大学生文艺会演和文化艺术节音乐类活动中多次获奖。1991年底，本科生和研究生合唱团在徐汇、闵行校区演唱的《黄河大合唱》，成为交大师生在艺术道路上求实进取的又一里程碑。

交大师生最难忘的是每年的"十月歌会"。这是最有普及意义的音乐教育活动。歌会的倡导者是邓旭初（交大党委书记）与瞿维。1983年10月，交大举办了首次声势浩大的"十月歌会"。演出之前，首先在全校范围重点推广了《国歌》《国际歌》《中国，中国，鲜红的太阳永不落》和《上海交通大学校歌》四首歌曲。通过演唱这些歌曲，让大学生切实领会以爱国主义为核心的民族精神、时代精神，从而指引他们树立远大的理想目标，并为之不懈努力、刻意进取。在全校师生人人会唱的基础上，组成了20余个合唱队。在灯光熠熠、歌声昂扬的演唱会上，合唱团的节目异彩纷呈：由党政领导干部及部分离休干部组成的干部合唱团，精神抖擞地演唱了《八路军军歌》和《新四军军歌》，使全场师生重温了老一辈革命战士为民族解放事业浴血奋战的威武气概。老教师合唱团选唱的《长城谣》和《毕业歌》，深沉浑厚而又悲壮，催人泪下。工业管理系代表队演唱的《解放军进行曲》气势磅礴，仿佛千军万马正以排山倒海之势一往无前地挺进。基础部一年级新生演唱的历史歌曲《跌倒算什么》、创作歌曲《灿烂的明天在哪里》，体现了新一代青年人朝气蓬勃、意气风发的精神风貌。参加演唱的歌手纵情歌唱了伟大的国家伟大的党，颂扬了革命先辈的丰功伟绩，抒发了热爱祖国和人民的炽烈感情，表达了自己对社会主义建设事业的坚定信念。欣赏歌会的同学们从中受到了爱国爱党爱人民的思想教育，更加坚定了做一个有追求有情怀有担当的新时代大学生的理想信念。

这些导向性强、教育效果好的音乐活动，推进了交大校园精神文明建设，师生们的精神昂扬奋发，呈现出了生机勃勃、欣欣向荣的万千气象。因此，学校先后被教育部体卫艺教司列为“在普通高校中开展艺术教育的上海地区试点高校”，被教育部确定为“大学生文化素质教育基地”之一。

二

交大音乐教育工作取得的显著成效，引起了国内理工院校和有关部门的高度关注。

1983 年，浙江大学的陈正福教授刚刚由文艺团体调入音乐教学岗位，就慕名前往取经，被交大音乐教育的做法感动，便提出要召开全国部分理工院校音乐教育经验交流会，使美育在全国普通高等院校向广度和深度进一步拓展的建议，当即得到瞿维的赞同与支持。经请示校方，报请上级有关部门批准，会议有关事项很快得到落实，不久，部分理工科院校音乐教育座谈会就在交大召开了。

会上，瞿维做了主题发言，介绍了引进《美国综合音乐感》、运用螺旋式音乐教学方法，在实施教育的过程中，坚持音乐共同性因素、音乐实践性、综合性教学的三大原则，结合音乐史、音乐理论进行音乐素质培养，使受教育者的音乐素质呈螺旋式上升，提高学生的创新意识和创新能力。他说：“在音乐教育、审美和娱乐三大功能中，要突出对大学生进行辨别美丑的审美教育”；“音乐技能教学是手段，目标是审美，即使在娱乐中也提倡高格调、高品位”。瞿维的发言，得到了与会各校代表的赞同。会议期间，代表们观摩了交大开设的音乐理论课和钢琴、提琴、长笛、圆号等器乐课，观赏了交大钢琴选修课学生的汇报音乐会、综合专场音乐会。交大音乐教育的经验，深深吸引并鼓舞了与会代表，他们围绕交大音乐教育实践，就理工科院校开展音乐教学的意义、特点和规律以及课程结构、教学方法等问题，广泛交换了意见，看到了音乐教育的美好前景，与会代表还联合发起了筹备“高等学校音乐教育学会”的倡议。

经过瞿维与筹备小组同志的共同努力，1986 年 8 月，高等学校音乐教育学会在清华大学召开成立大会， 国家教委副主任何东昌、广播电视部部长艾知生、高教学会副秘书长肖岩、全国文联党组书记吴祖强、中国音协副主席李凌，以及共青团中央、北京市政府、清华大学、北京航空学院、北京大学、中央音乐学院等学校的党政领导和全国各地 60 多所院校的代表出席了大会。鬓发斑白的瞿维众望所归，当选为理事长。在责任面前，他向与会的代表们立下了军令状：要把高等学校音乐教育学会建设成为推动高校美育工作的劲旅，要把人类最优秀的音乐遗产，传承给几百万大学生，同时为清除精神污染，决不放弃与资本主义、封建主义腐朽音乐思潮的坚决斗争。

学会成立不久，世界风云变幻，东欧发生了激烈的政治风波。接着，苏联解体，国内的意识形态领域也出现了资产阶级自由化思潮。反映在音乐界的表现是有些人为杜勒斯提倡的音乐大开绿灯，舞台、银幕、荧屏，出现了庸俗、低俗、媚俗泛滥的现象，甚至污染了清纯的校园。在严峻的反和平演变斗争中，瞿维清醒地认识到，帝国主义对社会主义国家实行的和平演变战略，不会放过最能影响人们思想感情的文艺这一重要手段。于是，他精心主持高等学校音乐教育学会工作，以期将交大音乐教育经验推广到更多的高等院校，让音乐之美惠泽更多人的心灵。

在瞿维的主持领导下，学会工作开展得有声有色。音乐教育学术研讨和经验交流被放到了重要位置。瞿维在给学会创始人之一的陈正福的信中说："学术研究是学会的生命线。以前，有些工作是代替政府做的。今后教育部门的职能逐步建立起来，我们应把工作的重点放到学术研究方面，这是民间学术团体能够存在的主要理由。"在这个思想的指导下，两年一次的科研教学经验交流例会必不可少。学会先后在清华大学举办了大学音乐欣赏课教学的示范课和研讨会、全国各大学合唱团会演和工作经验交流会；在青岛海洋大学举行了高等学校音乐教育研讨会和教学经验交流会，并举办了由高校音乐教师联合演出的

音乐教学研究（1985 年）

抗洪救灾音乐会；在天津大学举办了全国高等学校铜管乐队的会演和工作交流会。到1993年，瞿维先后主持召开了7次学术研讨会，收到了数百篇有深意、有新意的论文。21世纪之初，学会从进一步推动高校音乐教育事业出发，将教学实践经验以及对音乐审美问题的讨论，作为科研成果，交由上海音乐出版社结集出版了《音乐美纵横谈》一书。

举行师资培训班，是学会的另一项重要工作。这项工作的开展，源于瞿维在《人民音乐》杂志看到的两篇文章。一篇是吕骥、贺绿汀、李焕之等37名音乐家，联名向国家有关部门提出的关于加强学校音乐教育的十项建议。《建议》从四化建设的需要和全局出发，针对多数地区存在的学校音乐教育落后，师资力量短缺、教育质量低，严重影响着亿万青少年与儿童精神文明的健康成长，也影响着全民族的精神气质、文化素养的提高等问题，提出了尽快在我国的教育方针、指导思想、政策法令中，确立美育在国民教育中应有的地位和任务，以及通过多种渠道，迅速培养音乐师资等意见。另一篇是《从尉氏县看全国——对音乐教育呼吁书的补充》。文章是国家文化部讲师团开封分团在尉氏县开办音乐教师专修班的情况。瞿维从字里行间，看到了学员们在绵绵细雨里，用手推车拉着风琴，踏着泥泞的土路跋涉几十里路前来上课的场面；看到了女学员宁愿将生病的孩子带到班上，也不愿缺课的情节；看到了妊娠八个月的女学员，坚持风雨无阻地从数十里外的乡村，赶头班客车坚持上课的艰难；同时也了解到地处豫东平原的尉氏县，300余所小学，100余所中学，大多没有专职音乐教师，而县教师进修学校则因为全国教学大纲中没有音乐教师进修一项，竟然从未开设过音乐专科培训班的现状。他真是忧喜参半，在衷心感动的同时，也平添了一番挂虑与不安。两篇文章都提到了加强音乐师资教育的迫切性。怎样解决音乐教育中存在的缺少师资的现实问题，成为瞿维的心之所念，刻刻不能去怀，他决心竭尽所能，为开展师资培训工作奉献一己之力。

为了缓解其时音乐师资的缺乏及提高现有音乐教师的教学水平，经请示国家教委批准，瞿维组织高等学校音乐教育学会，在交大研究生院开设了一年期的音乐教育专业助教进修班。在开学典礼上，瞿维和钱仁康、马革顺、沙汉昆、孙从音等名师一起担任了主课导师。首期学员的学习内容，以音乐教育专业的硕士学位课程为主，其中有马克思主义哲学、高校音乐教学法、音乐教育学心理学、曲式与作品分析、合唱指挥、和声学和英语等。丰富而又实用的课程，使渴望得到提高的学员们分外兴奋。

接下来，学会还在交大举办了高校音乐教师培训班，瞿维为全体学员做了《怎样当好一个大学音乐教师》的专题报告，他的讲话，虚实结合，深入浅出，动之以情，晓之以理，受到学员的热烈欢迎。为了实现李岚清副总理提出的在全国 500 万大学生中普及交响乐的号召，开好“交响乐欣赏课”，学会利用假期，先后组织北京大学和中央音乐学院、上海交大和上海音乐学院，联合举办了两期音乐教师培训班，聘请名师授课，旨在改变大学音乐教师普遍存在的偏重技术、缺乏人文学科修养的知识结构。全国各地来学习的音乐教师，异口同声地赞美说：“这个班办到了点子上。”

组织开展富有影响力的音乐活动，是学会的常项工作。学会先后在清华大学、青岛海洋大学、天津大学，创造性地举办了合唱、独唱独奏独舞和军乐夏令营。有过《黄河大合唱》演唱经验的瞿维深知，大合唱是集体演唱多声部声乐作品的艺术，是普及性最强、参与面最广的音乐演出形式之一。人声作为合唱艺术的表现工具，能够最直接地表达音乐作品的思想情感，激发听众的情感共鸣。从这个意义来说，合唱不仅仅是一个音乐活动，而且是催人上进的正能量的传递。他希望通过合唱方式，培养大学生的合作精神和集体荣誉感，团结人心、凝聚力量，帮助他们迅速成才。为此，学会于 1988 年暑期，在清华大学举办了新中国成立以来的首次大学生合唱夏令营。来自全国 16 所高校的数百名歌手参加了比赛。

各具特点的自创合唱歌曲是参赛的一大亮点。浙江大学的《校园之歌》，给人以和谐、统一的美感；武汉水利电力学院的《我们》豪迈雄壮；南开大学的《大海.青年》催人奋进；清华大学的《春天般的校园》，浸透着清新、感人的美好情意；华东师大的《我们是光荣的人民教师》，表达出了师生们对今天、对未来的使命感；四川师大的《花儿在墓前思索》，通过对先辈们的追忆而联想翩翩；内蒙师大的《我的心愿》和辽宁大学的《心中的歌》，使现场观众感受到了大学生对理想的向往追求；武汉大学的《总有一天》，更表达了所有营员们“总有一天重相聚”的心愿。这九所大学的 9 首创作歌曲获得了音乐夏令营的“优秀创作奖”。

浓郁热烈的民族风格和训练有素的表演技巧，是这次合唱比赛的特点。华南理工大学用粤语演唱的《月光光》，富有清新的南国音韵；中央民族学院的

①瞿维（左四）和钱仁康（右四）与 1993 级助教班学员合影

②首届高等学校音乐教育学会常务理事扩大会议在上海交通大学召开。前排左三为瞿维

《桑木扁担软溜溜》和《苗寨六月六》，充满了谐趣，令人耳目一新；西安交大的《山丹丹开花红艳艳》，带来了强劲的西北风和热烈红火的西北大秧歌。北京广播学院合唱队充分显示了他们的专业特长，他们把每一句歌词，都清楚地传达给了在场的听众，清晰的字头、字腹、字尾和讲究韵母声母的吐字，在高低萦回的旋律线中，犹如“大珠小珠落玉盘”，晶莹澄澈，掷地有声。北京师范大学合唱代表队虽然只有21人，但他们四声部间的平衡协调、作品演唱的和谐统一，给听众及评委留下了深刻的印象。

一批艺术性较强，演唱难度颇高的合唱经典之作，也在比赛中出现。上海师大的《几内亚鼓声》，北京工业大学用英文演唱的京德尔清唱剧选曲《阿利路亚》，内蒙古师大演唱的《茨冈》等艺术歌曲，充分展示了高等学校音乐教育的开展和歌咏活动相结合、普及与提高相结合的成果，反映了大学生们在感情、生活中对美的追求的更深层次。

中央乐团著名指挥家严良堃在给优秀节目颁奖时激动地说：“各校创作歌曲质量之高，合唱歌曲唱得如此深情，使人听了如痴如醉，确实感到十分意外，大学生音乐夏令营也是向我们专业创作人员、专业合唱团的有力挑战！”作为这一活动的发起者、组织者，瞿维更是倍感欣慰，“待到山花烂漫时，他在丛中笑”。“这是一次高等学校开展音乐教育成果的大检阅。”话语不多，却道出了他发自内心的赞誉。

为了推进高等院校的合唱活动，学会还请来了著名指挥家严良堃和秋里，专门为营员们做了合唱艺术和合唱指挥等专题的学术报告，进行示范讲解，指挥营员们演唱了《毕业歌》《没有共产党就没有新中国》等歌曲，并组织营员们观摩了北京老同学合唱团、文化部老干部合唱团、中央乐团合唱团、少儿合唱团的精彩演出，培养了参赛大学生感受音乐、理解音乐、表现音乐、鉴赏音乐的能力，扩大了艺术视野，提高了欣赏水平，并为全国高校文艺社团的蓬勃兴起创造了一个良好的开端。

三

多年的创作成就和音乐教育的丰富经验，使瞿维在音乐界、教育界赢得了极高声誉。1985 年 5 月，瞿维在中国音乐家协会第四届代表大会上当选为副主席。此后，又当选为国家艺术教育委员会副主任。1989 年 1 月，国家教委委托人民音乐出版社创办《中国音乐教育》月刊，瞿维担任主编。身兼多职的他，深感责任之重大。光荣的使命感驱使他把普及音乐教育当作艺术教育工作的重要内容来抓，更加积极地开展科学研究和学术研究活动，为国家在艺术教育的决策与发展方面做好参谋和咨询工作。

凡事舆论先行，这是瞿维多年从事音乐创作和音乐教育工作所总结出来的经验。对于主编《中国音乐教育》月刊这项全新的工作，他从普及音乐教育的需要出发，合理设置了理论探索、教学指南、音乐向导、译文与文摘、服务窗、教师之声、艺术宫等多个栏目。在办刊条件差、人手少、经验不足的艰苦情况下，立足为音乐教育服务的方针，密切联系音乐教育实际，发挥名师名家的社会声望和影响力，使之成为坚持社会主义方向，内容活泼健康， 贴近音乐教师，分享音乐普及工作成果，广受读者欢迎的刊物，有力推进了音乐教育的开展和普及，为推动全国各级学校艺术教育事业的发展起到了积极作用。

中央电视台的 1989 年春节联欢晚会中，“银河”少年电视艺术团演唱了由王健作词、谷建芬谱曲的《歌声与微笑》，深受孩子们的喜爱。为了使更多的孩子们学会这首歌曲，也为了使音乐教师更好地了解如何指挥、排练这首歌曲，《中国音乐教育》杂志立刻在教学指南栏目刊载了这首歌曲，同时配发了《谈〈歌声与微笑〉》的体会文章，使这首歌插上了翅膀，很快在国内外流行，并被中国第一个探月航天器“嫦娥一号”搭载进入月球轨道。月球里从此有了歌声与欢笑。

在办好《中国音乐教育》杂志的同时，瞿维一直身体力行，宣传加强美育、普及音乐教育的重要意义，批评了不良文化造成的不良社会影响，努力为艺术教育的发展和青少年的成长营造较好的社会大环境而奉献一己的力量。

1987 年 12 月，第二届国民音乐教育改革研讨会在上海、杭州两地举行。来自全国各省市音协分会、师范院校、音乐院校及中小学、基层少年宫、文化馆（站）等单位的 250 多名音乐教师代表到会。瞿维在讲话中，将大学校园的音乐方向问题提上了日程。针对有的国家音乐学院领导，带着歌星到大学做宣传，有的大学音乐教师到夜总会和酒吧弹琴的问题，他从为人师表、社会舆论、道德风尚等方面提出质疑。他希望高等学校音乐教育学会要重视这个问题，展开讨论。他具有方向意义的讲话，引起了与会代表的高度重视。

早在接受交大聘任音研室主任的时候，瞿维就从普及音乐教育的目的出发，积极宣传音乐教育是关系国家民族发展和音乐事业的大业。他在《关于〈流行音乐〉的对话》中指出："我们要重视音乐教育和普及工作。党中央提出为了建设社会主义的物质文明和精神文明，我们要极大地提高全民族的科学文化水平。我想，这里面也应该包括提高音乐文化的水平。这件事要从幼年时期抓起。"他指出："目前音乐生活中的不正常现象与十年浩劫中音乐教育受到破坏有关。因此，提高中小学音乐教育的水平，是有深远意义的。音乐的普及工作也应该采用灵活多样的方式，向全社会深入展开。例如：开展业余歌咏活动，举办各种类型的音乐欣赏会、广播讲座，等等。我们要使革命的、健康的、向上的歌声充满社会生活的各个角落，不这样的话，不健康的东西就会乘虚而入的。"

他在《迎接挑战》一文中指出，社会主义音乐具有历史赋予的新的美学品格，体现了以集体主义为特征的崇高思想境界。"我们要用社会主义音乐的丰硕成果和中外历史上的优秀音乐作品去占领阵地，用健康向上和催人奋进的音乐去鼓舞人们的斗志，用清新优美和意境深邃的音乐去净化人们的心灵，用以抵制和消除那些腐朽的、不健康的音乐的消极影响，以利于社会主义新人的健康成

长 。”当看到音乐界重视了教育，教育界重视了音乐的局面初现端倪的时候，他欣慰地说：“坚冰已经打破，航路已经开通，春色在望了。”

瞿维有一双敏锐的眼睛，善于发现音乐教育过程中出现的倾向性的问题，并能及时提出解决问题的有效方法，为促进全面贯彻党的教育方针，提高国民素质献计献策。

改革开放之初，被称为乐器之王的钢琴，从艺术殿堂悄然进入寻常百姓家庭，学钢琴的人数与日俱增，其中少年儿童尤多。然而，透过钢琴热的现象，瞿维却看到了钢琴音乐教育存在的问题：许多寄希望于子女成龙成凤的家长，因为急于求成，忽视基础训练，方法简单粗暴，甚至发生了个别孩子为了不再弹琴，故意弄伤手指的悲剧。从关心下一代健康成长的历史责任感出发，瞿维在《中国音乐教育》杂志推介了新华艺专老同学黄永的《钢琴教学之我见》一文，然后又亲笔撰写了《宝贵的经验——喜读〈钢琴教学之我见〉》的体会文章。他启发家长说：音乐是一门艺术，艺术教育的方法应该遵循美的规律，要用音乐的美感去引导和启发孩子的兴趣；演奏钢琴是一门严肃的艺术，引导孩子们学习钢琴必须有科学的态度和方法，使孩子们懂得：每弹一个音符就是一次美的创造。他认为黄永的钢琴教学具有很好的借鉴意义。如组织定期汇报演出，使孩子们在相互交流中取长补短，方便家长们交流经验。他赞赏黄永的表扬为主与严格要求相结合的教学原则，重视基础训练、老师与家长分别建立授课和练习档案、进行全面教育等方法。他希望老师和家长，都能把思想品质教育融汇于钢琴教学的过程中， 促使学习钢琴的热潮向着健康的方向发展。

在普及音乐教育的工作中，瞿维对相关著述的出版非常重视，并予以支持。

《大学音乐试用教材·音乐基础理论基础知识视唱欣赏》由浙江大学出版社出版。浙江大学的音乐教育有着光荣的历史，我国近代艺术教育的先驱丰子恺先生，早在抗日战争时期就在这里开设过音乐美术课。这是一部普及音乐知识、掌握正确歌唱技能的读物。作者是浙江大学音乐研究室的汤琦和张重辉老师。瞿维在为本书所作的序言中，衷心希望这本教材能够有利于“用中外优秀作品，特别是用社会主义音乐的丰硕成果去优化育人环境，以利于社会主义新人的健康成长”这一崇高使命的实现。

1999 年 3 月，朱镕基总理在第九届全国人大第二次会议上的政府工作报告中，提出了“大力推进素质教育，使学生在德、智、体、美等方面全面发展”的方针，和“实施素质教育，必须把德育、智育、体育、美育等有机地统一在教育活动的各个环节中”的具体要求。看到新中国成立以来，美育工作首次被写进了政府工作报告，瞿维感受到了党和国家对美育的重视，他为之振奋。他支持高等音乐学会的同志们，将多年的教学研究体会，汇集为《音乐美纵横谈》出版。瞿维在序言中引用了蔡元培先生的话：“凡是学校所有课程都没有与美育无关的。”接下来，他结合自身的实践，阐述了美育的重要性：“美可以辅德，美可以促智，美可以健体，这是被无数次的教学实践所证实过的。我们可以利用美育特有的形象性、感染性、愉悦性等特点，把它融入学校教学的全过程中去，促进学生身心的全面健康发展。”他严肃地指出：“缺乏美育的教育是不完全的教育”，“一校之长，仅仅把专业教学搞好，那只能算半个教育家，只有同时把美育搞好了，才能算是一个完整的教育家”。他在序言的结尾大声疾呼：“青年是祖国的未来，是我们的希望所在。教育事业是培养人才的艰巨工程，因而决定祖国命运的千秋大业。美育工作应该为培养全面发展的‘四有’新人发挥自己独特而不可替代的作用。”

他就是这样，视普及美育为人生的崇高目标，从而把垂暮之年的大多时光，贡献给了艺术教育事业。

第十三章

学人风采

XUEREN FENGCAI

瞿维寄明合传

一

研究瞿维的音乐理论时，我阅览了 1996 年广东高等教育出版社出版的《瞿维文选》，还有他发表在报纸杂志上的数十篇有关文章。这些文章，是他的音乐艺术创造的理论延伸，也是他迥然不同于普通音乐家的气质、修养、风采、情怀的真实写照，更是我解读其音乐理论贡献的基本依据。

始终如一地坚守延安文艺座谈会的方向，是瞿维音乐理论的核心。这类的文章有 20 余篇。其中，学习毛泽东《在延安文艺座谈会上的讲话》的体会居多。瞿维认为，《讲话》是毛主席结合当时文艺界现实状况，运用历史唯物主义和辩证唯物主义立场、观点、方法，对无产阶级革命文艺一系列基本理论问题的一次系统阐述， 是对五四运动以来我国新文学运动的一个科学总结，也是对马列主义文艺理论的新发展新贡献。

发表于 1962 年《解放日报》的《"鲁艺"生活的片段回忆》，是他纪念《讲话》发表 20 周年、回顾学习《讲话》体会的文章。文中回忆了延安文艺座谈会之前，鲁艺戏剧系的同学们喜欢演大戏、演外国戏剧，文学系的同学们言必称外国文学作品，他所在的音乐系则热衷于搞正规化教育和训练，而对于本国艺术特别是民间艺术却弃置不顾。对这些脱离群众的艺术活动，老百姓是反感的，斥之为“吓唬土包子”。瞿维在文中指出，是毛主席高屋建瓴的《讲话》，一针见血地揭露了鲁艺的病根子，指出了在口头上、理论上承认文艺为工农兵服务，而在实际行动上只是为了满足自己的艺术趣味，为了提高自己的艺术水平，没有考虑到群众需要。《讲话》发表以后，“毛泽东思想的清泉，洗去我们的蒙昧无知，使我们的头脑逐渐变得聪明起来”。从那以后，鲁艺师生认识到了生活是文艺创作的唯一源泉，文艺是社会生活在作家艺术家头脑里能动反映的产物。于是，他们从“小鲁艺”走向“大鲁艺”，走到人民群众中，走到火热的斗争中，开始了和人民群众保持血肉联系的实践活动，开展了声势浩大的新秧歌运动，创作了具有里程碑意义的秧歌剧《兄妹开荒》、新歌剧《白毛女》等为人民群众所喜爱并光耀文艺史册的优秀作品。

瞿维始终坚守延安文艺座谈会的方向，处于风口浪尖时，他依然能够保持理论的清醒。20 世纪 70 年代末 80 年代初，我们的国家刚刚经历了“文化大革命”，重病初愈、百废待兴。然而，就在这举国深思、举世瞩目的关键时刻，

瞿维（左三）在浙江嵊山采风（1960 年）

党内外对毛主席与毛泽东思想的评价出现了分歧，文艺界也不例外。一次座谈会上，有两位与之相熟的艺术家，看到了一篇题为《革命需要健康优美的抒情歌曲》的发言稿，表露出了厌倦、冷漠甚至是反感的神情。有一位直言："这样的内容已经过时了，如果在七八年以前还行。"另一位从延安鲁艺走出来的作家则说："怎么还谈艺术与政治的关系？"联系当时音乐界在创作上存在的"淡化政治、摆脱政治"的倾向，在音乐理论界出现的"只谈音乐，耻谈政治"的现象，瞿维产生了深切的忧虑。他认为，这不是一般的认识问题，而是涉及中国音乐创作向何处去的方向性问题。在大是大非面前，作为受到党教育多年的老艺术家，自己有责任重视音乐理论的研究，廓清艺术与政治的关系，使音乐创作不致迷失方向。

会议之后，瞿维连续写了《革命文艺的指南针——纪念〈在延安文艺座谈会上的讲话〉发表40周年》《重要的历史文件——纪念〈在延安文艺座谈会上的讲话〉发表40周年》《坚持社会主义的方向——重新学习〈在延安文艺座谈会上的讲话〉》《确立毛泽东思想的指导地位》《生活是源泉，人民是母亲——重温在延安文艺座谈会上的讲话》等一系列理论文章。他在文章中反复论证了毛泽东文艺思想在"理论上的科学性""完全符合客观规律"。这是他对毛泽东文艺思想的认识，也是他对文艺规律的认识，更是他坚持毛泽东文艺思想的理论支撑。他说："那些否定毛泽东文艺思想的人，必然要反对革命文艺的传统，而那些否定革命文艺的人，最后也必然会否定毛泽东文艺思想。"他认为，坚持毛泽东文艺思想，是关系到文艺和革命、和人民、和社会进步之间的关系的根本问题，是文艺的社会目的，是革命的文艺工作者的社会目的。他用科学的发展的辩证思维论述说："由于时代的变化和生活的发展，我们对毛泽东同志的文艺思想也要采取科学的分析态度，一方面要坚持其中被实践证明是正确的基本原则；另一方面要根据条件的变化而给以充实和发展。"瞿维的论述，体现了马克思主义者应有的科学态度，是坚持毛泽东文艺思想应该遵循的原则。

针对某些否定党对文艺工作的领导的错误言论，瞿维从历史唯物主义的观点出发，坦然陈述，我们的文艺工作有过失误，那是“由于某些部门的领导人不能正确掌握党的政策，或者是不了解艺术规律，出现了粗暴干涉的现象；但是，解决问题的办法只能是改善党的领导，而决不能是取消党的领导”。他以《讲话》的论述为依据：“真正人民大众的东西，现在一定是无产阶级领导的。资产阶级领导的东西，不可能属于人民大众。”他指出，无产阶级的领导是通过中国共产党来实现的，这是保证各项事业在社会主义轨道上前进的首要条件，文艺工作当然也不能例外。文艺界产生的某些偏离《讲话》基本精神问题，恰恰从另一个角度说明，只有加强和改善党的领导，才能保证文艺工作沿着正确的方向前进。

有一段时间，文艺工作在活跃的局面中出现了精神产品“商品化”的倾向。瞿维就此在《坚持社会主义的方向》一文中大声疾呼：“一个社会主义的文艺工作者必须保持清醒的头脑，决不能忘记精神产品的崇高目的而盲目地使它‘商品化’，社会主义文艺担负着培养人民的共产主义世界观、丰富精神境界、提高审美情操的使命，决不能‘一切向钱看’，背离满足人民根本利益的总目标。”他在《音乐的社会作用不容忽视》《关于“流行音乐的对话”》等文章中指出：“音乐的教育、审美、娱乐三种功能是统一而不可分割的”，“作为人类灵魂的工程师，文艺家们绝不可忘记这一点”；为此，“在创作、演唱、表演上模仿庸俗、低能的‘流行音乐’的现象，要引起我们的警惕”。此外，他对脱离群众、脱离生活，追求“自我意识”的某些“新潮”音乐作者的主张及其作品，也提出了批评意见，认为他们“把作者的自我意识不适当地强调到主宰一切的高度”，这样，他们的作品就会失去音乐中最美好的东西，让人听后不知所云，使创作走入歧途。这是不值得效法的。对于文艺界出现的以自我为中心，要求不加限制的创作自由，主张及时行乐等脱离时代、脱离现实的错误倾向，对于视坚持《讲话》精神为教条主义，以及嘲讽、挖苦、曲解“深入生活”“改造思想”等观念、行为，都一一做了有理、有据、有力的驳斥。他在《生活是源泉，人民是母亲》

的文章中指出：“马列主义文艺理论和毛泽东文艺思想的真理是永远不会过时的，必将引导我们取得社会主义文艺的新胜利。”他在和学生王西麟的谈话中，在给儿子丹迪、旦明的信中，都曾经明确表示：坚守毛泽东文艺思想的信念，坚持党对文艺工作的领导，坚持社会主义的文艺方向，坚持生活是源泉、人民是母亲的原则，今生今世都不会改变。

对《讲话》精神的深入学习理解，使瞿维对中国音乐向何处去的问题，有了更加清醒的认知。1994 年他在台湾省花莲县举行的第三届中国作曲家研讨会的书面发言“世纪的回眸”中指出，中国音乐向何处去，怎样才是最适合中国情况的发展道路，是 21 世纪以来中国音乐界最关心并热烈讨论的问题。窃以为，创作足以代表中华民族精神又具有民族风格的新音乐，从而把中国音乐的发展推向新的高度，使之以宏伟的气魄和鲜明的民族风格，独树一帜地步入世界音乐之林，才是中国音乐的方向。

早在 1983 年，他就在刊载于《人民音乐》杂志的《创作具有中国气派的交响乐作品》一文中，对建设社会主义的民族的新音乐有过详尽的阐述：从横的方面，也就是对当代生活的理解来说，我们要培养自己敏锐的洞察力，努力掌握时代精神，反映出时代的要求和历史发展的趋势；从纵的方面，也就是对传统文化的继承关系来说，我们要利用古今中外的一切优秀的音乐遗产，经过分析批判后，作为创作表现现实人民生活的音乐时的参考和借鉴的材料。他认为：“我们正站在纵横两条线的汇合点上。只要我们能正确地掌握时代精神和艺术传统，并且富有创造性地把两方面有机地结合起来，那么，我们就可以创造出具有社会主义内容和民族特点的音乐，为音乐艺术的宝库增添新的财富。”

二

研索瞿维的音乐思想、创作方向，不能忽视他的十几篇关于中国音乐史上著名音乐家的述评。这些人物，大多是中国近现代音乐史上具有深远影响的扛鼎之人，其中重点是对聂耳与冼星海的革命追求和艺术成就的研究，如《革命音乐的开路先锋——纪念聂耳诞生五十周年》《时代的号角——关于〈义勇军进行曲〉的学习札记》《爱国主义的颂歌——介绍冼星海〈第一交响乐〉》《冼星海的社会主义美学观》《聂耳、冼星海给我们的启示》等。在这些文章中，作者通过回顾聂耳与冼星海的音乐创作道路，展现出革命音乐的历史发展进程，揭示了音乐在历史时空中所焕发出的历久弥新的永恒价值，提出了科学、精辟的见解。

《聂耳、冼星海给我们的启示》是瞿维的一篇力作。在文章中，他首先从两位音坛巨擘所处的时代背景，分析概括了新音乐运动的性质；总结了新音乐为共产主义思潮的产物，有着广大的群众基础，受到中国共产党思想、组织上的领导等三个基本特征；进而做出结论：革命音乐家应该明确，就中国革命的

瞿维（右三）在上海聂耳雕像落成仪式上（1992 年）

性质来说，当时的任务并不是实现社会主义革命，而仍然是反帝反封建的新民主主义性质。

通过对新音乐运动的分析，他进一步探讨了聂耳提出的“怎样去做革命的音乐”的问题，并在聂耳和冼星海的创作实践中找到了解答的方案。他说，作曲家在反映工农群众的生活、情感之前，有一个了解、熟悉他们的过程，这同时也是作曲家克服认识上的局限性，在思想、感情上和工农打成一片的问题。他在聂耳的日记中，找到了“生活是艺术的唯一源泉”的重要依据，看到了聂耳深入生活的身影：“夜十二时半抵九江，一个群众的吼声振荡着我的心灵。它是苦力们的呻吟、怒吼！我准备以此动机作一曲。”这是聂耳创作《码头工人》的最初灵感。而在正式创作之前，聂耳又深入黄浦江边，观察码头工人奴隶般的劳动，同时吸收了他们的劳动号子，创作了真实反映工人阶级面貌的音乐形象。在创作《新女性》之前，聂耳曾特意在清晨从住处步行到沪西大自鸣钟一带去了解纱厂女工上班的情景。从冼星海的日记中，可以看到冼星海深入湖北黄石港附近的石灰窑体验矿工生活，在汉冶萍煤矿的井下，观察工人生产状态，从而创作出歌曲《起重匠》的实践过程。两个杰出音乐家的亲身经历，使瞿维得出了一个重要结论：“他们的作品所以能够深刻地反映现实和产生感人的力量，是由于有着充实的生活依据。否则，即使有再高的才华，闭门造车是写不出反映现实生活的作品的。”

在聂耳、冼星海开创我国音乐史上新的一页的创作实践中，瞿维了解了他们创造性地对待民族及外国音乐遗产的态度。他认为，音乐家们应该认真学习他们重视民族传统，发展和改造、创新传统的艺术手法，做到既保留民族风格，又具有时代气息，既反对全盘欧化的主张，也不盲目排外，并且大胆吸取精华为之所用。他说，聂耳的歌曲创作就是继承了五四以来学堂乐歌的传统，并且大胆吸取了欧洲的经验，包括以《马赛曲》为代表的资产阶级革命时期的进行曲、特别是从《国际歌》开始的无产阶级革命战歌的经验而创造的。冼星海则更广泛地吸收了欧洲音乐中的进步因素，借鉴了大合唱、交响乐等样式，用来表现中国人民的斗争生活。

在系统研究了聂耳、冼星海及其艺术实践之后，瞿维从认识科学的世界观的角度，分析了他们成长的思想轨迹：“作曲家在政治上的成熟并不能简单地等同于在艺术上的成熟；但是，在先进世界观的指导下必然会开拓他的视野，帮助他去深刻地认识生活和反映生活。特别是对于创造无产阶级的革命音乐来说，先进思想的指导作用更为重要。”“只有马列主义武装头脑，才能认识社会发展的规律，并从而找到使音乐为革命事业服务的道路。”对艺术家的世界观重要性的认识， 实质上是对艺术方向的认识，是对艺术和艺术家的认识。这种认识是符合艺术现象的实际的，所以是一种艺术规律的认识。瞿维认为，聂耳、冼星海是在学习了马列主义以后“从爱国主义者发展成为共产主义的战士”的，从聂耳、冼星海的作品可以看出，世界观作为艺术思想倾向是通过艺术来表现的。为此，他热切希望音乐家们能够打开视野，更多地了解聂耳与冼星海的音乐道路，并沿着他们开辟的道路前行。他想要做的，就是尽可能地让聂耳与冼星海的音乐得到最大的传播与认可。

在《忆冼星海》一文中，瞿维将冼星海的创作经验归结为：“最主要的一点，就是充沛的热情和群众化的作风”，是冼星海“深入人民的生活”“用心倾听人民的声音”，以及表达方式的群众化，从而使得他的音乐“能够如此深入人心”，并在艺术上取得重大收获。在《坚持社会主义方向》一文中，他以冼星海的《黄河大合唱》为例，将这部传世之作的成功归结于作曲家“在这时期广泛接触了人民，感受了时代脉搏的跳动”，再次强调了生活实践对于艺术创作的重要作用。他在《运用革命现实主义创作方法的成功范例——纪念〈黄河大合唱〉诞生五十周年》一文中指出，《黄河大合唱》无疑是我国音乐史上出现的一个高峰，是思想性与艺术性结合得十分完美的作品。它淋漓尽致地表现了中国人民雄伟豪壮、英勇不屈的伟大性格，和不畏艰险、乐观自信的英雄气概；同时又塑造了富有民族特色的音乐语言和鲜明生动的音乐形象，把革命的思想内容与完美的艺术形式作了有机的结合。它体现了伟大的民族精神，是一座辉煌的时代丰碑。

瞿维科学地分析了冼星海取得这一辉煌创作成就的原因，他说："我们不否认词曲作者才能所发挥的作用，或者说他们的主观意识在创作中所发挥的作用，但这只是其中的一个因素。如果没有如火如荼的民族解放斗争的现实，没有中国人民在革命斗争中表现出来的英雄性格，那么，《黄河大合唱》就失去了赖以反映的依据；如果作者不和人民接触，不和时代结合，那么，他们也无法理解人民的心声，无从体现时代精神。"他在这些深刻的分析里，从内容到形式，从世界观到创作方法，展示出较为系统的音乐思想体系，并在自身的实践中，体现出对这一创作方法的高度认同。

吕骥，是我国新音乐运动的先驱者之一，在20世纪三十年代，就曾经创作出了脍炙人口、广为流传的《保卫马德里》《自由神》《九一八小调》《聂耳挽歌》等群众歌曲，对抗战起到了极大的鼓舞作用，在中国音乐史上占据瞩目地位。他的风格不同、形式多样的优秀作品，集中反映了中国人民在各个历史阶段的斗争和胜利，表现了人民的欢乐和苦难，抒发了他们的理想和追求。吕骥的艺术成功实践，对曾长期在他的领导下工作的瞿维影响很深。

1942年初，瞿维在《解放日报》发表的《〈凤凰涅槃〉和它的音乐》，是他评论吕骥作品的第一篇文章，也是他撰写音乐评论的处女作。文章就《凤凰涅槃》——吕骥这一有代表性的优秀合唱作品，做出了中肯的分析："在发挥声乐的秀美的色彩，丰富它以诗意的表现力上，是获得了成功的"，"在刻画个性来说，作曲者也是得到了成功的"。关于音乐，瞿维认为，它是民族的音乐，因为作曲者选取的题材、反映的内容，是民族的新生，是掌握了中国语言的节奏、语调而给予的必要的音乐的夸张。在赞美的同时，瞿维引用作曲者自己的话，指出了这部作品与"理想的民族音乐的建立，还存在着一个相当的距离，作曲者所受到的西洋音乐的影响还相当深，是需要一个时期的实践过程去使所接受的技巧得到改造的”。

在纪念吕骥音乐生涯60年时，瞿维撰写了《歌颂人民的斗争和胜利——略论吕骥作品的艺术特色》和《祝吕骥同志艺术之树常青》两篇文章。前者通过系统分析10余首音乐作品，从“激情洋溢”“个性鲜明”“形式多样”三个方面论述了吕骥作品最显著的特色和独特风格，探讨了他“为人民”而创作的思想路径，全面介绍了他的创作经验；后者在回顾了吕骥一生最重要的音乐作品和品格之后，表达了美好的祝愿。他在分析《自由神》和《武装保卫山西》两首歌曲时说，吕骥在表现民族解放斗争严峻、险恶的形势的同时，也表达出了充沛的民族自信心，产生了鼓舞人民透过黑夜的迷雾看到黎明的曙光，坚定了人民通过斗争去争取胜利的恒久信念。

惊悉吕骥病逝的噩耗时，瞿维在深切的悲痛中，写下了《擎马列大旗 创时代雄风——怀念杰出的人民音乐家吕骥同志》的文章。他说，吕骥最突出的一点是他的革命坚定性，对共产主义信念的坚定性，对捍卫马列主义、毛泽东思想原则的坚定性。1937年吕骥到了解放区，以其旺盛的革命精神创作出了更多的优秀作品，不仅包括群众性的《大丹河》《开荒》等小型作品，还有《凤凰涅槃》这样的大型作品。他的作品，大多是思想深刻，曲调流畅，清新感人的音乐。他努力将西欧的作曲技法与中国民族音乐融为一体，形成自己独特的风格，他走的道路，正是聂耳、冼星海所开创的革命音乐之路。

作为中国音乐现当代史的见证人，瞿维以崇高的敬意，深切缅怀了那些曾经在革命文艺道路上与之携手并肩、共同奋斗的前辈、战友和同事。这一类的文章，主要是通过讲述亲身经历，对音乐家们的生平事迹、音乐思想、创作风格、高贵品质，做了情真意切的论述。如《怀念贺绿汀同志》《深切怀念马可同志》《追求光明的一生——悼念王云阶同志》《悼麦新同志》《丹心如砥柱——简论晓星的歌与诗》《往事追忆》《怀念沙梅大哥》《告别寄明》等。

著名音乐家贺绿汀，是瞿维在上海新华艺专求学时相熟的前辈。当年，瞿维有幸在俄国作曲家齐尔品来华征求中国风格钢琴曲的颁奖会上，欣赏到贺绿汀创作演奏的《牧童短笛》。这首开创钢琴音乐中国化的作品，使瞿维领略到独特的东方韵味和艺术魅力。在得到其签名题赠的《牧童短笛》和《摇篮曲》乐谱之后，他迫不及待地坐到钢琴前练习演奏，并从分析作品入手，学习到了如何把欧洲音乐家的技巧和中国民族特点相结合的手法。这对于他以后从事创作有极大的启发。在得知贺绿汀翻译的英国著名音乐理论家、教育家普劳特的《和声学理论与实用》一书由商务印书馆出版的消息后，瞿维立即去买了一本，从此打下了坚实的和声学基础。抗日战争爆发以后，瞿维差不多走遍了大半个中国，很多东西都丢失了；但贺绿汀赠送的乐谱，以及这本《和声学理论与实用》，他一直存留在身边。

瞿维笔下的著名音乐家马可，是一个体格魁梧的北方青年，谈话从容不迫，以特有的风趣和幽默感吸引着人们。他们曾在第二战区民族革命艺术学院共事，

①瞿维出席马可塑像在徐州五中落成仪式（1982 年）
②采访上海音乐家协会《上海音讯》执行主编曹畏（2019 年）

又一起奔向延安，在鲁艺任教。在秧歌运动中，马可创作的《南泥湾》（贺敬之词）《夫妻识字》等作品，以浓郁的民族音乐语言、明丽悠扬的旋律，刻画了解放区军民响应毛主席“自己动手、丰衣足食”的伟大号召，展开生产运动和努力学习文化的新生活画面。特别是他们共同创作新歌剧《白毛女》的动人场景、难忘岁月，一直萦回在瞿维的脑海中。新中国成立前夕，马可从表现人民新生活的目的出发，研究了西欧交响乐作品的表现手法， 创造性地把板胡和管弦乐相结合，描写了边区人民的斗争生活和胜利的欢乐，写出了著名的管弦乐曲《陕北组曲》。瞿维回忆说，马可本是学习化学专业的大学生，过去并没有接触过这种形式的创作，但却肯下苦功学习，记下了几本厚厚的读书笔记。这种坚强的毅力、精进不已的奋斗精神，给予瞿维以强烈的震撼。

在音乐家述评中，瞿维精心研究了被称为中国电影音乐一代宗师的王云阶，探索他之不断跨上音乐创作新台阶的成功路径。应该说，执着地追求真理，自觉刻苦地学习马列主义著作，联系实际思考音乐美学问题，是王云阶不断取得进步的根源。有一次，为了弄清楚音乐美学中受到马列主义影响的观点，王云阶曾精读过列宁的《唯物主义和经验批判主义》，当瞿维向其请教时，信手拈来，应答如流。再就是，重视深入生活，向处在生产劳动第一线的工农学习，是王云阶实践毛泽东文艺思想的具体行动，由此也带动音乐创作的新发展。瞿维清晰地记得，王云阶在拍摄电影《护士日记》时深入包头钢铁厂，看到工人阶级把纸面上的蓝图创造成生活中的现实，深受感动。在为影片《林则徐》音乐谱曲之前，他追寻了这位反帝民族英雄的足迹，接受深刻的爱国主义教育。为了创作《青山恋》的音乐，王云阶深入福建林区，体会到了青年一代为绿化祖国而忘我劳动的热情，使感情得到升华。诚如王云阶本人总结的那样：“一个对生活冷漠的作曲家，是写不出动人心弦的音乐作品的。”

《中国人民解放军进行曲》（公木词）的作曲者、著名音乐家郑律成，在延安鲁艺时是瞿维的邻居，他们曾经一起出席了延安文艺座谈会。在瞿维的记忆中，郑律成创作的《延安颂》（莫耶词），曾经激发了无数青年向往革命圣地的热情。他不仅是一位富有才华的作曲家，而且还是一位激情充沛的男高音歌唱家，音色明朗、洪亮，他即席演唱的《延安颂》，激扬昂奋，感人至深；担任《凤凰涅槃》大合唱中男主角岩鹰，更是充分展示出自己的演唱个性。在日常生活中，郑律成也充分表现出了聪明才智。星期天他们一起出去散步，到桥儿沟时，郑律成把一根针插到筷子尖，再用竹片弯成一张弓，对准水中的小鱼射去，回家以后就有了鲜美的鱼汤。有的时候，郑律成为了改善大家的生活，还到深山里打黄羊。青年郑律成给艰苦年代的生活带来了田园诗般的色彩。

综观瞿维这些研究音乐家的文章，最突出的特点，是通过回顾他们的奋斗历程，展示他们创作的丰硕成果，深情赞颂他们对中国音乐做出的不朽贡献，使后来人从这些卓越的音乐家的言行中，体悟到他们对社会所承担的崇高使命感，从他们的作品中获得丰富的音乐理论营养，并为广大音乐工作者树立光辉的榜样——沿着聂耳、冼星海开辟的音乐道路前行，是艺术家们走向成功的必由之路。

三

在瞿维的音乐理论文章中，较多的一类还有音乐评论。根据我搜集到的有关资料记载，从 1939 年末以林木笔名在《西线音乐》杂志发表的《论中国新音乐运动之特质》一文开始，到新中国成立以后的几十年间，瞿维一方面辛勤进行音乐文艺创造，一方面努力进行音乐理论探索。他对音乐评论的宏观把握，对音乐艺术现象从微观到宏观、从综合到比较认识之后的科学选择，从来没有停止过。在数十篇音乐评论中，无论是随笔、杂文，还是学习体会、观（听）后感，无论是音乐形象分析、音乐活动评论，还是典型剧目、歌曲的研究，他的宗旨都是为了从中找出具有不同寻常的特色或规律，用以学习借鉴、指导音乐创作实践和音乐活动，突出反映出了他见贤思齐、择善而从、善于学习的优秀品质。

歌剧是音乐、舞蹈、戏剧的综合艺术形式。因此，歌剧音乐的研究，吸引了瞿维的目光。他参加创作的新歌剧开山之作《白毛女》，是他首要研究的对象，相关的文章写了近 10 篇。最早的一篇是 1946 年他与马可合作的《〈白毛女〉音乐的创作经验》。此文解答了创作中国歌剧要走什么样的道路、使用民歌和民歌戏剧音乐化、歌唱、吟诵、道白的处理、各种地方音乐的统一等问题，从中寻求了建立民族新音乐的经验。1965 年，他在《歌剧〈白毛女〉的新生》一文中，记述了《白毛女》重新登上舞台的过程，回忆了 32 年前，他响应毛泽东的伟大号召，走出“小鲁艺”，投身到艺术创作的唯一源泉——“大鲁艺”中所取得的丰硕成果。他撰写的《实践〈讲话〉的成果　人民智慧的结晶——纪念歌剧〈白毛女〉诞生 50 周年》一文，承接了 50 年前与马可合作的《〈白毛女〉音乐的创作经验》的切身体会：“新歌剧的作者必须深入群众，体验他们的生活，了解他们的思想和感情，熟悉他们的语言，在忠于现实生活的基础上吸收民间形式的一切优点；同时也需要参考（不是硬搬）前人的和外国的经验来创造真正代表人民大众的新歌剧”，是创作中国新歌剧的理论联系实际的经验总结。

经典民族歌剧《洪湖赤卫队》，是国庆十周年的献礼剧目，被誉为中国民族歌剧的瑰宝。公演当年，瞿维先后在武汉、北京、上海等地，多次观看了此剧。

坐在观众席上，瞿维透过音乐，从这部史诗般的歌剧恢弘广阔的历史背景，找到了既有民族风格又表现时代风格的交汇点，那就是深刻的抒情性与强烈的戏剧性的完美结合，丰富的民间音乐与戏曲音乐的完美结合。这部歌剧音乐塑造的共产党员的光辉形象，是他当年在湖北宜昌险恶局势中结识的革命引路人钱英。歌剧音乐的旋律里，有他珍藏在心底的难忘情怀。

回到家里，瞿维把歌剧《洪湖赤卫队》的唱片反复听了很多遍，其淳朴的韵味和富有表现力的音乐语言，优美动听的民歌体的歌曲，把抒情因素与戏剧唱腔糅合得很自然的咏叹调，以及多样而丰富的音乐表现手段，还有全国各地妇孺老少演唱《洪湖水浪打浪》的情景，勾起了他长久以来思考的“如何把群众喜欢的歌曲改编为钢琴曲，使器乐音乐被广大人民群众理解和接受”的问题。他决定着手钢琴曲的改编工作，让同一题材不断深化，使相同的音乐素材发挥出更绚烂多彩的光辉。于是，他选用了歌剧中的《序曲》《赤卫队歌》《洪湖水浪打浪》三部分材料，把激越的革命热情与亲切的抒情气息寄于钢琴演奏中再次发挥出来，一部具有庄严的史诗色彩的《〈洪湖赤卫队〉幻想曲》就这样诞生了。

这是一次成功借鉴的范例。它的出现，既为钢琴音乐增加了新品种，又推广、扩大了《洪湖赤卫队》歌剧的影响。尤其是小提琴声部运用的许多带有中国韵味的滑音、泛音，双簧管缓缓“唱”出的《洪湖水浪打浪》的主题，引人遐思。当年夏秋，青年钢琴演奏家顾圣婴就把它带到了中国钢琴作品演奏会，著名钢琴家殷承宗在他的“中国钢琴作品独奏会”上，也演奏了此曲。其总谱先后被

①瞿维在玉溪九龙地（1987 年）
②瞿维回延安（1992 年）

音乐出版社、人民音乐出版社出版。为此，他先后写出了《关于〈洪湖赤卫队〉幻想曲的改编》和《浓郁的民族风格 恢弘的革命史诗》两篇文章。

在歌剧音乐形象的分析中，《革命战士的光辉形象——浅谈歌剧〈江姐〉的音乐》一文，是瞿维音乐评论中具有代表性的文章。1964年国庆前夕，歌剧《江姐》在首都连演20多场，场场爆满，反响强烈。瞿维也被江姐的革命战士形象和独特的艺术魅力深深地吸引了。他从音乐创作的角度，写下了热情洋溢的评论文章。他说："《江姐》的音乐是很有特色的，它在整个歌剧中成为富有表现力的手段之一。"他赞赏其学习传统戏曲，吸取说唱音乐的表现手法，同时采用了伴唱、对唱、插曲等多种音乐形式，既有强烈的戏剧性和鲜明的民族风格，又有优美流畅的歌唱性段落，深入刻画了英雄人物的音乐形象。他称颂以江姐为中心的音乐创作，将抒情性与戏剧性很好结合，其中《红梅赞》主题歌的三次出现，一次比一次扣人心弦，把革命者的崇高品质和坚定气节、视死如归的伟大胸怀，淋漓尽致地表现出来。他认为，歌剧《江姐》在反面人物的音乐形象塑造方面，也创造了值得重视的经验。作者不是从表面的虚张声势去表现，而是从揭发其内心的丑恶、阴险、残忍、粗暴等方面勾画他们的卑鄙嘴脸。说白与唱的自然衔接，是歌剧中不容易处理的问题，而《江姐》却提供了很好的经验。另外，声乐在民族化、乐队在烘托唱腔、渲染气氛方面，都取得了可喜的成就。瞿维认为，《江姐》在音乐革命化、民族化、群众化等方面的努力，为歌剧艺术的发展提供了新的宝贵经验。他希望这样的优秀作品应该在中国得到更多的重视、推广及认可。

外国歌剧艺术也是瞿维的关注对象。1982年秋，瞿维观看了中央歌剧院在上海演出的《茶花女》。瞿维从歌唱、指挥、翻译三个方面，听到了我国歌剧艺术事业前进的脚步声。他认为，把外国歌剧介绍给中国的观众，在于"洋为中用"，为的是发展我国的民族歌剧。于是，他写下了歌剧《茶花女》观后感，发表在《文汇报》上。

瞿维重视音乐创作方法的研究。他认为，毛主席提出的革命的现实主义和革命的浪漫主义相结合的创作方法，是根据辩证唯物主义和历史唯物主义的原则，总结了文艺史上现实主义和浪漫主义两大流派的经验，基于发展无产阶级文艺的需要而提出来的。他理解这二者的关系是："真正深刻的现实主义必然包含了浪漫主义的因素，因为生活本身就是充满了辩证法的。今天的生活是由昨天的生活发展而来的，而今天的生活又必然孕育着向明天发展的因素。从辩证法的观点去认识生活、反映生活，就必然预示明天的远景，这是革命的浪漫主义合乎生活逻辑的依据。"他在《革命的激情和抒情相结合》一文中指出："战斗的进行曲，短小精悍、易学易唱，政治鼓动性强的歌曲，仍然是歌曲创作的主要方面。但是，除此之外群众还要求反映他们多方面的生活，从不同的角度去抒发他们的革命感情。……题材内容的多样化也会带动表现形式的多样化，促进音乐语言的丰富多彩。"他认为生活是创作的源泉，音乐语言是塑造音乐形象的重要手段。在解决生活基础的同时，必须下苦功学习民间音乐，研究外国音乐经验，创作表现新时代特点的音调。周恩来同志提出的"激情和抒情相结合"的原则我们要深刻领会，努力在思想、生活、技巧三方面狠下功夫，使三者有机地结合起来，达到"革命的政治内容和尽可能完美的艺术形式的统一"。

瞿维有多篇文章总结回顾了自己音乐创作的体会。他在《我的第一首歌》里，谈的是如何受到赵元任先生《听雨》曲调的启示。《大庆归来》与《在革命的熔炉里》，讲了在创作歌曲《工人阶级硬骨头》和大合唱《油田颂》时，受到沸腾的工地上、钻井架旁、采油树下的大庆人的革命精神和工作作风的激励与感染。而《人民是艺术家的母亲》一文，则回答了很多人关心的钢琴曲《花鼓》是如何产生的问题。这些文章，恰恰印证了他之所以一生坚持"生活是源泉，人民是母亲"的创作思想，是他音乐创作之后的理性思考。

对瞿维音乐理论水平的认识，我看到的最早见诸文字的是《马可日记》。那时候，马可应瞿维之邀，在陕西宜川第二战区民族革命艺术学院音乐系担任指挥、视唱、发声等课程的教学任务。通过与瞿维的接触，马可认为其音乐理论水平和社会科学修养值得认真学习。马可在1939年12月30日的日记中写道："今天我抄了一天的音乐刊物的稿刊。内容：我写了一篇创刊词，老瞿（瞿维）写了一篇《论中国新音乐运动之特质》……他的音乐观点非常先进，他的社会科学的修养也较我高明得多，他简直可做我的老师。"翌年1月23日，马可在日记中写道："下午，同老瞿一起到民革出版社去，因为我们编的音乐刊物终究是付印了……10个歌曲大半排完，还有老瞿的一篇论文……"第二天，马可的日记是这样记载的："晚，参加音乐系的音乐问题讨论会，题目是'如何指导民众及士兵歌咏'。"在讨论中马可发现，民族革命艺术学院音乐系在技术上固然不能和内地的艺术院校相比，但在进步的音乐理论上，是内地艺术院校所万万不及的。马可的日记足以说明，担任该校音乐系主任的瞿维，当时的音乐理论水平已充分显现。

与这种随感性的个人体悟相对应，中国音乐家协会书记处原书记李业道在《瞿维文选》的序言中，对瞿维音乐理论研究的评断，则较为系统化、正规化、观念化了："人民在他的音乐之中，他的音乐在人民之中。作曲家瞿维的贡献是历史性的贡献。他的音乐和论文，以不同的方式反映了中国这段光辉的历史，它们本身就是历史。瞿维同志的视线在艺术之中，也在艺术之外。他面向的是一个新的艺术目标，一个新的历史目标。"

瞿维的音乐理论成果，来自他学习哲学理论的自觉性。我在现存的资料中，看到了他在柴可夫斯基音乐学院学习期间留存的《大家都来学哲学——哲学随笔之一》《点石成金——哲学随笔之二》《天下无难事，只怕有心人——论人的主观能动性》等系列笔记。翻检一过，我认识到，这些年深日久的册页，是他早期理论积累的缩影。可以说，对于马克思主义理论的研究，他有坚定的信念和足够的自觉意识，几十年如一日，从来未曾废止。作为一位艺术家，这是难能可贵，尤其值得高度赞许的。

第十四章

解读《第一交响乐》

JIEDU DIYI JIAOXIANGYUE

瞿维寄明合传

一

1985 年初，为了纪念人民音乐家聂耳逝世 40 周年、冼星海诞生 80 周年及逝世 40 周年，中央文化部及中国音乐家协会决定，委托瞿维整理加工冼星海的《第一交响乐》(民族解放)，在举办纪念音乐会时，作为其中的一个重要作品演奏。

《第一交响乐》的手稿，瞿维早在延安时期就见过。对这部作品的研究，则始于 20 世纪 50 年代留苏期间。那时候，他曾经阅读过冼星海的《创作杂记》《冼星海自传》《我学习音乐的经过》以及郭沫若、光未然、沙汀、钱韵玲等人回忆冼星海的文章，翻译了冼星海去世前夕给苏联作曲家格里艾尔的信。而后，他满怀深情地写下了《忆冼星海》的文章，回忆了与冼星海交往的几个片段，其中说到《第一交响乐》的创作，是冼星海在民族灾难深重的年代，从一个地方到另一个地方转移的过程中，又是在缺乏乐器的情况下写就的。当时，瞿维从《创作杂记》里了解到这部作品的创作背景："这作品是我在 1935 年回国后，眼见国内的情况，民族的危机、民族的被压迫，人民的困难、流离、失业、饥荒，工农的艰苦、被压榨、被剥削！又兼当时自己生活的无着……我渐渐自觉了自己的任务，我毅然加入救亡运动，专心写救亡歌曲。……但只是写救亡歌曲，我的能力和技巧还未能充分发挥；因此我便计划写较大的器乐作品。……因为要反映现实，我就以当时全国所要求的民族解放运动的题材来写交响乐。”冼星海的自述，让瞿维深知深解了饱蕴其间的崇高的爱国主义情怀。

关于《第一交响乐》的创作过程，瞿维也有了较为细致的研究。这部作品创作始于冼星海回国当年的夏季，钢琴谱草稿完成于第二年的秋天。当时，冼星海在上海忙于救亡运动，并为电影《时势英雄》创作音乐、帮助其他剧团作曲等， 也因为没有写总谱的五线谱纸，总谱的写作直到1937年春才开始。同年8月13日，日本侵略军进攻上海，中国军队用鲜血和生命顽强抵抗的隆隆炮声，震惊了世界。关心祖国命运安危的冼星海，每天都要在激烈的枪炮声中，去上海市中心了解战况，然后再回家执笔创作。写作的时候，常常听到黄浦江对岸和闸北附近的炮声，日本侵略者的飞机不时地从他的屋顶飞过。8月20日，

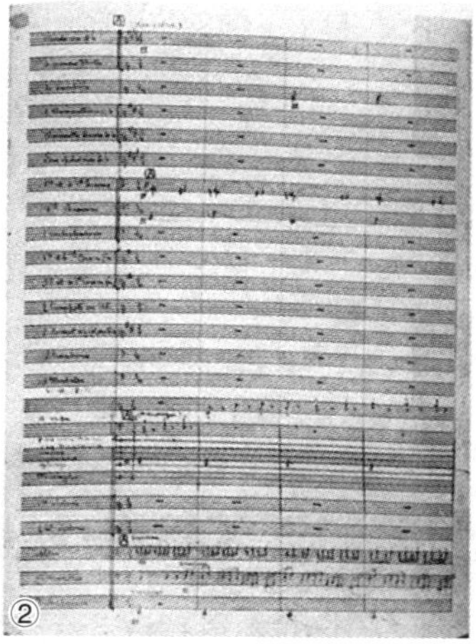
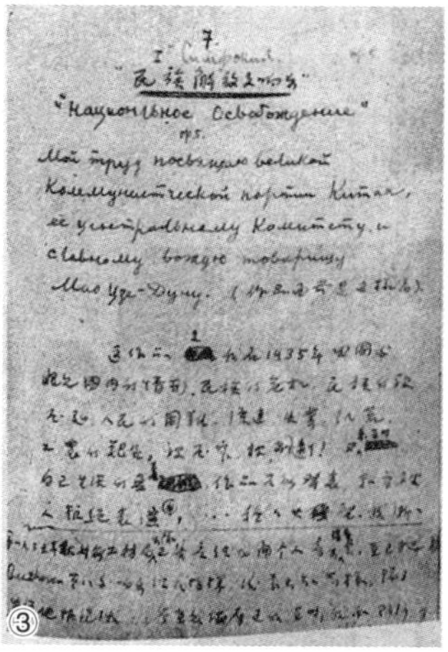

①冼星海
②冼星海《民族解放交响乐》手稿
③冼星海《创作杂记》中关于《民族解放交响乐》创作的手稿

因为抗战歌咏运动的需要，冼星海携带着尚未完成的交响乐总谱和沉重的谱纸，便随同上海救亡演剧第二队出发了。一路上，他披星戴月，每天步行数十里也丝毫不知疲倦。在辗转南京、郑州、开封、洛阳、武汉三镇等地的演出途中，不管遇到怎样的危险，冼星海从未停止过总谱创作。

1939 年 11 月，冼星海一路风尘，抵达延安。在教学、行政工作的同时，创作了《黄河大合唱》《生产大合唱》等六部大合唱和两部歌剧（一部未完成）几十首群众歌曲，《第一交响乐》总谱的创作也在继续。1941 年初，冼星海接受党中央的派遣，为大型电影纪录片《延安与八路军》的后期制作，到达莫斯科。在完成任务以后，冼星海每天从早上到深夜，伏案继续写作《第一交响乐》总谱。即使在患了皮肤病之后，也仍然不停不歇，终于在繁华的春末夏初里，欣然完成了向往已久的《第一交响乐》总谱。《第一交响乐》共有四个乐章，时长 73.31 分钟，是冼星海一生中所花劳动最多、经过慎重考虑和周密布局的一部作品，是冼星海的第一部也是我国第一部交响乐作品，在中国现代音乐史上占有极其特殊的地位。

接过整理加工这一鸿篇巨制的整理任务，瞿维深感责任重大。他很清楚，冼星海特别重视这部作品，称之为《民族解放交响曲》。他在《创作杂记》中阐述创作动机时曾说："这部作品是我恳求地贡献给伟大的毛泽东同志。他是我最崇拜的民族救星。他的道路是正确的。只有这样才可以救中国，拯救整个民族危亡。但我时常反问自己，这部作品是否能够表达中国的民族解放？但无论作品好歹，这一点小小的创作目的是为民族解放的，我想毛泽东同志也赞成，并且他还要鼓励许多艺术工作者，竭尽他们的能力去创作。"他还写道："希望中国音乐界努力多写这样的作品，提高中国的音乐水平，把中国新兴音乐建立起来，拿音乐做斗争的锐利武器。"瞿维由此更加懂得了冼星海的心愿，努力把这部作品整理好，这不仅是为了解和研究冼星海提供完整的资料，而且是为了保留好这属于中国人民的共同财富，更重要的是为继承、发扬我国革命音乐的光荣传统，推动我国音乐创作的繁荣和提高，促进社会主义精神文明建设，使它们在新的历史条件下继续发挥积极作用。

新中国成立以后，冼星海的《第一交响乐》（手稿）从苏联回到祖国，曾经在北京、上海演出过。由于篇幅较长，做过一些删节，演出后的评价甚不一致。在正式整理之前，瞿维首先请上海交响乐团根据冼星海的原稿，录制了一份完整的录音，作为整理的依据。然后，组织了两次座谈会，在倾听原稿录音的基础上，请大家发表意见。瞿维在综合分析意见之后，又反复听录音，感到主要问题是结构冗长，尤以第一乐章最为突出；其次是配器问题。当时，由于排练日期迫近，第二、三乐章的问题较少，瞿维决定缩短战线，先整理第一和第四乐章。10月，这个整理稿分别在北京、上海两地的纪念音乐会上同时演出。由陈燮阳指挥上海交响乐团演出的冼星海创作、瞿维整理的《第一交响乐》，获得了文化部嘉奖。但瞿维并没有满足于已有的成绩，而是在广泛听取反馈意见的基础上，按照“求真”“求善”“求用”的原则，从提高演出效果着眼，对《第一交响乐》又做了第二次订正和整理，时长由73分31秒缩减为44分10秒，在1987年10月演出中，收到了预期的效果。在纪念冼星海诞辰一百周年暨抗日战争和世界反法西斯战争胜利六十周年、上海之春国际音乐节的演奏中，赢得了观众经久不息的掌声。第二年，被收入人民音乐出版社出版的《冼星海全集》第10卷。

二

瞿维整理的《第一交响乐》，无疑是非常成功的。这项工作结束之后，瞿维以《爱国主义的颂歌——介绍冼星海〈第一交响乐〉》为题，精心写下了2万余言的文章（包括谱例），刊载于《音乐研究》杂志上，希望更多的人了解冼星海的作品，传扬冼星海的爱国主义精神，为创建中国的新音乐而努力。

这篇文章，记载了瞿维把整理加工《第一交响乐》，作为深入学习研究冼星海作品的全部过程。他在认真分析这部作品的突出成就之后指出，冼星海的“这部作品给人最强烈的印象是具有历史的纵深感和地域的辽阔感。上下五千年，纵横数万里，时刻萦回于他的胸臆；祖国的兴衰，人民的苦难，无不牵动着他的思绪。这是积累了他一生丰富的经历，表达了他内心深处炽烈感情的一首爱国主义颂歌。在艺术上又有着丰富的想象、奇妙的构思、雄健的笔触、史诗般的风格，在对交响乐民族化的探索方面，取得了不可忽视的成就。”他说，为了表现《第一交响乐》的宏大内容，冼星海在交响乐的民族化方面做了大胆尝试，可以说，这是我国音乐史上第一部富有气魄的史诗性、哲理性的交响乐。同时，瞿维以客观的实事求是的态度，指出了这部作品中存在的问题。

下面，分章加以展述——

其中，第一乐章《锦绣河山》改动得最多。瞿维指出，冼星海构思第一乐章的本意，是要表现祖国的锦绣河山及悠久历史，由此激起人们的民族自豪感。为此，他借用了类似《清明上河图》式的长卷手法，连接不断地呈示出了包括祖国的最大河流、湖泊、高山峻岭和平原，还有富丽豪华的皇宫，绵延万里的长城等奇观的十多个主题。这种类似民间音乐的连缀体和不分段的组曲，用得好是会有效果的。但在听了手稿录音后，瞿维感到，在时长30分15秒的乐章中，主题过多，分不清主次，而且因为篇幅冗长，在器乐作品中各个主题之间的对比和反差、统一性和协调性等方面有些不适。经过反复权衡，瞿维保留了原曲的引子、太平洋之波、疍民歌、山林景色、沙漠、结尾六个主题，删节了腹部。这样的处理，相比原来的结构，一是减少了主题，去掉了多余的成分而获得了统一性。二是增加了主题的再现，从而使整个框架增强了应力，使并列出现的多段主题增强了内部的联系。六个主题，依次造成了宏大的声势和浩瀚、宽广的效果，使听众仿佛能够居高临下地对祖国大地做鸟瞰式的观察，对壮丽的山河、富饶的大地产生无限自豪和激奋的感情；突出描写了大海惊涛拍岸、汹涌澎湃的雄伟力量中所传达的坚毅、激奋的民族精神；表达了劳动人民对生养栖息其中的山川景物发出的由衷赞颂的疍民歌；第四、第五主题赞颂了山林的幽静秀美和沙漠的空旷无际。在第六主题，总结了第一乐章的乐意，再现了祖国的壮丽山河和辽阔大地之后，唱出了庄严而宏伟的颂歌。经过整理，《锦绣河山》这一乐章缩短为 13 分 49 秒，主题鲜明，更加集中。

在第二乐章《历史的磨难》中，瞿维从慢板乐章中， 体会到了中国人民长期在三座大山压迫之下的苦难生活。在小军鼓滚奏，逐渐加强音量，进入管乐的短促的和弦中，显现出侵略者凶恶残暴的形象。小号在舞台深处吹奏警号式的音调，听起来令人感觉到是哭泣、哀号、呻吟的声调，这里借用了冼星海谱曲、塞克作词的歌曲《流民三千万》中“暴日的铁蹄踏碎黑水白山”的句意。瞿维赞叹道，冼星海对人民的苦难理解得多么深刻！在艺术手法上表现得多么淋漓尽致！它一下子就抓住人心，催人泪下。而后，将倾诉内心痛苦的音乐，逐渐发展成激奋、愤激的情绪而进入高潮。而结尾的侵略者进行曲，瞿维认为有些突然，改为再现主部《流民三千万》的旋律，突出了侵略者凶恶残暴的形象。

瞿维认为，冼星海对第三乐章《保卫祖国》的创作设想，非常奇妙而富有创造性。龙舟舞、纸鹞舞、狮子舞象征了海、空、陆三军的力量，将日益强大而成为捍卫祖国的屏障。但从整体考虑，感到各段的独立性太强，而且篇幅过大，比例有点失调。为了解决这个问题，瞿维通过删节，削弱各段的独立性，在连接处增加过渡句使之连成一体，将富有鲜明民族特色的三段音乐连续演奏，突出劳动人民充沛的乐观主义精神，是中华民族历来克服一切困难取得胜利的可靠保证。在音乐中，听到了人民革命胜利的欢呼声。

第四章《建立新民主主义中国》，冼星海在《创作杂记》中曾经说过，这个乐章写出了中华民族的潜力是伟大和雄厚的，尤其在近百年史上中国工农的兴起，更是势不可当；中国人民迫切地为取得政治自由和人权而奋斗，百年史上布满了中国人民为民族解放和社会解放斗争的足迹。它的曲调朴实有力，富于战斗气势与劳动气息，冼星海用它作为此章的主题是很有特色的。著名音乐学家、音乐理论家钱仁康先生在《冼星海第一交响曲浅析》一文中，评价第四章说：

> 从引子开始，在第一小提琴快速音型的背景上，英国管隐隐约约地暗示了《锄头舞》歌的主题核心。第一变奏仍以从引子持续下来的快速音型为背景，圆号、长号、英国管、小号、圆号、长号依次吹出《锄头舞》歌的主题核心，像振聋发聩的号召。第二变奏以乐队全奏的形式继续发展第一变奏。第三变奏是木管三重奏（双簧管、单簧管、大管），以打击乐器的节奏为背景。《锄头舞》歌的主题用自由变奏的手法，变成了一个复调化的抒情主题。中间部分是一个展开性的插部，音乐浮想联翩，化整为零的主题材料在各种乐器上流转，造成强大的动力。然后才是《锄头舞》歌的主题，主调由圆号吹出。这是一曲预示民族解放斗争胜利的凯歌，放在三个变奏之后出现，起了画龙点睛的作用。

冼星海运用《锄头舞》歌为主调， 暗示了中国工农的伟大力量与全世界工农的联合，表示了要建立新民主主义的中国， 统一战线是战胜敌人、建设新中国的重要策略。在这一乐章，瞿维根据冼星海的思路，删节、再现了一部分，从而理顺了各段关系。

在整理过程中， 瞿维从客观实际出发，对《第一交响乐》存在问题的原因进行了辩证分析。他说，建立中国新音乐的事业，需要无数人为它拓荒、播种，然后才能有收获。冼星海的努力，即使有所不足，也给我们提供了许多宝贵的经验。在分析历史环境之后，瞿维说，冼星海是在非常困难的条件下从事器乐作品的写作，绝大部分作品他都未听到音响。他完全是凭着从事演奏指挥的实践经验及丰富的想象力，写出了这许多富有效果的音乐。即使有某些不够完美的段落，比如，《第一交响乐》结构冗长，某些织体、和声、配器上不够缜密，有的地方忽略了音乐艺术的特殊性和局限性，这在当时的历史条件下是可以理解的。

瞿维告诉人们，如果脱离了历史环境去评价冼星海的这部作品，就会忽视其中“闪光的成分”，走到以偏概全的极端。为此，他以极其慎重的态度去审订、整理冼星海的《第一交响乐》，有效地处理好了《第一交响乐》存在的问题，使它在得到演出机会时，重放异彩，以此告慰冼星海的在天之灵。

瞿维指出，冼星海是一位才思敏捷而且十分勤奋的作曲家。他的才思像喷泉一样地涌现，如果不及时抓住，马上就会流失。因此，在任何情况下总是不知疲倦地写，在动荡、残酷的战争期间，甚至在身患重病住进了克里姆林宫医院，还要求苏联友人给他送去五线谱纸，准备写《胜利》交响乐。瞿维从理解的角度说， 冼星海是一个注意通篇气势而较少考虑局部细节的艺术家。他常常被新的作品吸引了注意力，而没有时间对已完成的作品再做仔细的推敲。因此，他的作品中会有某些局部的问题不够完善。而这些不足确实会直接影响到作品气势的通畅。但这些都属于技术性的、可以弥补的缺憾。如果顺着冼星海的思路，略加调整，就可以保持其原意而增强其表现力，使作品进入理想中的境界。

冼星海在给格里艾尔的信中谈到，“我是一个很不幸的作曲家，我的不幸在于至今还没有在欧洲大城市的交响音乐会中听到自己作品的演奏”，“我的第一交响乐从开始创作到现在，已经过去十年了，但始终没有公演过”，“我不知疲倦地创作，但是至今没有听到自己作品的音响，真是非常遗憾”。

瞿维晓得，作曲家的乐谱，好比是建筑物的蓝图，一定要经过演奏才能变成真实的音乐。因此，没有一个作曲家认为写出乐谱就是工作的结束；他们总是渴望听到音响，用以察验得失，检查效果。也正是为此，失聪后的贝多芬，曾使用过当时条件下的简单助听器，或者把木棍的一端咬在牙齿中，把另一端与钢琴的共鸣板相接，通过多种途径 ，设法收听作品的音响效果。

对于冼星海的宏伟的抱负、殷切的期望，以及抱憾的心曲，瞿维可谓深知深解，无限同情。因此他殚精竭虑、费尽心血，从事《第一交响乐》的整理与加工；也可以说，他的这一番艰苦的努力，正是从这里获取了强烈的内驱力。

三

瞿维对《第一交响乐》的解读，是经过了长时期的情感积累和艺术积累叠加而成的结果。早在 1935 年，冼星海回国后拍摄电影时，他们就有过接触。在延安，他们同在鲁艺音乐系工作。瞿维对冼星海具有真挚敬重的情感，他总是主动自觉地为弘扬冼星海的爱国主义精神奉献一己的全部力量。

当年鲁迅先生悼念“左联五烈士”，写下了著名散文《为了忘却的记念》，真实的意图却是为了永生的记忆。而瞿维对冼星海的记忆，正如鲁迅先生所说，从来都未曾忘却过。瞿维记得第一次看到《第一交响乐》总谱的情景。那是 1939 年冬天，他去延安向冼星海请教音乐教学的时候。在简陋的窑洞里，冼星海拿出了刚刚配器的《龙舟舞》和《纸鹤舞》的总谱给他看。很可惜的是，延安没有钢琴，更没有可以演奏交响曲的管弦乐队，冼星海完全是凭着想象力在写作，顶多用随身带的小提琴试试音乐效果。尽管如此，瞿维还是被冼星海表现人民心灵的想象力和创新精神所折服。

瞿维还记得，1940 年 5 月与冼星海话别的情景。那天晚上，他与音乐系三期的同学们环绕在冼星海身旁，聚精会神地聆听冼星海讲述自己学习音乐的经过。油灯的微光，闪闪烁烁地映照着冼星海憨挚的脸庞，大家都为冼星海刻苦学习的精神所感动，完全沉浸在生动的讲述中了，到了子夜时分还舍不得散去。第二天，瞿维和鲁艺的师生们一起，把冼星海送到了延安的机场，并合影留念。当时，谁也没有想到，“此地一为别，孤蓬万里征”，竟然成为永诀。

冼星海病逝的噩耗在报纸上发布以后，瞿维简直不敢相信自己的眼睛。他反复回忆冼星海的音容笑貌，总觉得冼星海还在身旁，他的身影还活跃在工农群众中，开展着抗战歌咏活动。悲痛之余，他回忆自己从“为艺术而艺术”的爱国学生，走上了去往延安的革命艺术道路，这一切，都与冼星海的指引有直接的关系。瞿维暗下决心，要以音乐服务人民，服务于革命的精神，继承冼星海的未竟事业，为把革命文艺有声有色地开展起来贡献全部心力。从此，瞿维不仅仅是敬仰冼星海的人品，欣赏冼星海的作品，而是自觉地把冼星海充沛的爱国精神、创作思想、群众化的作风继承下来，发扬光大。

1955 年 9 月，瞿维被国家选派到了苏联柴可夫斯基音乐学院留学。这里距离冼星海的骨灰存放处不算远。一个星期天，在瞿维的提议下，黄晓同、朱践耳、邹鲁等同学结伴前往莫斯科近郊的火葬场，瞻仰冼星海墓碑。

在林木参天的火葬场，工作人员热情地接待了瞿维一行。他们仔细地翻阅卡片，找了好半天，也没有找到冼星海的姓名。瞿维突然想起冼星海在苏联重新修改《黄河大合唱》时，为了避免不必要的麻烦，在乐谱上签的别名是黄训。

莫斯科郊外的冼星海墓碑及碑上的冼星海遗容

果然，工作人员按照黄训的姓名查找，立刻就找到了冼星海的骨灰盒，一个极简的灰色的大理石小匣子，周围环绕着锦缎制的花束，下面用中文注明刻着金色的俄文——中国著名作曲家、爱国主义者、中国共产党党员黄训。

伫立骨灰盒前，仰望着冼星海的椭圆形照片，瞿维思绪万千。人天两界相隔，冼星海还是那么年轻，还是用那诚恳的目光在看着他，两个人好像近在咫尺，又似远在天涯。深情凝视中，依稀觉得，冼星海热情诚恳的谈话，仿佛仍然响在耳边："我喜欢接近学生，尤其喜欢接近工人、农民，我在工人的歌咏队里教歌。也到大场乡下去教歌。他们对我的作品表示欢迎，我也从他们的喜怒里，尤其劳动的呼喊、抗争里，吸收新的力量到作品里来。自然我对他们了解还不够，我的作品也还浅薄，不深入。可是，比起在巴黎的作品充实得多。在巴黎的作品，连作风也未确定，只不过有印象派的作风和带上中国的风味罢了。而尤其觉得高兴的，是我的作品那时已找到一条路，吸收被压迫人们的感情。对于如何用我的力量挽救祖国危亡的问题，是有把握了。"这发自肺腑的铿锵之言，恰似撼天动地的《黄河大合唱》的铿锵歌声和充满革命乐观主义精神的《第一交响乐》的旋律，交相回荡在莫斯科的天空。这些真正的中国风格的音乐旋律，再一次唤醒了瞿维自觉宣传冼星海的责任感。

瞻仰冼星海墓碑归来，瞿维回顾了与之相识、相交、相知的往事。首先写出了《忆冼星海》的缅怀文章，在《人民音乐》杂志上刊载。接下来，他借着留学的方便机会，着手搜集、研究有关冼星海在苏联的资料，从中发掘出冼星海在苏联的鲜为人知的不朽事迹。他在冼星海给苏联作曲家格里艾尔的信中，看到了冼星海为建立中国新音乐的灼灼真情："中国人民的斗争教育了我，使我懂得许多事情，这也就是我的第二所音乐学院。"瞿维认为，这绝不是普通的一句话，是冼星海从丰富的生活经历中提炼出来的宝贵经验，是文学艺术家必须深入生活、体验生活、了解生活，才可能写出好作品的深刻启示。

透过这句话，瞿维看到了童年的冼星海在珠江之畔，与母亲相依为命、辛劳生活的情景；青年冼星海只身横渡太平洋，远赴巴黎求学时的饥寒交迫的身影；冼星海在上海街头义愤填膺，参加抗日游行的画面；冼星海在武汉三镇水上歌咏大会的活跃脚步；冼星海在延安指挥鲁艺合唱队高歌《黄河大合唱》的峥嵘岁月。还有病势垂危的冼星海，在给格里艾尔写信时奋笔疾书："我为建立中国的新音乐奋斗了多年。这种音乐必须真实地表现人民的心灵和具有新的形式、新的和声。"为了达到这一目标，他奋斗了一生。从岭南大学开始，经过北京大学音乐传习所、上海国立音专，直到法国巴黎音乐学院，他一直不知疲倦地、如饥似渴地学习前人的经验。冼星海对中国新音乐发展的热望，让瞿维从内心深处感受到了他对祖国对人民的深爱、对建设中国音乐文化不知疲倦的热情，就像那旺盛的永不熄灭的生命之火在燃烧。

于是，瞿维写出了《对祖国的思念——冼星海同志在苏联》的纪念文章。在文章中，瞿维以散文诗一样的语言，歌颂了冼星海把个人的命运同国家、民族的命运紧紧地联系在一起，在为国家和民族的利益而奋斗中实现人生价值的担当精神。文中以"他不能忘怀那南国的秀丽景色"，"不能忘记慈祥、年迈

位于广东省广州市天河区麓湖边的冼星海墓园

的母亲”，“不能忘怀比母亲更伟大的祖国和教育他成长的人民”三个段落，层层递进地刻画出了一个拥有热爱家乡、热爱母亲、更热爱祖国的赤子形象。瞿维希冀将自己理解的冼星海所产生的热力介绍给全国各族人民，让冼星海的作品与名字永远镌刻在国家的记忆中，传递着信念与力量。

20 世纪 90 年代，瞿维带领中国音乐家代表团出访苏联时，专门拜谒了冼星海为纪念哈萨克斯坦民族英雄创作的交响诗《阿曼爱尔达》的诞生之地阿拉木图；拜访了（苏）哈萨克语速记专家达纳斯·巴伊卡达莫娃，翻译了她回忆冼星海的文章——《那时，我们称他为阿地》，填补了冼星海在巴伊卡达莫娃和弟弟拜卡达莫夫一家人照顾下生活的资料空白，赞颂了冼星海身在异国他乡遭受苦难，却仍然心系祖国、依然执着忘我追求音乐艺术的伟大精神，赞颂了中国人民与哈萨克斯坦人民的伟大友谊。

如果说，最好的纪念就是不忘却。那么，最好的铭记就是承其志。据文献资料记载，瞿维几乎参加了纪念冼星海的所有重要活动。

在 1983 年，瞿维出席了迎接冼星海骨灰回国的庄严仪式，写下了《回到祖国的怀抱》的纪实文章。1985 年是活动最多的一年。他不仅呕心沥血，整理了《第一交响乐》，而且出席了冼星海园、冼星海雕像、冼星海纪念碑、纪念馆的揭幕和冼星海骨灰的迁葬仪式，还代表冼星海夫人钱韵玲和作曲家寄明、王云阶、夏白等人，执笔写下了成立聂耳、冼星海学会的建议。在冼星海病逝 35 周年的日子里，我国音乐界的第一个学术性组织聂耳、冼星海学会在武汉宣布成立，瞿维当选为上海分会干事。此后，冼星海与聂耳全集的整理、出版甚至是改编等工作，以及会刊的编辑出版，都有条不紊地得到了逐步落实。这一切具体的工作，瞿维都热诚参与，感到乐在其中。

当然，最重要的是，瞿维总结了冼星海运用社会科学理论解答音乐问题的经验，撰写了《冼星海的社会主义美学观》的理论文章，阐述其在理论上的贡献。他指出，“（冼）星海在理论上的贡献，就是揭示出了一种无产阶级具有的代表了历史前进的新的美学形态，一种代表着全民族的工农的朴实、耐劳、刻苦……的强大的集体主义力量的新的美学形态”。他指出，冼星海提出的社会主义美学观的基本内容，就是“充分发挥无产阶级在精神上的优势，揭示他们破坏旧世界、创造新世界的坚强毅力，讴歌他们团结奋进的强大集体主义精神，以艺术的手段充分展现了他们叱咤风云的大无畏气概，把体现新的美学形态的优秀作品放在文化领域占据主导地位，是确立无产阶级在文化领域领导地位的强有力的措施。他还明确提出了冼星海的社会主义美学观，对于新时期坚持以革命的理论武装人，以正确的舆论引导人，以高尚的精神塑造人，对于表现时代精神、具有奋发进取精神的音乐成为文化生活的主旋律的重大理论价值。

第十五章 琴瑟和鸣

QINSE HEMING

一

瞿维与寄明是令人钦羡的一对伉俪作曲家。他们的爱情故事，在经历了初见时的“曾经沧海难为水，除却巫山不是云”的情有独钟，初婚时的“在天愿作比翼鸟，在地愿为连理枝”的海誓山盟，发展到长期分居状态的“两情若是久长时，又岂在朝朝暮暮”的心心相印之后，自然而然地进入了“执子之手，与子偕老”“相濡以沫”“不离不弃”的高尚境界。在商品经济大潮波涛涌动的今天，有机会欣赏到这样纯真至情的爱情，真的是一种奢侈的享受了。

瞿维与寄明相逢在北京（1954 年）

这是一帧瞿维与寄明在家中研究创作的合影（图①）。坐在琴凳上，聚精会神弹奏钢琴的瞿维，稍微上扬的嘴角挂着舒心的浅笑；偏着头站着的寄明，在专注地欣赏瞿维演奏钢琴，脸上洋溢着惬意的微笑。他们切磋技艺的神态，完全是陶醉在音乐旋律中的模样。女儿方方回忆说，这帧照片拍摄于 1962 年，是父母一生中最为安定祥和时创作与生活的真实写照。

1959 年 9 月，留苏四年的瞿维，终于和盼望已久的家人幸福地团聚了。

从此时到“文化大革命”前夕，风华正茂的瞿维与寄明，在事业上比翼齐飞，各自在音乐创作领域收获了丰硕的成果。这期间，人民音乐出版社先后出版了瞿维为新中国成立十周年献礼的交响诗《人民英雄纪念碑》，根据张敬安、欧阳谦叔原作改编的《〈洪湖赤卫队〉幻想序曲》，根据延安鲁艺集体创作的歌剧改编的《幻想序曲〈白毛女〉》。他创作的组曲《光辉的节日》（芦芒作诗、陈奇朗诵）、大合唱《油田颂》（晓星词）等重要作品，在上海之春的演出中

①瞿维与寄明在家中研究创作（1962 年）
②瞿维和寄明在昆明（1963 年）

获得了好评。同时期，寄明配乐的《春满人间》《英雄小八路》《金沙江畔》《血碑》四部电影故事片和《热浪升腾》等四部艺术纪录片先后上映。瞿维作曲的《工人阶级硬骨头》（希扬词）、寄明为《英雄小八路》作曲的主题歌《我们是共产主义接班人》（周郁辉词），同列于《红旗》杂志 1965 年向全国推广的 13 首优秀歌曲之中，这是他们于音乐创作领域共铸辉煌、双峰并峙的显著标志。

他们的小儿子旦明对我说，这两首歌曲的成功，与父母的贵在知心、互相支持是分不开的。记得在拍摄《英雄小八路》电影时，母亲在家里手捧着剧本，反复思考如何为影片谱写主题曲的问题。父亲听了母亲的想法，建议她把握好孩子们的心理，让主题曲能真正反映影片中的小英雄们的思想感情。母亲十分重视父亲的意见，找到了最能体现影片主题的旋律。影片一经上映，《我们是共产主义接班人》的主题曲，就立刻飞扬在 960 万平方公里的神州大地上，传到了广大少年儿童的心中。而父亲创作的群众歌曲《工人阶级硬骨头》和大合唱《油田颂》，则是他连续多日深入大庆油田体验生活的结晶。

瞿维与寄明在事业上相互理解，源于他们志同道合，情趣相通。因此，他们之间的日常生活也犹如琴瑟和鸣、鹣鲽情深、珠联璧合，富有诗情画意。作曲家的住宅里经常传出来的是优雅美妙的钢琴旋律。

女儿方方说，父亲最喜欢弹奏的是贝多芬的《月光曲》，这是失聪的音乐家贝多芬用心血和灵魂，为已分手的恋人朱丽埃塔・圭恰迪尼所作的一首享誉世界的名曲。琴音轻推慢陈，如倾泻一地的月光，缓缓移至心房，照亮了那许久不曾碰触的角落，勾起联翩的回忆。德国诗人路德维希・莱尔斯塔勃在欣赏了第一乐章之后说，自己“犹如在瑞士的月光闪烁的琉森湖面上摇荡的小舟一般”。母亲经常弹奏的有韦伯的《邀舞》，弹奏之前，她喜欢给儿女们逐行逐句地解释乐曲描写的内容。这首钢琴曲，是韦伯送给新婚妻子的一首小型作品。音乐采用圆舞曲形式，从温文尔雅的序奏开始，成功地描绘了华丽盛大的舞会上，人们相邀共舞的情态，创造了圆舞曲的诗意形象。其音乐华丽动听，形象逼真，是 19 世纪早期浪漫派音乐的重要成就。母亲在上海国立音乐专科学校读书时，就特别喜欢弹奏《邀舞》。

四手联弹，是钢琴艺术世界的一朵奇葩。儿女们都记得，父母最喜欢四手联弹钢琴曲，这是他们体验音乐艺术境界的方式之一。家里现存的四手联弹钢琴谱，囊括了莫扎特、贝多芬、巴赫、舒伯特、李斯特、门德尔松、施特劳斯、德沃夏克和肖邦等世界著名作曲家的作品。孩子们经常听到的有舒伯特的《军队进行曲》。这是舒伯特许多钢琴联弹曲中最为著名、深受喜爱的家庭音乐。这首作品不仅具有一般进行曲的典型节奏、引人入胜的优美旋律，还有清新自然的和声织体和色彩斑斓的转调技法，因此，被热爱音乐的人们，赞为通俗钢琴曲中出类拔萃的不朽之作。孩子们每次听到这首进行曲的弹奏，都有一曲终了、余音绕梁的快感。延安时期的老同志黄雪楠，在回忆中也说过，每每欣赏瞿维与寄明四手联弹钢琴曲的快意情景，都有一种很过瘾的情不自禁的感慨。

瞿维与寄明都经常出差。寄明随剧组外出采风居多，身在异地时，两心相守相牵，走到哪里，信件往复就到了哪里，其中饱含了“两处春光同日尽，居人思客客思家”的心情。有一年，寄明去大寨体验生活的时间很长，瞿维担心妻子的病痛，连续寄去药品，写信问候，提示生活注意事项。那时候，瞿维的社会活动较多。他每到一地，都要先给寄明写信，报告平安。回家之前，则首先报告归期，以免惦记。两个人的通信称呼，从年轻到暮年，都如热恋时一个样，寄明称丈夫“维”，瞿维称妻子“明”，大多时都要加上“亲爱的”副词，真是令人羡慕至极。每逢春节，给亲友们寄赠贺卡时，瞿维总是把“寄明”的落款放在前面，以示尊重。儿女们从记事起，父母开口说话三分笑，从没见过他们吵过架、红过脸。这些点点滴滴的生活细节，正是他们夫妻恩爱的见证。深爱妻儿的瞿维，有一个非常好的习惯，常常会抽出时间，主动下厨，做上几个拿手菜，给家人享用。节假日里，只要有时间，夫妻两人就会带着孩子们去上海周边城市或者是公园游玩。儿女们在欢愉的氛围中健康快乐地成长。大儿子丹迪考上了上海复旦大学，二儿子凯凯考上了北京大学，旦明和方方读高中。一家人尽享天伦之乐，生活和谐有序。

快乐的时光里，瞿维与寄明的家庭是开放式的。寄明排行老四，三姐的儿子海阳、海光，小时候上学的地方与四姨妈家很近，放学后经常去他们家吃饭、写作业。在小兄弟两人的心里，四姨夫和四姨妈是最和蔼可亲的人。海阳说，四姨夫为了开阔他们的眼界，每逢有庆祝活动时，都领着他们去看彩排。有了新的歌曲作品，愿意唱给他们听。领他们看《创业》电影回家后，引导他们讨论、学习石油工人为了抛掉祖国贫油的帽子，苦战荒原的创业精神。小时候，他们是唱着四姨妈创作的《我们是共产主义接班人》《少年，少年，祖国的春天》的歌曲长大的。四姨妈喜欢教他们吹笛子、拉二胡，培养他们对音乐的情趣；

①与孩子们在杭州西湖边度假。左起，旦明、寄明、瞿维、丹迪、方方、凯凯（20世纪60年代初）
②瞿维、寄明在杭州（1960年）

去新疆等地采风归来，特意给他们讲知识青年立志建设边疆的见闻，讲大寨人战天斗地，把七沟八梁建成了米粮川的故事。海光说，四姨夫和四姨妈个人生活特别节俭，但是，他们却尽心竭力赡养双方老人直到终老。市面上有了洗衣机、电冰箱等家用电器，也首先买回来送给姐姐；而且，每个月都主动给姐姐家里寄钱，以贴补生活之需。这一切都潜移默化地从正面影响了海阳、海光，有利于他们健康成长。

亲密的夫妻关系，和谐的家庭生活，共同的处事原则，是瞿维与寄明在彼此事业成功的道路上，坚定而从容的助推力。

这种令人艳羡的和谐而安定的生活，在疾风暴雨般的“文化大革命”中，陡然宣告中断。瞿维与寄明双双被迫停止了工作，厄运把一家人的生活秩序打乱了。方方回忆说，那天晚上，只有她和妈妈在家。一向工作繁忙的妈妈，难得和她一起绕毛线。门铃响了，不知道是哪里的来人带走了妈妈。在那个恐怖的长夜里，她彻夜未眠，她不相信亲爱的妈妈是坏人。从此，妈妈被作为“国民党特务”隔离审查，不能回家。致使还不到50岁的妈妈，从音乐创作的巅峰一下子被打入到了莫名其妙的谷底，从人生的辉煌落到了难耐的黑夜里。在无休止的批斗中，不管造反派怎样辱骂她、逼迫她，她始终只说一句话：“我是一个共产党员。”当时亲历过上海电影制片厂批斗会的人，印象都很深刻。著名电影表演艺术家赵丹曾经回忆说，平日里温文尔雅的寄明，在被批斗时，造反派把她的头按下去，她就倔强地抬起来。再按下，再抬起来。那眼神，那姿态，简直就是一个大义凛然、不可侵犯的女英雄形象，是一个真正的共产党员。

母亲不在家的日子很漫长。两年多未见到妈妈的方方，就要到黑龙江农场去插队了。临行前，获准去探望被隔离审查的妈妈。看到从牛棚里被押解出来的妈妈，枯瘦、憔悴、衰老了许多，方方的眼泪止不住地流，几乎说不出话。妈妈见到方方，却没有专门对女儿说点什么叮咛的话。她反复大声说，自己的历史是清白的，是一个忠于党的事业的共产党员。这些话，好像都是对身旁看押她的人说的。方方当时很是伤心。解除审查后，妈妈说起这件事的时候，方方才懂得，妈妈是想方设法，为了让她转告爸爸，一定要相信她对党、对党的事业的忠诚信仰才说的。

在那场动乱中，有很多夫妻因为派系不同、观点各异而离婚，有些人反目成仇。但是瞿维与寄明建立在共同信仰基础之上的爱情却更加牢固。瞿维解除审查以后，寄明还在奉贤农村劳动改造，比原来有所不同的是，有了可以回家的机会。寄明每次回家，瞿维都像庆祝节日一样，竭尽所能地为妻子做些可口的饭菜，增加营养。分别时，一定要把寄明先送上车，待到车轮转动，才依依不舍地挥手告别，直到汽车消失得无踪无影再转身回家。寄明的老同事蓝为洁回忆说，有一段时间，她和寄明同在干校劳动。因为被毒蚊子叮咬，寄明的手脚红肿，又痒又痛，不堪忍受。瞿维知道后，十分心疼，骑着自行车，跑了大半个徐汇区，终于买到了蚊香，让寄明带在身旁。他对寄明的细心呵护，很让

①瞿维寄明在云南龙门（1963 年）
②瞿维寄明在桂林芦笛岩（1964 年）

同志们羡慕。

1974年，寄明终于恢复了工作。经历了长达八年的磨难，她的身体每况愈下，精力不足，记忆不佳，常常是力不从心。1980年，寄明接受了为《燕归来》电影故事片配乐的任务。为了照顾寄明的身体，瞿维主动参与了这部电影音乐的创作。他和寄明一起，分析剧情，研究细节，陪着寄明去内蒙古草原采风。回到家里，帮助整理资料，分担配乐伴奏。在他的帮助下，《燕归来》的音乐创作如期完成，片中的同名主题曲，经歌唱家钱曼华演唱后广为传唱，并入选《中国电影百年歌曲精粹》。这首主题曲，成为了寄明告别电影音乐的绝唱。

二

1982 年，寄明离休了。瞿维与寄明的生活进入了最惬意的黄昏之恋阶段。同是音乐界的名人，他们一起去庐山，参加《聂耳全集》编辑工作会议；一起飞昆明，出席聂耳 70 周年诞辰的纪念活动；一起到北京，出席中国音乐家协

寄明离休时留影（1982 年）

会第四次代表大会。离休的寄明，也未放下手中的笔，继续热衷于音乐创作。她谱曲的《中国妇女进行曲》（希扬词）入选人民音乐出版社出版的《妇女心中的歌》。此时，他们的孩子也都长大成材，各自有了幸福的小家庭。年节假日偶尔从外地回到上海探望双亲，使寄明和瞿维有机会怀抱着小孙子，满面春风，满心欢喜。

但是，人生多故，祸福难料。一天，走在淮海路上的寄明，突然出现记忆力障碍，站在街上，竟迷失了方向，无论怎样努力，也想不起回家的路。被焦虑和恐惧包围的她，没有别的办法，只好不停地走。走着走着，头顶的天似乎要塌陷，脚下的地也在旋转，腿一软，昏倒在了路边。幸好被一位熟人发现，把她送回了家。经过医生诊断，寄明患上了轻度的阿尔兹海默症。

病情初发阶段，经过药物控制，寄明意识清醒，生活能够自理，加上有住家保姆的照顾，她对瞿维的工作一如既往地支持，对瞿维在感情上的牵挂也丝毫未减。身兼中国音乐家协会副主席、国家教委艺术委员会副主任多个职务的瞿维，因为工作需要经常出差。每次外出之前，都先把寄明需要吃的食品和药物准备好。瞿维外出期间，寄明会不时地写信，报告家里的信息，以免惦记。瞿维给她买的人参等滋养品，都不舍得吃，只想着要等丈夫回来一起吃。

不知不觉中，寄明的病情却在悄然发生变化。这年冬天，上海连续两天下雪，室内外的温度都很低，寄明总是感觉腰疼腿冷。此时，瞿维正在北京研究聂耳、冼星海全集的出版、修订等事宜。心烦意乱、坐立不安的寄明，觉得时钟走得太慢，简直就是疲惫不堪。原本喜欢看电影的习惯，也因为瞿维不能同去而改变，生活中的情趣在逐渐减少。无奈之下，她给瞿维写了一封长信。信中说：“如果你现在已回家和我在一起，你一定会想办法使室温升高一些的”，“总希望你能想办法，最好能早些回家”，她甚至让瞿维计算归期还要有多久。寄明一反常态的变化，让瞿维感觉到，妻子的病症加重了。否则，一向理解他的寄明，不会写这样的信催促他回家。心中难过的瞿维，火速赶回家中。事情果然如他所猜测的那样，寄明的自理能力越来越差，自我意识正在逐渐丧失。对保姆、对他人，都不能信任，只相信瞿维一个人。只有瞿维在身边的时候，她才有安全感。

寄明的病情，彻底改变了两个人的生命流程。这对相敬如宾、恩爱如初的夫妻，由原本双向互动的爱恋变成了瞿维的单向奉献。

中国有一句古话，夫妻本是同林鸟，大难来时各自飞。在现实中，当夫妻中的一方遭遇疾病、事故、失败时，被另一方无情抛弃的事例屡见不鲜。但是，常怀感恩情结的瞿维，满心想的都是寄明曾独自承担了赡养老人、抚育孩子的任务，曾坚定不移地支持他留学、创作的往事。他说，没有寄明的理解和支持，他不会有后来的诸多成就。“惟将终夜长开眼，报答平生未展眉”这两句唐诗，代表了他此刻对妻子默默表白的心迹：“放心吧，寄明。我会永远珍爱你、守护你的。”在寄明病重期间，瞿维把抽象的爱意化作具体的关怀。他对友人说，现在的主要任务之一就是照顾好寄明。

为了照顾爱妻，瞿维有时候不得不放弃音乐创作和一些社会活动。遇上必须参加的会议，他首先会把寄明所需要的食品、药物提前准备好。临行前，仔细交代给保姆。离开家以后，他每天和保姆通电话，询问寄明的信息。高教音乐教育学会的小型会议，干脆就在家里开。一些理论文章和音乐创作问题的研究，他也都是在寄明休息之后，抓紧时间抽空做的。

为了恢复寄明的体力，瞿维经常拉着她的手，出门散步、晒太阳。他们家里，至今还珍藏着一幅令人感动的照片。那是一个金色的秋天，笑容可掬的瞿维，右手紧紧搂着神情呆滞的寄明的右臂，两个人的左手紧紧相握，并肩站立于聂耳音乐广场。那是瞿维无怨无悔、心甘情愿为寄明付出一切的缩影。这帧照片告诉人们，夫妻之间的爱既需要电光火石般的激情，也需要细水长流式的耐力，更需要在一方有难的时候，有发自内心的不离不弃之举。栩栩如生的聂耳铜像雕塑，在他家附近的街心花园揭幕以后，瞿维便常带着她去那里遛弯、晒太阳。他知道寄明在年轻的时候就崇拜聂耳，所以，瞿维的内心总怀有一丝侥幸，希望寄明看到聂耳挥动着有力的双臂，指挥歌咏队高唱的铜像时，能唤起她对美好生活的记忆。有时候，寄明体力不支，瞿维就陪着寄明在家里活动。上海经济报社原总编辑浦祖康，是旦明的好友。因此，常常去家里探望。他回忆多次看到的场景说：“瞿维伯伯轻轻地搂着寄明阿姨，在家里散步，仿佛在走慢步舞。瞿维嘴里不停地哼着小曲伴奏：‘寄－明－同－志－叮－格－咚，寄－明－同－志－叮－格－咚……’，而此时的寄明，脸上显出的是安详的微笑。”当时的情景，仿佛他们是一对正在热恋的青年男女，丝毫不像是进入暮年的丈夫和病魔缠身的夫人在走步。

在采访上海交响乐团原党支部书记隋月龙时，他竖起大拇指对我说：“瞿维，是好样的，完美无缺！”他说，为了恢复寄明的记忆，瞿维经常腾出时间，弹奏寄明最熟悉、最喜欢的钢琴曲，或者带她去最熟悉的老同志家串门。有一次，瞿维带着寄明到他家，从进门到离开，寄明一直拽着瞿维的衣襟不撒手，好像只有这样，才有安全感。还有一次，他去看望寄明，瞿维立即招呼说：“寄明，你看看，看看是谁来看你啦？拍拍手，欢迎欢迎啊。”那神情，分明是对病妻的满心怜爱。

后来，寄明的病情越来越重了，不仅听觉功能丧失，记忆力消失殆尽，就连肌肉都没有了支撑的力量。此时，这位锦心绣口的著名音乐家已病入膏肓，长期卧床。她将所热爱的音乐事业和瞿维心心相印的情感，都彻彻底底忘却了。生命的痕迹，就像被橡皮擦一点点擦去了一样。她对周围的一切都毫无感知，只剩下一副心脏还在跳动。她的状态，完全回到了婴儿阶段，生活起居、事事时时需要护理。

4 个孩子，分别有各自的工作和家庭。照顾妻子的事情几乎完全由瞿维来承担。一日三餐，瞿维要与阿姨配合才能完成。餐前，阿姨要捧住寄明的头，使她稍稍后仰，方便喂进流食。早餐，瞿维喂她牛奶或酸奶、鸡蛋糕。那时候，还没有打浆机，中餐和晚餐，是瞿维把鱼和肉、蔬菜和水果等亲口咬碎，分别装入啫喱杯子，蒸熟后，再一口口喂下去。日复一日，年复一年，瞿维就是用这样的办法延续着妻子的生命。为了防止寄明长期卧床生褥疮，瞿维设计了一种特别的床，在棉垫下加了一层气垫，又放了一条电热毯，既有弹性，又保暖。天气晴朗温暖的时候，瞿维便推着轮椅，带寄明到丁香花园的“老干部活动中心”散步，或者去拜访熟悉的老同志、老朋友。

老同志黄雪楠从广州到上海探望寄明，吃住在他们的家里。她目睹了最真实的、现代版的天荒地老、海枯石烂的爱情。这样的爱情，没有海誓山盟的承诺，只有温柔的抚爱，贴心的照顾。每天清晨，瞿维起床后的第一件事，是走到妻子床边，捧着她的脸，拍拍她的双颊，然后说：“寄明，寄明，看，看看，雪楠来看你了。”之后，再轻轻抱起她，放在特制的椅子上，用温热的水给她洗脸，用柔软的小毛巾为她擦洗口腔，然后深情轻吻。寄明偶尔的腮动，都是瞿维最兴奋的时刻。他始终认为，和他苦难与共、事业相投的妻子只要活着，就是他

①瞿维寄明与孙子翌磬在一起（1985 年）
②瞿维寄明在庐山（1984 年）

的幸福。他轻轻地握住寄明的手，对黄雪楠说：“她的面部肌肉还有感觉，吞咽、消化功能完好。人生在世，总会遇到各种挫折。我不怨天尤人，能为寄明服务，延长她的生命，我的心理也就平衡了。”

词作家贾立夫在《难忘的一吻》的文章中回忆说，在华东医院的病房里，他亲眼看见，耄耋之年、满头银发的瞿维，手持羹匙，把亲手调制的果汁，一点点地、慢慢地喂到寄明的嘴里，然后擦净嘴边的涎水，再轻吻一下脸颊。他凝视人事不省的寄明，那目光就像初恋情人一样。贾立夫完全被这种罕见的、真实的、不加一点伪饰、对病妻百般疼爱的崇高爱情所折服。要知道，这不是一朝一夕，而是十余年如一日啊！

瞿维对寄明的精心呵护，赢得了绝大多数人的赞美，但也有个别人不能理解。一天晚上，有位老同志前来探望。看到寄明的病态，一迭声地叹息瞿维的命运不好。瞿维当面不好辩解，第二天给这位老同志写了一封措辞严肃的信——

X X同志：您好！

我和寄明同志是在政治上、艺术上都有共同的追求而结合在一起的。我们以马克思和燕妮、周恩来和邓颖超的崇高而纯洁的爱情作为楷模，努力在生活中去实践，以期达到此种理想的境界。不幸的她身患重病，但这并不是命运不好。共产党人从不相信命运之说。这只是人类尚未掌握自然的奥秘，目前还不能医治这种病。我目前的任务就是尽可能减轻她的痛苦，为此而探求最佳方案。

昨晚你的谈话是不适宜的，不符合我们的情况。当然，我们也能谅解。我们共产党人在任何情况下，都应该关心政治、关心人民的利益，力所能及地以我们的力量（不管这力量如何微弱）去推动社会的发展和进步。希望我们为此而共同努力。

瞿维是这样说的，也是这样做的。他不仅精心照顾寄明的生活起居，而且还像从前一样尊重寄明的情感。痴情的瞿维，怀揣一个神圣的梦想，希望寄明能够像格林童话里的“睡美人”和“白雪公主”那样，只要一个浪漫的吻，就能够从长睡中苏醒。因此，他每次给寄明擦完脸，每次离开家，都要给她一个深情的吻。

1992年纪念延安文艺座谈会50周年前夕，瞿维应邀回到阔别已久的延安。旧地重游，他思绪万千，按照从前出差的惯例，给寄明写了一封信，报告回到延安的所见所闻——

亲爱的明：

离开延安47年后又回到延安，感触良多。可惜你不能一同来，不然，该有多好！

杨家岭中央办公厅的会议室一度被毁，现在原样修复。进去后使我回忆起我们二人所坐的位置（参加延安文艺座谈会）以及毛主席和我们握手的情景。桥儿沟鲁艺旧址也去看过了，已变得面目全非。教堂仍很完整。左侧放钢琴的小间仍在，门不见了，现用砖块堵住。我们住过的窑洞仍在，但把前边开了门，把后边的过道堵死。后面评剧团的那一大片已被工厂盖了新房子。世界在变，不变是不可能的；但是那些有纪念意义的地方要保留其原来的面貌才好。

昨天又和夏妹通话，知道我走以后你很好，就放心了。但愿有一天你能恢复知觉，能读到这封信。

祝好！

维

1992.5.13

瞿维回延安（1996 年）

这封发自延安宾馆（杨家岭中共七大会址）的信件，经过山重水复，辗转飞到上海复兴西路 34 号 8c，封面上的收信人是寄明，封底是瞿维祈盼妻子早日恢复健康的一句话："这是我回延安后寄给寄明的信，希望有一天她能读它。"虽然此时的寄明，意识已经丧失。但是在瞿维的心里，妻子还是在延安窑洞的新婚妻子，还是与他在延水河边牵手漫步的妻子，还是弹着钢琴为《黄河大合唱》伴奏的妻子，还是坚强独立、充满创造性的妻子……

上海交大的孟小禾老师，认识一位有名的推拿医生。趁这位医生到上海来办事的机会，孟小禾带医生为寄明诊病。瞿维感到推拿对寄明的康复有一定的效果。为了方便给寄明治疗，80 岁高龄的他，顶着高温酷暑，去青岛学习推拿技术，回来后给寄明推拿。

瞿维就是这样，无微不至、精心经意地服侍了寄明将近13年。他忠贞不渝、日夜守护所展示的“无菌状态”的真挚爱情，与我早些年脑海中曾经有过的动态画面如出一辙：一个好像天真如孩童的精神病妻子，在快乐地追逐着千鸟；一个是多年如一日不离不弃追随着疯癫妻子的丈夫。这是日本著名画家、诗人高村光太郎年复一年宠爱病妻智惠子的故事。在52岁的智惠子撒手人寰后，高村光太郎把悲哀化作爱情的诗歌集《智惠子抄》。隔海相望的两位美在心灵的丈夫真诚爱怜妻子的感人事迹，让我重新认识了爱情的真谛：真爱，初始于海誓山盟的语言，终止于琐碎的、默默无闻的无数细微的平常小事。看到这些真切的画面，有谁能说人生没有真正的爱情呢？又有谁能说爱情都是利己的呢？

三

其实，瞿维伉俪的爱情不仅仅体现于妻子身患不治之症的考验。以往也曾有过两次艰难的政治考验。第一次，是在他们新婚不久的延安审干运动中，寄明被怀疑为国民党特务受到隔离审查，并且有专人监视。瞿维也因为曾经在国统区工作过而受到审查。那时候，他们不能互通音信，但两颗忠诚的心相互信任，从未改变。第二次，就是“文化大革命”中长达八年的考验。与之前严峻的政治斗争相比，眼前的病患在坚贞不屈的爱情面前，又算得了什么！

在全力以赴为寄明治病的过程中，瞿维由于体力消耗过度，渐渐地有些力不从心，一次出差途中竟然昏了过去。清醒过来之后，忧惧随之而来。他想到的是，“人生七十古来稀”，生老病死本没有什么稀奇。好在孩子们都已经成家立业，都能够对自己的家庭负责了。他唯一放心不下的是，万一自己身有不测，不能独活的寄明可怎么能平安度过余生？这个念头时时在撕咬着他的心。一天晚上，把寄明安顿好睡下后，孤坐灯前的他，含泪给孩子们写了一封遗嘱，详细交代了照顾好寄明的有关事宜。

亲爱的孩子们：

常言道，“天有不测风云，人有旦夕祸福。”我今年已经70岁了，不能不考虑身后之事。所以写这封信。

我最担心的是你们的妈妈。如果我不在，她将会怎样？她实在是太可怜了，得了这种不治之症。希望你们要全力照顾她，使她幸福地度过晚年。我们现有的经济条件是完全有保证的。现有存款大约有一万，你妈妈的工资每月有三百。这些钱，希望全部用在她的身上。哪一位孩子照顾她，就由此人支配。但最重要的是精神上、感情上的关心，这是用金钱不能得到的。作为一个母亲，她对你们每一个人的关心是超过我的。这也是伟大母性的天然本能吧！你们当然更有体会。中国传统的伦理道德中的“孝”，除去了封建落后的部分，好的部分应当继承。每一个人都要经过幼、中、老的阶段。这“幼”和“老”两个阶段，只有在别人的照顾下才可能生活下去，尤其是失去了生活能力的人更是如此。望你们千万要照顾好她。

目前，旦明在上海，担子就落在你身上了。最要紧的是团结好夏妹（保姆），要求她长期工作下去。但要经常了解情况，和她商量护理中的问题。对看病、请医生、服药等等，一定要亲自过问，并按照医生的意见妥善落实。此后，别的孩子也希望承担起责任，把她接去。望你们开会讨论一下，定出切实可行的措施。

……

顾鸣一医生，住宁海西路16号。请他为你们的妈妈针灸后，情况是好的，望继续医治下去。他不肯收酬谢，但我们仍要送给他。方式可以通过邮局寄，比当面交客气些。到1987年7月11日，他已经来过三十次，可按每次 3 元计算，过一个时期一起寄。以后也照此办法处理。

张扬同志，是新疆教育委员会党委书记。通过他，八一农学院送来了马肠结石，你们的妈妈服后效果也好。但八一农学院不肯收钱，寄去的 100 元又退回来了。现快吃完了，以后再写信去要。此药要长期服用，希望他们按价收费，我们使用时也心安理得。去信要特别感谢张扬同志……

这封信，字里行间充满了对寄明的牵挂和心心念念的怜爱之情。在生与死的界别之间，他真的担心，如果自己真的先上了灵车，寄明连跟在后面的能力都没有，孩子们却不知道如何照料病重的妈妈。想到这里，他的心仿佛在半空中吊着一样，如临深渊般的恐怖。情急之下，他才给孩子们写下了这封晓之以理、动之以情的信。它让人们相信，世界上真的有这样罕见的对已经患有不可逆转疾病的妻子，还有着千般记挂、万分负责的丈夫。

大概是这忠贞不渝的深情感动了上苍。写下这封信以后，瞿维的身体好转了许多，越来越没有自主意识的寄明，又度过了十年的光阴。这不能不说是生命的奇迹，爱情的奇迹。

当然，主观愿望毕竟不能代替客观实际，寄明在经历了漫长的病程之后，终归是不堪一击了，无论瞿维怎样想方设法去延长她的生命，但残酷的死神还是毫不留情地带走了她。1997 年 1 月 13 日，因并发肺内感染，寄明不幸离开了她曾经无限热爱、无比眷恋的亲人、同事和朋友，享年 80 岁。

爱妻病逝，深情灼灼的瞿维悲痛万分，那一夜，他仿佛衰老了许多。备极伤恸的他，给远在四面八方的儿女报告信息，确定追悼会事宜，撰写《告别寄明》的悼词，寄托哀思。寄明遗体告别仪式上，大厅中悬挂的挽联，上联是：“寄希望于明天”，下联是：“寓理想于现实”。既表达了瞿维献给爱妻的深情，同时也对寄明的光辉一生做出了高度的概括。友人晓星敬献的挽幛“三山一水钢琴奏响黄河怒吼吧，北国江南万众高歌革命接班人”，高悬在追悼大厅的两侧。《中国少年先锋队队歌》的高亢旋律反复回荡，在为寄明送别。

瞿维扶棺低泣，泪眼婆娑地望着寄明安详的脸庞，与爱妻做最后的诀别。一瞬间，所有碎片式的记忆，连缀成了爱妻活生生的音容笑貌在他的眼前叠现：一会儿是身穿学生装充满稚气的寄明，一会儿是辗转西南教师服务团的朝气蓬勃的寄明，最温馨的莫过于他们两个在延水河畔相依相偎的合影。而最多的画面，则是寄明病重时的那份依赖与不舍。

追悼会后，悲情一直笼罩着瞿维的心。他在家里客厅最显眼的地方悬挂着

瞿维（前排中）和孩子们在寄明追悼会上（1997 年）

寄明的遗像，那是瞿维对妻子的永远怀念。寄明生前的读书笔记、信件等手稿，依然保留在书橱；她生前用过的钢琴，照常安放在她的卧室。家里保持了寄明在世时的模样，一切如初。在瞿维的心里，寄明依旧活着，曲未终，人也未散。夜深人静的时候，瞿维把寂寞踟蹰的脚步，停留在寄明的遗像前，就像平常一样，和她轻言细语地述说着心里话——

寄明，我特别欣慰，有幸与你这样的艺术知音结为终身伴侣。所以啊，我要特别感谢你，谢谢你陪伴我走过55年的风风雨雨，谢谢你给了我一个温柔而又坚固的港湾，谢谢你给我生命带来了最靓丽的颜色；寄明，还要谢谢你对我的依赖和信任，我多么希望你还能牵着我的手散步，拽着我的衣襟走路啊……

寄明，你知道吗？过去，我对你改名的事情并不在意，因为那时的青年到达延安，大多都要改用新的名字，用来标志新生活的开始。但是，随着时间的推移，特别是在你生病以后，我才有了较为深入的思考。我觉得，在你只是一个22岁的青年的时候，你没有使用一般的名字，而是改用了这个具有深刻意义的名字，真是非常了不起，我十分敬佩你当时的思想高度。你的目光多么的远大！你始终注视着充满希望的明天，注视着光明的前途。你看得多么远，多么深！

寄明，我现在更加崇敬你，崇敬你既有诗人般的浪漫主义激情，又有着哲学家那样的清醒头脑。

……

说不尽的话，完全是发自内心的挚爱与崇敬。正是怀着这样的心情，瞿维精心编辑了《寄明歌曲选》，妥善安排了有关出版的一应事宜，以此告慰妻子的在天之灵。寄明诞辰80周年纪念日那天，瞿维在家里主持了一个追思会。他和大儿子丹迪、儿媳小薇，在寄明的遗像前献上了一束鲜花，在生日蛋糕上点燃八支蜡烛。瞿维还以五言律诗寄托了对妻子的哀思：

故人乘鹤去，

随风入苍穹。

遗音传后世，

浩歌向大同。

这首诗，虽然仅有20个字，但却承载了瞿维太多的思念，饱蕴了他太多的渴望，而不是一味地悲伤。大儿子丹迪是在延安出生的。他在追思会上，回忆了母亲坚强不屈的品格对自己的启迪，他从母亲历经磨难的经历中汲取了成熟与自立，成长为一名物理学家。二儿子吴凯回忆了母亲在他病重期间，不惜一切代价，硬是把他从死亡线上抢救回来的感悟。他以孟郊诗句“谁言寸草心，报得三春晖”作为文章的结尾。远在异国他乡的旦明，寄来了一首悼念母亲的五言诗：

艺园浇春苗，

一歌传千秋。

哺育我成长，

母爱永驻留。

此后，旦明又洒泪写下了《她，寄希望于明天》和《母亲寄明和歌曲〈我们是共产主义接班人〉》的纪念文章，回忆了母亲的人品与作品，对自己成长过程中留下的深刻影响。

女儿方方在追思中说：

记得很小的时候，就知道妈妈很忙。我和妈妈的房间，隔着门隔着墙，但知道妈妈在家里，心里就很踏实。

长大了，上学了，感觉妈妈和她工作的房间既神秘又神圣。妈妈文静、端庄，是一个有理想、有抱负、独立自强的女性。对我这个唯一的女儿寄予了特殊的希望。

……

做娘方知娘辛苦。我自己在负起了对一个女儿的责任之后，才真正体会到了妈妈的伟大。妈妈是四个子女的母亲，而且有好多年爸爸不在她的身边，偌大一个家庭，上有老下有小，全靠她一个人支撑。不仅如此，她还负起了养育外甥、外甥女的责任。但是无论怎样辛苦，妈妈总是微笑着，眼睛里流露的满是慈爱和希望。

与此同时，妈妈以全副身心投入她所信仰的热爱的音乐中，这不是普通人能够做得到的。妈妈虽然离开了，但妈妈的形象将永远留在我的心中。

四

寄明驾鹤远行以后，人们以各种形式，深情地纪念她。著名词作家晓星、王晨湖、张秋生等人，纷纷撰写深情悼念寄明的文章。

希扬接到寄明逝世的讣告，悲痛得夜不能寐，若梦若醒，浮想联翩。他在给瞿维的信中说：寄明为人诚恳善良，对工作勤勤恳恳，默默奉献，对同志平易近人，朴实无华，既有慈母般的情怀，又有孩童的纯真，她的一生，以“慈母童心”概之，恐不为过。他借用了《梅娘曲》的形式，写下了《寄明曲》，以示哀悼：

一支歌儿一锭金，
锭金难买歌半分。
金银有价歌无价，

歌儿有神金无神。

世人常夸寄明巧，

一曲队歌唱到今。

山也唱，水也唱，

五洲四海有回音：

我们是共产主义接班人！

希扬在信中还说：人生自古谁无死，留取丹心照汗青。寄明给我们留下了无限的怀念。忆往昔，延水河边听牧童短笛，琴韵叮咚犹在耳；看今朝，黄浦江上闻少先队歌，声调铿锵曲已入心。

词作家李幼容在接到讣告当晚，连夜写下了《童歌寄哀思，接韵唱明天——深情悼念著名作曲家寄明同志》的回忆文章。文中说，就在寄明病重的前夕，还为他的歌词《前进，快乐的少先队员》，谱写了一首充满儿童生活气息的活泼欢跃的抒情进行曲。他说："寄明同志，您走了。但是，您的美德，您的风范，您的文品，永远是我们心灵求索的坐标。您的乐思，您的旋律，您的童心，将在音乐的长河中延续不断地发出回响。""寄明同志，我们为您送行了！您寄希望于明天的明天，一直永远的明天，共和国的孩子们，都会怀念您……"

中国音乐家协会原副主席孙慎，在《悼念寄明同志》的文章中，回忆了寄明在电影音乐和少儿歌曲创作方面所取得的辉煌成就之后说："寄明同志虽然离我们而去，但她的那些优秀作品，将永远为人们所传唱。人们将永远记住她为人民所做的杰出贡献。"

最独特的悼念形式，是国务院原副总理李岚清亲笔画的一幅素描，并在画像下方，题写了一首用寄明的歌曲题目编辑而成的诗歌赞颂她：

花儿飘香人要美，

浪花亲我小脚丫，
凤凰之歌小百灵，
少先队歌谱曲人。

寄明去世两年的时候，由“好小囡少儿合唱团”演唱的寄明少儿作品音乐会在上海举办。提到这个演唱会的演出，还有一件说起来至今都让人感动的事。

原来，上海“好小囡少儿合唱团”团长赵家圭，深知寄明是一位为我国少年儿童事业做出重大贡献的作曲家，非常想为她举办一场纪念音乐会。但遗憾的是，他除了“美好的愿望”以外，资金与场地都没有。有一次，赵家圭与市委宣传部离休的老部长孟波相遇，谈起了举办寄明少儿作品音乐会的困难。老领导立刻表示大力支持。1999年春，音乐会得到了资金赞助。孟波建议说，音

寄明少儿作品音乐会，由上海“好小囡少儿合唱团”演唱。第三排左三吕其明、左四瞿维、左五孟波（1999 年）

乐会在5月23日举行为好。因为这一天是毛泽东《在延安文艺座谈会上的讲话》发表57周年，而寄明又是聆听过毛主席讲话的亲历者，1999年又恰逢中国少年先锋队成立50周年。这个提议落实之后，赵家圭特别邀请瞿维为音乐会挑选曲目。瞿维选择了代表寄明创作不同风格的《中国少年先锋队队歌》《少年，少年，祖国的春天》《好阿姨》等十余首少儿歌曲。演出的那天，孟波与夫人、著名作曲家严金萱带着花篮，第一个到达音乐会现场，预祝寄明少儿作品音乐会演出成功。那天，吕其明、陆在易、杨立青、许国华、黄准、徐景新、蔡璐、邱悦、吴应炬、刘雁西、杨绍椈、陆建华、朱良镇……上海的著名作曲家听说是演出寄明的少儿歌曲演唱会，几乎都来为这次特殊意义的演出助力。他们有的捧着精致的花篮，有的带着鲜艳的花束，当时的情景，真可谓盛况空前。演出结束后，音乐家们与合唱团合影留念。寄明的老同志、著名作曲家吕

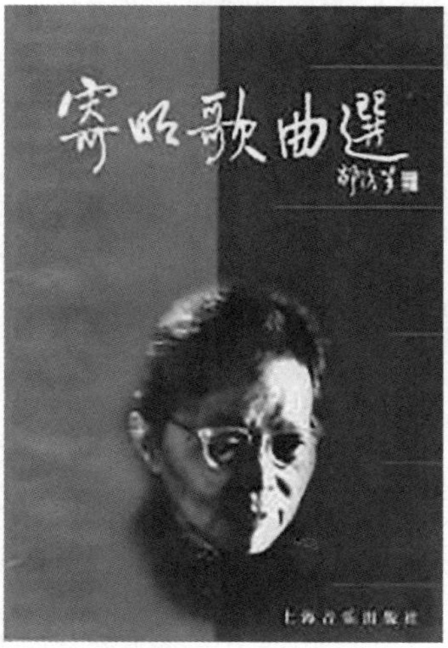

瞿维、寄明作品音乐会分别在沪举行

本报讯　著名作曲家瞿维以《难忘的旋律》为题的作品音乐会，定于5月21日在上海音乐厅举行，上海交响乐团演奏，曹鹏指挥。

这是数十年辛勤耕耘于音乐园地的老作曲家瞿维首次举办个人作品音乐会。因此他对自己创作的作品进行了精心挑选，演出的都是历年创作的器乐佳品，写作年代从1956年至1993年，时间跨度长达27年，基本反映了他在大型器乐曲创作方面取得的杰出成就。

所演曲目里有堪称中国现代交响乐创作代表作之一的交响诗《人民英雄纪念碑》；有《白毛女》幻想序曲和《洪湖赤卫队》幻想曲；有为海南建省而作的《五指山随想曲》；还有《黄土情》、《组曲》选段和音诗《钢琴与乐队》等。钢琴演奏为上音副教授陈彦新。

瞿维现为中国音协副主席、上海音协顾问、上海交响乐团作曲家等。他早年就读于上海新华艺术专科学校师范系，在聂耳和冼星海为代表的革命音乐影响下，走上了音乐创作的道路，曾任延安鲁艺音乐系教员和沈阳鲁艺音乐系主任。50年代中期他又曾在莫斯科柴科夫斯基音乐学院作曲系进修。瞿维在音乐领域建树甚多，他是我国第一部新歌剧《白毛女》的作曲者之一，还写有大量的交响乐、室内乐、钢琴独奏曲、电影音乐、大合唱、群众歌曲等。

他的夫人、已故著名作曲家寄明的少儿作品音乐会于5月23日举办，上海好小囡合唱团演出。瞿维为夫人选的是从1948年至1983年创作的部分少儿作品，其中有1978年被团中央确定为中国少年先锋队队歌的《我们是共产主义接班人》及广受少儿喜爱的《好阿姨》、《我们是新世纪的主人》、《前进，快乐的少先队员》等童声独唱、二重唱、合唱、钢琴独奏的作品。

《寄明歌曲选》由上海音乐出版社出版（2000年）

其明握着赵家圭的手赞叹说："好小囡，好孩子，好声音，唱得太棒了！中国合唱作品太少，少儿合唱作品更少，这样的音乐会既是推动，也是促进。"

2000 年 4 月，瞿维收集、编辑的《寄明歌曲选》出版了。5 月，瞿维出席了由中国音乐家协会和上海音乐出版社在北京联合主办的首发式暨少年儿童歌曲创作研讨会。当晚，瞿维还出席了在全国政协礼堂隆重举行的"我们是共产主义接班人"的主题音乐会。看到瞿维，与会的音乐家们一致感叹说，寄明真是太幸运了，幸运地嫁给了这样一个全心全意珍爱她、理解她的丈夫，可以时时刻刻地沉浸在被呵护的柔情里，即使是在病故以后也依然真诚陪伴，痴情不改。这正是"人间自有真情在，世道定当情义存"啊！

在瞿维寄明家里查阅资料。左起，茆梅芳、王丽文、吴方方

第十六章

永恒的怀念

YONGHENG DE
HUAINIAN

一

寄明病逝以后，儿女们担心父亲一个人沉浸在哀痛中不能自拔，希望他换一个生活环境；朋友们也纷纷来信、来电慰问，盛情邀请瞿维前去旅游散心，以此消减心中的悲伤。

亲友的关心，让瞿维倍感温暖，他在哀痛中给朋友们分别回信，表示衷心的谢意，同时，阐释了自己的生死观。他在给著名画家、好朋友李培庚夫妇的回信中说：

> 寄明同志去世已经一年了。我和她共同生活了半个多世纪，她不仅是我生活中的伴侣，也是我革命征途上的战友和艺术事业的合作者。失去了她，对我是十分痛苦的。
>
> 但是，我们是彻底的唯物主义者。人的生命只能存在于特定的时空之中，有生必有死，这是自然界的铁的定律。重要的是，要看他在有生之年，是否发挥了个人的能量，把自己的才能服务于人民，去促进社会的进步。从这一点来说，寄明同志是尽了她作为一个共产党员

的责任和义务的。

……

寄明同志的生命虽然终止了，但她的艺术生命将在一代又一代人的歌声中得到永生！

想到这些，瞿维的心情稍得宽舒。为了让孩子和朋友们放心，他去了在美国的小儿子家暂住，并在忘年交徐定中的陪同下，游览了美国中西部风光。临别时，他即兴赋诗酬谢徐定中：

银燕落康城（堪萨斯），
取道会故人。
殷殷惜别语，
拳拳赤子心。

回家以后，瞿维首先收集和整理了寄明的作品，为《寄明歌曲选》的出版，做了精心的编辑工作，又请吕骥作序、晓星写了简论、邵洛羊题写书名，并参与筹划寄明作品音乐会，完成了寄明的未了心愿。之后，他把全部心血用到了音乐教育、音乐理论研究等方面。其中，他连续利用了两个暑假，亲自参加并指导了北京大学和中央音乐学院、上海交通大学与上海音乐学院举办的“交响乐欣赏课”师资培训班；他关心音乐美育教育图书的出版，先后为上海音乐出版社出版《音乐美纵横谈》、浙江大学出版社出版的《大学音乐试用教材·音乐基础理论：基础知识视唱欣赏》等书作序，期冀普及美育；关心《中国音乐教育》杂志的编辑出版工作。他回顾自己的音乐创作之路，先后撰写了《钢琴曲〈花鼓〉的产生经过》《人民是艺术家的母亲》《恩来二事》《怀念贺绿汀同志》《擎马列大旗 创时代雄风——悼念杰出的人民音乐家吕骥》等重要文章。

以此总结音乐创作经验。

其间，瞿维做的最重要的一件事，就是完成文化部“歌剧《白毛女》乐队总谱整理小组”赋予他的使命，也是他自己多年的心愿——为歌剧《白毛女》整理总谱。

事情缘起于“纪念歌剧《白毛女》诞生50周年学术研讨会”。1995年6月，中国歌剧研究会联合中国音乐家协会、中国戏剧家协会、中国延安鲁艺校友会等10余个学术团体，组织了歌剧、史学、文艺理论界的120名学者，在北京召开了“纪念歌剧《白毛女》诞生50周年学术研讨会”。会议由当年主持创作、演出歌剧《白毛女》的延安鲁艺戏剧音乐系主任、老戏剧家张庚，剧本主要执笔者贺敬之，作曲者张鲁、瞿维等人，分别介绍了延安鲁艺充分发挥集体的力量与才智，把流传于河北西部山区的民间传说，以“旧社会把人逼成鬼，新社会把鬼变成人”为主题，创作、演出歌剧《白毛女》的历史。会议对歌剧《白毛女》的艺术观点、思想内容、创作方法等理论问题，进行了深入研讨。代表们一致认为，歌剧《白毛女》诞生50多年来，先后在作者主持下出版7次，而由各地文工团、军队文工团、工人演出队、农民演出队自行翻印的非正式演出本则无法统计了。但这些出版物多为简谱本。为这部具有里程碑意义的中国民族歌剧经典作品，整理一个规范的管弦乐总谱，不仅对于重演歌剧《白毛女》，对广大青年进行革命历史与革命传统教育、加强社会主义精神文明建设，提供必要条件；而且，对于指导当前的文艺创作，对于文艺工作者应该怎样深入生活，与群众相结合，也有可资借鉴的特殊意义。

因此，代表们建议文化部提供资金，由中国歌剧研究会负责组织《白毛女》总谱出版事宜。这个建议，由贺敬之、张鲁、瞿维、李焕之等健在的《白毛女》作者联名，致函中国歌剧研究会并转呈文化部。此事因为多种原因，直到2000年10月，才在文化部领导下，中国艺术研究院音乐研究所设立了以张庚为组长，贺敬之、张鲁、瞿维为副组长，文化部副部长王文章为组长助理的“歌剧《白毛女》乐队总谱整理小组”，委托瞿维承担具体的整理工作。

歌剧《白毛女》从 1945 年在延安诞生，到电影《白毛女》上映，再到芭蕾舞剧《白毛女》的创作，始终都有瞿维真挚情感、辛勤汗水、灵动音符的巨量投入；而交响乐《幻想序曲〈白毛女〉》《组曲〈白毛女〉》的创作，则是他在歌剧与芭蕾舞剧基础上进行的艺术延伸。作为与《白毛女》情缘最深的音乐家、创作态度特别严谨的作曲家，瞿维在近 60 年的音乐艺术生涯里，关于《白毛女》的创作经验等问题的理论研究也从未间断过，《白毛女》的艺术形象早已深入他的骨髓。独特的创作经历，决定了他是整理《白毛女》乐队总谱最合适的人选。

接过这个重任，瞿维心情万分激动。他的思绪不由地回到了当年的延安。他记得新歌剧《白毛女》，是延安鲁迅文艺学院贯彻毛泽东在延安文艺座谈会上的讲话精神，总结秧歌运动的经验教训，集中人民的智慧而创作、演出的。他也记得，《白毛女》歌剧创作与演出时的宏大而广阔的历史背景。那年冬天，在 20 岁的贺敬之执笔写下“北风吹，雪花飘，年来到”的剧诗，当他和马可、

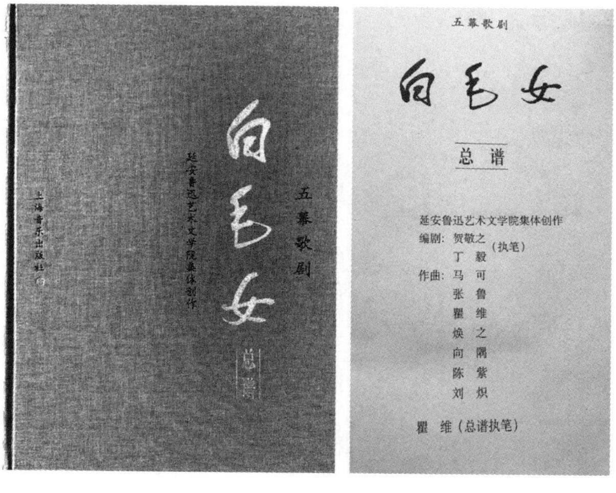

瞿维执笔的五幕歌剧《白毛女》总谱由上海音乐出版社出版（2004 年）

张鲁创作出《北风吹》等歌剧曲谱的时候，第二次世界大战已临近尾声，盟军已在法国诺曼底登陆。翌年，在《白毛女》向党的七大献礼演出告一段落，并进行加工修改之际，第二次世界大战胜利结束，侵华日军投降，中国的主要社会矛盾由民族矛盾转为阶级矛盾。歌剧《白毛女》所反映的农民反抗地主阶级的压迫与剥削的问题，正是中国革命的基本问题。因而，在三年伟大的解放战争中，无论是动员广大农民奋起反抗地主阶级的压迫与剥削，踊跃参军支前，对人民解放军广大指战员以及被俘虏后参加我军的解放战士进行阶级教育，忆苦思甜，激发他们奋勇杀敌的战斗精神，推动革命战争胜利发展；还是在新中国成立之初， 让世界了解新中国的形象，歌剧《白毛女》都发挥了巨大的宣传鼓舞作用。在这个历史发展的进程中，瞿维都是亲历者。凭着丰富的阅历与艺术积累，瞿维有信心，用近现代音乐理论和技法，从歌剧体系上整理、规范和提高《白毛女》歌剧总谱的质量。

但是，想到自然法则的铁律，尤其是想到当年与自己共同创作《白毛女》的作曲者们大多离世，瞿维产生了只争朝夕的紧迫感。他计划在纪念延安文艺座谈会 60 周年的时候，能够完成总谱的整理工作。而实现这个计划，只有一年半的光阴。

为了有一个安静的环境专心创作，2000 年秋天，瞿维从繁华的上海回到家乡常州，在僻静的花园新村，夜以继日、全力以赴地进行《白毛女》乐队总谱的整理工作。当年 11 月 24 日，他在给中央音乐学院音乐学系教授、博士生导师、全国音乐美学学会理事蔡仲德的信中，表达了完成这一工作的迫切心情——

完整地显示出多声部音乐的乐队总谱，是一项极其复杂的工作。《白毛女》歌剧共五幕 16 场，全部音乐有 80 多段。所有道白、唱腔以及过场音乐的伴奏整合，都要在多行谱表上，按照次序，纵向排列出木管乐器、铜管乐器、打击乐器及弦乐的分谱。每组乐器还要按照应用音域，自上而下地再细分为：长笛（与短笛）、双簧管（与英国管）、单簧管（与低音单簧管）、大管（与低音大管）、圆号、小号、长号、大号、定音鼓、小军鼓、大军鼓、三角铁、钹等打击乐器，以及小提琴、中提琴、大提琴、低音提琴和二胡、三弦等民族乐器的排列，还有对独唱、合唱、混声合唱、重唱等剧词的音乐标注。

面对巨大的工作量，瞿维首先参考了所有与《白毛女》有关的总谱，如中国歌剧舞剧院的手写总谱复印件、芭蕾舞剧的总谱等，从歌唱到伴奏，一一进行了梳理。然后，从改造旧音乐（一切中外古今的优秀音乐遗产）的目标出发，根据歌剧《白毛女》音乐来源于北方民族歌谣的实际，以及乐器演奏、唱腔处理上中西合璧、兼容并蓄的特点，确定采用大双管乐队编制与部分民族乐器相结合的原则，重新配器。配器过程中，他吸收了中国民族小调和西洋歌剧的优点，用民族器乐加上部分西洋乐器的配器方法，既突出了民族性，增强了交响性，又能很好地推动戏剧情节的发展。

每天清晨，瞿维鸡鸣即起。中午，小憩片刻养神。晚上，还要在灯下工作

瞿维在家中研究歌剧《白毛女》总谱

到深夜。在连续一年多的时段里，他谢绝了一切不必要的活动，每日伏案工作十几个小时。这样的劳动量，对于年轻人都是超负荷的。对 80 多岁的瞿维来说，其辛劳程度更是可想而知。时任文化部艺术局局长、中国歌剧研究会执行主席、中国交响乐学会名誉会长李刚说，瞿维每两周和他电话联系一次，述说他的写作进展情况，语气中总带有温和的自信感。他的日复一日的劳动精神，深深地感动了李刚。

2002 年 5 月“黄金周”前，蔡仲德教授写信给瞿维，希望他利用“黄金周”调节休息一下，不要过于劳累。友人的关怀，令他欣慰；但在复信中，他还是说：“目前，没有心情玩，只想快些完成预定的工作。今年是延安文艺座谈会举行 60 周年，有刊物来约稿，上海电视台邀请我参加的 5・17 大型座谈会，我都婉谢了。”他在信中还说道：“与其做一番热闹的‘姿态’”，“摆一副花架子”，“不如切切实实做一些自己应该做的工作”。这是他给友人留下的最后的信件。看到蔡仲德披露的信息，我产生了一个猜想，或许是瞿维疲累的身体此时已经有了某种不适，甚或是感觉到了生命的结局已经不再遥远，所以他对总谱整理工作进度也越来越专注，舍不得浪费一点点的时间去做一个短暂的轻松调整。

接到蔡仲德来信的时候，正是常州市花与市树最繁盛的时节，娇艳夺目的月季与典雅朴素的广玉兰交相辉映，氤氲着淡雅清幽的芬芳。与此同时，全国著名四大禅宗丛林之一的天宁寺、因苏东坡而扬名的南宋建筑舣舟亭、清朝乾隆皇帝南巡时所写的碑刻，还有青果巷里隐隐传来的历史回声，共同点染了温润如画的常州风情。但是，再美的景致也吸引不了瞿维的心智。他一心想着要早日完成歌剧《白毛女》这一鸿篇巨制的整理工作。

20 日的白昼，常州平静安宁如常。就在夕阳西下，晚霞渐渐隐去光辉的时候，花园新村传来一阵嘈杂、慌乱的声音。原来，人们发现，正在整理总谱的瞿维悄无声息地倒在了工作间。急救车火速赶来时，瞿维已经没有了生命迹象，是突发大面积的脑出血，带走了他尚未完成的遗愿，留下了他“鞠躬尽瘁死而后已”的生命状态。此时是19时40分，天刚刚黑下来。这一天，距离延安文艺座谈会召开60周年纪念日，只有三天。

二

85岁的瞿维，被突发病魔夺去生命的噩耗，让熟悉他的人们惊诧得难以置信。中国音乐家协会原副主席、首届“中国音乐金钟奖”获得者孙慎，根本不相信会有这样的信息发布。经过询问瞿维的儿子，才不得不相信消息的真实性。孙慎清清楚楚记得，就在前几天，他还与瞿维通过电话，交流《吕骥年谱》编辑的有关事宜。他说，在整理总谱的紧张工作中，瞿维抽时间阅读了《吕骥年谱》初稿，不但在文稿上写下了许多具体修改意见，还专门写信，谈了应该重点注意的几件事情。这样一个身体健康、精力充沛的人，怎么会说走就走了呢？他怎么也没有想到，这个电话，竟然是瞿维留给他的最后的声音。痛惜与哀伤，促使孙慎写下了《你走得太突然了！》的悼念文章。

曾经荣获民主德国高等教育部“格林兄弟奖”的北京大学教授、全国高等学校音乐教育理事会顾问严宝瑜，半晌愕然，就好像头上挨了重重一击，一时悲痛难抑，几乎说不出话来。他说，瞿维平时一直注意锻炼，身体硬朗，同志们都为此高兴，都默默地祝福他健康长寿，也为音乐教育事业多做贡献。瞿维的去世，不仅使全国高等学校音乐教育学会失去了一位大家爱戴的长者和主心骨，也使国家失去了一位“为党、为社会主义、为人民”的文艺方针身体力行的作曲家和坚持马克思主义的音乐理论家和评论家。他满怀悲痛，写下了《悼念瞿维同志》的长篇文章，讴歌这位“生命不息，战斗不止”的共产党人。

瞿维的学生王西麟，心情更是不能平静。重温师情、师恩、师才、师德，瞿维先生的音容笑貌历历在目：风华正茂的先生，正在修改同学们的毕业作品；步入暮年的先生，刚刚还在参加自己的毕业作品《第一交响曲》首演座谈会；

著名词作家张鸿西的《哭瞿维》（2002 年）

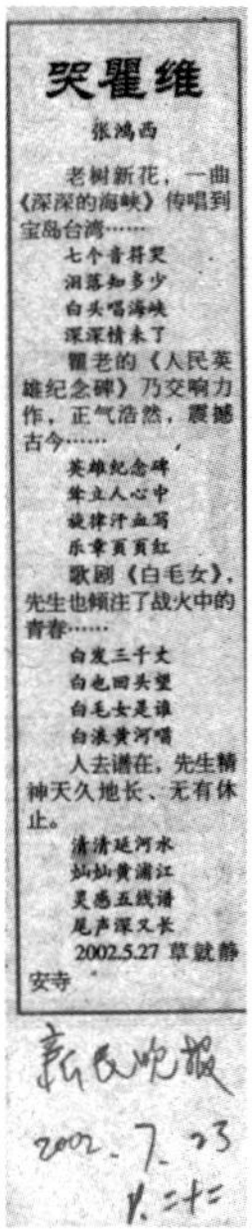

哭瞿维

张鸿西

老树新花，一曲《深深的海峡》传唱到宝岛台湾……

七个音符哭
泪落知多少
白头唱海峡
深深情未了

瞿老的《人民英雄纪念碑》乃交响力作，正气浩然，震撼古今……

英雄纪念碑
耸立人心中
旋律汗血写
乐章页页红

歌剧《白毛女》，先生也倾注了战火中的青春……

白发三千丈
白毛回头望
白毛女是谁
白浪黄河唱

人去谱在，先生精神天久地长、无有休止。

清清延河水
灿灿黄浦江
灵感五线谱
尾声深又长

2002.5.27 草就静安寺

新民晚报

2002.7.23

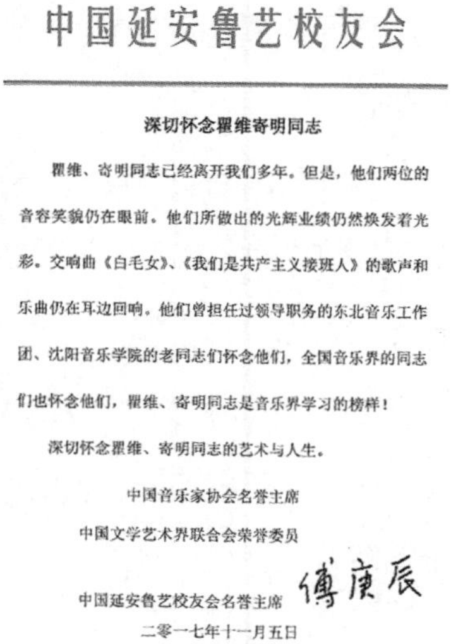

中国延安鲁艺校友会

深切怀念瞿维寄明同志

瞿维、寄明同志已经离开我们多年。但是，他们两位的音容笑貌仍在眼前。他们所做出的光辉业绩仍然焕发着光彩。交响曲《白毛女》、《我们是共产主义接班人》的歌声和乐曲仍在耳边回响。他们曾担任过领导职务的东北音乐工作团、沈阳音乐学院的老同志们怀念他们，全国音乐界的同志们也怀念他们，瞿维、寄明同志是音乐界学习的榜样！

深切怀念瞿维、寄明同志的艺术与人生。

中国音乐家协会名誉主席

中国文学艺术界联合会荣誉委员

中国延安鲁艺校友会名誉主席 傅庚辰

二零一七年十一月五日

霜鬓白发的先生此刻才从全国首届交响乐评奖归来，不辞劳苦，给他的交响乐《云南音诗》撰写推介文章……在王西麟的心目中，最难以忘怀的是在经历磨难、坎坷之时先生给自己的精神鼓励和生活帮助。他把一幕幕清晰的画面，化作了《悼念我的恩师瞿维先生》的文章。

瞿维的老同志晓星，吟咏了发自肺腑、哀痛至极的《永遇乐·哭瞿维》：

平地惊雷，亮星陨落，青天忽黑。失我良师，毁吾同志，肠断心摧折。追思往日，名扬陕北，奏响独家琴瑟。《白毛女》蜚声中外，善恶美真唱彻。冰天雪地，远播火种，赢得天红地赤。谱写英雄，放歌劳动，灼灼娇花烁。旗擎马列，文宗《讲话》，战士初衷本色。哭今后，诤言谁语？百忧悽恻。

这首情文双至的词作，在表达了痛悼心情的同时，高度概括了瞿维光辉的一生。

远在美国的高等音乐教育学会原第一任秘书长徐定中，在《世界日报》上看到瞿维逝世的信息，一时悲从中来，含泪写下了《追思瞿老》的文章，寄托无尽的哀思。

5 月 29 日下午，“沉痛悼念瞿维同志” 的告别仪式，在上海龙华殡仪馆隆重举行。庄重的追悼大厅，摆满了鲜花制作的花圈花篮；肃穆的挽幛长垂，上面写着三十个大字：

满怀爱憎　宝塔山下　同谱不朽《白毛女》

一身正气　黄浦江畔　讴歌永存《纪念碑》

与寻常追悼会不同的是，大厅里循环往复播放的不是《哀乐》，而是瞿维为新中国成立 10 周年献礼的交响诗《人民英雄纪念碑》，那时而豪迈、时而激越的旋律分外悲壮。瞿维的遗像，依旧温和儒雅，面容和蔼亲切，微笑的嘴

瞿维追悼会在上海龙华殡仪馆举行（2002 年）

角，平易的眼神，仿佛告诉前来参加告别仪式的人们："不要难过，我还活着，我还有那么多的工作没有完成呢。"前来悼念的人们都知道，这位一生专心于革命音乐创作、致力于音乐教育、音乐理论研究的老人，在生前曾经说过的话："在我的生命字典里，从来没有'休息'这两个字。"然而，事与愿违，耄耋老人拼尽心力、过度劳累而透支的生命，到底还是不遂人愿地停下了脚步。前来悼念的老领导、老战友、老同事，他的至亲好友和学生，手持红玫瑰，缓步走向覆盖党旗、安卧在鲜花丛中的瞿维，虔敬地、轻轻地鞠躬告别，生怕打扰了他的安眠。

关于挽幛中所说的《白毛女》和《纪念碑》两部作品，国内著名作曲家、评论家普遍认为，这是瞿维最具影响力的代表作。

著名作曲家吕其明在接受笔者采访时，动情地说：

《人民英雄纪念碑》和《白毛女》，分别概括了瞿维在声乐与器乐领域的创作高度。《纪念碑》这部交响曲，是瞿维献给新中国成立10周年的巨作，有着深刻的思想性和艺术性，有着高超的技巧和严谨的构思。我非常喜欢，是把它当作范本来研究、剖析的。用西洋技巧表现民族情感，在《纪念碑》里集中体现了，革命化、民族化、群众化他在这首交响诗里都做到了。"这是他最为著名、经常上演、被列入'二十世纪华人音乐经典'的一部作品"。正如《音乐百科词典》所说：它的音乐表达的是作曲家"伫立在天安门前的雄伟的人民英雄纪念碑前，缅怀先烈，浮想联翩的思想感情。"

"瞿维是老大哥，也是老前辈。我与瞿维一贯是以亦师亦友的关系称道的。1953 年我们在北京新闻电影制片厂时就共事过。1959 年他从苏联留学归来常有来往。'文化大革命'中，市里组建芭蕾舞《白毛女》创作组，我和瞿维、马友道、陈燮阳等同志都是这个创作组的成员，一起工作了两年多的时间。因为瞿维是歌剧与电影《白毛女》的音乐作者，所以是主要成员。舞剧音乐修改的难度很大，只能在增加技术含量上下功夫。那时候，瞿维经常坐在钢琴边，和创作组同志们反复研究修改方案，一个个音符、一个个和弦的编配、推敲，将各种配器的要素考虑进去。厚厚的曲谱，没有署名，属于集体创作。他默默无闻地奉献着，充分体现了共产党员的优秀品格。”

谈话中，老人从书橱里取出他的音乐文集《音符里的畅想》赠送给我。打开目录，《怀念瞿维老师》的文章赫然在列。他说，这篇文章是瞿维去世5周年的时候写下的。每当想到先生伏案谱写《白毛女》总谱时猝然辞世的场景，每当听到交响诗《人民英雄纪念碑》的音乐，心情都格外沉重。他在文章中深情缅怀了瞿维一生走过的创作道路，回忆了与瞿维合作修订芭蕾舞剧《白毛女》音乐时的工作情景。老人还对我说，让歌剧《白毛女》得以通过更轻巧的方式进行演绎和传播，是瞿维浓缩了歌剧《北风吹》《杨白劳》等深入人心的经典唱段而写成的《幻想序曲〈白毛女〉》，全曲着重刻画了杨白劳和喜儿两个典型人物，其中的小提琴E弦，道出了喜儿的凄惨悲苦，扼要表现了剧中主要情节，描写了贫苦人民在旧社会所受到的压迫，歌颂了中国共产党领导下的通过斗争取得的胜利。

中国音乐家协会原副主席、音乐评论家李凌，在交响诗《人民英雄纪念碑》及《幻想序曲〈白毛女〉》问世不久的时候就说过：“我听过瞿维两首交响诗式的新作，两首乐曲都带有简洁、质朴的特点。特别是后一曲中的《杨白劳之死》和《太阳出来了》两段，语要而意周，音简而情深，它体现出作者较好地掌握了交响乐的表现手法和特点。在听到不少新的交响乐曲，每多偏于臃肿、斑杂，线条不清的时候，发现几段这样简洁、情深的东西，是令人兴奋的。”

李凌认为，写诗文，切忌“一意两出”和“同辞共句”。而音乐常常通过主题的反复发展，乐节、乐段的重复，来取得较深的印象。《幻想序曲〈白毛女〉》中的《杨白劳之死》一段，曲调反复出现，因某些节奏、音调、配器（和声）的变化，就能把他那越来越痛苦，越来越强烈的心境和情绪较好地体现出来。

当代著名教育家、音乐理论家、新中国专业音乐教育的开拓者赵沨，在上海之春欣赏了《幻想序曲〈白毛女〉》之后，写下了《上海乐坛的春天——管弦乐创作民族化、群众化的一些感想》。文章评论说，《序曲》“用群众感到异常亲切的歌剧《白毛女》的音调，刻画出了喜儿的形象。这部序曲以朴实的情感和朴素的手法，给人以无限亲切之感。在运用民歌音调做交响性的处理——也就是主题发展的手法上创造了另一方面的经验，把结构比较方整的民歌或民歌式的曲调，不做较多变动地运用于管弦乐最根本的手法——发展的手法来处理，使欣赏者面前映出了喜儿的生动形象。”赵沨认为，《幻想序曲〈白毛女〉》和同时演出的丁善德的交响乐《长征》、朱践耳的交响大合唱《英雄的诗篇》，都是我国管弦乐创作中的优秀的创新作品，是作者从不同的角度运用不同的手法，不同的风格特征，立足管弦乐的中国气派和中国作风的制造，是党的“百

①瞿维（左）与著名音乐理论家、音乐教育家赵沨（右）（1983 年）
②瞿维（后左二）到著名作曲家朱践耳（前左）家拜年（1962 年）

①瞿维与著名作曲家王莘（左）相逢北京（1988 年）
②瞿维与中国音乐家协会副主席孙慎（左）登上娄山关（1989 年）

花齐放”的文学艺术方针显示出的巨大力量。这些作品对于管弦乐创作的民族化和群众化的探索，对于推动我国管弦乐创作的进一步发展，具有非常积极的意义。

瞿维的留苏同学、上海交响乐团著名指挥家曹鹏老人，在我去采访之前，就把资料准备齐全了。其中，有他与瞿维切磋《人民英雄纪念碑》的信件，有他发表在报刊上的回忆文章。他给我讲述了新中国成立之初，与瞿维在北京相识，在柴可夫斯基音乐学院同学，在上海交响乐团几十年共事的交往过程。谈话中，他介绍了 1999 年担任《难忘的旋律——瞿维作品音乐会》指挥的情景：

瞿维作品音乐会，演奏了 7 部器乐曲，基本反映了瞿维在 1956 年至 1993 年期间，在交响乐创作领域所取得的杰出成就。其中的《幻想序曲〈白毛女〉》，绝不是原歌剧音乐的联奏，而是进行了交响化的艺术创作，是独立的音乐作品……音乐会的压轴曲目《人民英雄纪念碑》，是瞿维最有光彩的作品。这部作品展现了中国人民斗争的宏伟历史画卷，歌颂了无数不怕牺牲的革命先烈，作品具有很强的艺术感染力，不愧是中国现代交响乐创作中的代表作。

曹鹏因此说，用《人民英雄纪念碑》这部作品的音乐旋律来寄托怀念瞿维的哀思，是再恰当不过的了。

三

追悼瞿维的挽幛里所说的“满怀爱憎”，应是瞿维创作《白毛女》与《人民英雄纪念碑》等诸多优秀音乐作品的情感基因；而“一身正气”这四个字，则是党组织和业界人士、周围同志对他的高洁人品的高度概括。

在瞿维工作过的部门，在他担任社会职务的地方，他的同事普遍认为，瞿维不计个人得失，一向两袖清风，是一位真正的共产党员。

严宝瑜在《瞿维同志走了，他给我们音乐界和我们学会留下了什么？》的文章中说：“2001 年他在上海交大讲堂做了一个‘怎样当好一个大学音乐教师’的精彩报告， 受到学员的热烈欢迎。令我难忘和肃然起敬的是，当他讲完后，主办单位的工作人员按惯例送给他 500 元讲课费时，他把钱往桌子上一扔，拂袖而去。我想，他的这个举动并不是反对付出了劳动应该得报酬，而是鲜明地表示在社会主义初级阶段里，也应该提倡无私奉献、不计报酬的共产主义精神。”

在高等音乐教育学会的工作中，瞿维反对特殊化。每次开会食宿，他总是和大家在一起，从不独来独往。他反对用公款支付所谓的“工作餐”费。吃完了饭，他总是要支付自己那一份费用，这使得那些认为公家理所当然承担餐费的人有些难堪。他反对请名家出席会议，主办方支付出场费的举动。他在给高等音乐教育学会的孟小禾的信中说："我感到这是不正之风，如果那样对待我，我是不会接受的。"

在采访中，瞿维的老同志隋月龙对我说："多少年来，瞿维从来不要求享受任何待遇，生前唯一的一场作品音乐会，还是在曹鹏等老同志的一再敦促下举办的。他居住的房子，是1959年分配的老式公寓，直到他去世也没有改善过。他家里人最多的时候，上有老母亲和老岳母，下有四个孩子。他和寄明的音乐创作都需要独立空间，两架钢琴和写字桌，分别占据了居室的三分之一。创作时，他常常要去保姆的亭子间。当时，比他资历浅的作曲家，都已经几次改善了住宅，可是他从来不提自家的困难。在上海舞蹈学校和芭蕾舞团借调期间，他每天夹着一个黑色塑料书包，带着饭盒，乘坐公共汽车去西郊。在那里创作，也没有专门的办公室。他在上海交大兼职，是没有报酬的义务劳动，很少有人愿意去，他却全心全意、乐此不疲地勤奋工作。每天中午休息时，他都要组织教授小提琴等器乐演奏技能等活动，吸引流动观众。后来，他把老同学、著名指挥家曹

①瞿维与著名作曲家吕其明亲切交谈（1992年）
②作者采访杰出的交响乐作曲家、著名电影音乐作曲家吕其明（2019年）

鹏等人请来，率领交大学生艺术团在国内外音乐节或欧、美、日等高等院校进行艺术交流。音乐研究室就是这样一点点地发展成音乐学院的。”

谦虚谨慎，是瞿维的突出个性特征，和他在一起工作，老老少少的同志都觉得融洽和谐。他的留苏同学朱践耳发自内心地评论说：“他为人正派真诚，坚持原则，又平易近人。按他的资历，他可以当中央的部长，但他从不居功自傲，人们都亲切地称他为‘老伯伯’。”他是有名的音乐专家，但在音乐问题上从不以权威自居，总以平等的态度和大家商量讨论。所以，他赢得了一大批德才兼备的音乐家、教授和社会活动家的爱戴与信赖。在他逝世两周年的时候，著名指挥家曹鹏在《音乐周报》发表《怀念学长瞿维》一文。他回忆说：“瞿公中西皆精，乐历富足，但却谦和真纯。我和他的每一次合作，他总是认真听取意见，总是认真记录指挥及乐队队员的意见并认真研究，修改作品。从前，我曾多次指挥他的交响诗《人民英雄纪念碑》，发现这部作品再版时，他做了许多配器上的修改。”而这次配器的改动，均是根据曹鹏的建议而为。出版以后，瞿维亲自登门送到曹鹏家里，以示谢意。

著名作曲家吕其明说，瞿维为创作和传播《白毛女》这一艺术精华，倾洒了无尽心血，付出了巨大劳动。可是，他总是谦逊地说，许多都是集体创作。老人以《交响组曲〈白毛女〉》为例：组曲有《压不住的怒火》《北风吹》《红头绳》《深仇大恨》《冲出虎口》《欢庆解放》六段。1977 年，在人民音乐出版社出版后，瞿维特意让夫人寄明捎来一本，并附一封信札，瞿维谦虚地说：“《交响组曲〈白毛女〉》的出版，是大家的集体创作。其中《压不住的怒火》一段，即是你为电视片写的，我不过是做了编辑工作而已。”瞿维的大家风范与旷达心胸，使他由衷地感动与敬佩。

说到吕其明，还有这样一件事——

2000 年 10 月，纪念吕其明从艺 60 年的作品音乐会，即将在上海大剧院隆重举行。恰在此时，吕其明接到了瞿维的来信，开笺展读，只见熟悉的笔迹里，字字句句都如春风拂面般的温暖。

其明同志：

热烈祝贺你作品音乐会即将举行！

我们从 1953 年在中央新闻纪录电影制片厂共事以来，过去即将半个世纪了。其间虽然间或不在一起，但从未失去联系。尤其从 20 世纪 50 年代后期至今都同在上海工作，彼此有了新作常常相互探讨，对文艺界的情况也展开热烈的讨论，可以说是知己知彼的老战友了。知道举行音乐会的消息，感到特别高兴。

你的创作经历与革命生涯同步，因此始终以人民的生活为源泉，以服务人民为最高准则。数十年来，你在音乐园地辛勤耕耘，不断探索，在声乐和器乐两大园地都取得了可喜的成果。这次音乐会就是成果的集中展示。

请接受我衷心的祝愿！希望像《红旗颂》这样雅俗共赏、革命政治内容与完善艺术形式结合的佳作不断问世！

我不能亲临音乐会，深以为憾！请寄一份节目单，以后听录音。

原来，瞿维此时正在常州紧锣密鼓地整理《白毛女》歌剧总谱。繁忙的工作中，他还牵念吕其明的音乐会。瞿维的来信，饱含真诚祝福的情怀，吕其明一直珍藏似宝，并把它收入《音符里的畅想》的文集中。

主动关心、爱护他人，是人们追忆瞿维时说到的较多的话题。词作家贾立夫回忆说，1986 年，他所在的上海市广播电视工业公司被撤销，原有的人员将全部安排到基层企业或自谋出路。作为业余词作者，贾立夫很为自己的去处发愁。一天中午，他在淮海路上巧遇中国音乐家协会副主席瞿维。瞿维原本了解他在歌词创作方面的长处，但当时并没有说什么。一星期后，他意外收到瞿维的来信，告诉他去上海音乐家协会找管荫深老师沟通情况。他没有想到，自己就此被幸运地安排到了上海音乐家协会，实现了从业余作者到专职词作家的重要转变。调入音协后，贾立夫如鱼得水，歌词创作水平提高很快。不久，就完成了 20 集电视连续剧《十六岁的花季》的主题曲歌词。经作曲家顾国兴、高德润谱曲后，这首主题曲很快在青少年中流传开来，《歌曲》杂志和许多音乐刊物也纷纷登载，不仅灌录了音带、制作了光盘，还被收入中学生的音乐教材中。到 2002 年，贾立夫创作了各类题材的歌词 2000 余首，其中不乏在全国比赛中获奖的作品。他还结合创作实践，根据孩子们的特点，编写了《青少年学写歌词》一书。

有一年，高等音乐教育学会副理事长、浙江大学教授陈正福双眼发生病变，几近失明。在上海住院期间，正值中秋，不凑巧的是医院的电梯偏偏在那天停电了。70 多岁的瞿维硬是一步步登上 7 楼，把月饼送到了陈正福的手中，陈正福感动得不知说什么才好。出院回到杭州以后，在视力还未完全恢复的情况下，就开展了学会工作，瞿维去信专门表示感谢，并嘱咐他“还望不要劳累，

①著名作曲家王云阶（左）、谭抒真（中）与瞿维（1991 年）
②瞿维在美国 U 型海滩（1997 年）

免得影响视力的恢复。”后来，得知他眼疾好转，瞿维甚感欣慰，特别去信嘱咐“还要提高警惕，不可大意，外力震动有可能使视网膜脱离。要过三个星期方能巩固”。

孔子曾有“益者三友”之说：“友直，友谅，友多闻，益矣。”意思是说，结交刚直、忠恕、智慧的朋友是有益的。工作在瞿维周围的人，都觉得瞿维正是孔子所说的“益友”。高等音乐教育学会顾问、山东工业大学程民生教授回忆说，瞿维曾经在信中批评过他的“工作方式简单”，说：“坚持原则不动摇，是最宝贵的品格，这一点不可丢。但也带来了不够灵活的问题。工作中之争论，如果属于原则性的，不同意时可暂时放一放，用软磨的方式下次再说服对方。如果属于非原则问题，可以妥协。周恩来同志是谈判能手，无论对敌对友，大家都是很佩服的。”这番话，让程民生大有醍醐灌顶、振聋发聩之感，他感慨重重地说，“一个人一生中交几个朋友并不难，难得的是能够遇到真正的知己和不讳言对方缺点的诤友。自己在人生的旅途中，最大的收获之一就是认识了瞿维。”他说，瞿维对待同志们在学术上的思考，表现出的完全是知音的角色。自己在工作中曾经提出了“大音乐”的概念及设想。瞿维鼓励说：“‘大音乐’的设想很好。实际是一门普及性和综合性的审美教育，是你历来审美教育思想（反对就音乐论音乐）的发展，可以据此思路做些思考，形成完整体系。”瞿维的支持，给程民生的研究提供了指引与动力。

瞿维性格儒雅，但对原则性问题决不妥协。他曾经批评高等学校音乐教育理事会的一位同志说，工作中不要总想着局部利益，而应从全局考虑问题，说得对方心服口服。有一次，学会的一个会员抄袭了另一位会员的文章，在报刊上发表。瞿维得知后，严肃却又是在个别场合批评了抄袭者，让其给对方赔礼道歉；然后做被抄袭者的工作，原谅出错一方。

瞿维特别关心年轻人的成长，喜欢和他们聊天，听取他们的看法和意见，时常表扬他们的敢说敢想和积极进取的精神。采访青年乐迷郑超时，他给我讲述了与瞿维先生相识相知的故事，并把珍藏了多年的瞿维书信和照片赠送与我。

1995年11月，“20世纪华人经典音乐会”在上海举行。演出结束后，郑超到后台请指挥家李德伦先生签名留念。此时，面容清癯、一头白发理得纹丝不乱的瞿维先生正站在李德伦的身旁，郑超当即提出致函征求签名的要求。不久，郑超收到了一个大号信封，里面不但有照片，还有一页回信和几本杂志。照片背面写有说明：“1995. 8. 27摄于布鲁塞尔小天鹅旅馆，马克思曾在此完成《共产党宣言》部分手稿。”他在回信的开头，写道：“我不知道你的身份，但我认为用‘同志’相称最恰当不过了。在《祖国进行曲》中有一句歌词：‘我们最尊敬的称呼是同志’。”他还给郑超介绍了在抗日战争中壮烈牺牲疆场的胞弟瞿世俊的事迹。从此以后，两个忘年交开始了持续多年的通信。1998年夏，我国长江流域遭受了百年未遇的洪灾。郑超收到了瞿维的来信和两张音乐会门票。原来，上海交响乐团即将举行赈灾义演，他买票送给郑超，让他参加义演音乐会。将此“作为援助灾区人民的一个具体行动”。瞿维在信中郑重地说：“如果有事不能出席，务必组织他人前往，以壮声势。”在音乐会上半场结束时，一只巨大的捐款箱被抬到舞台，指挥家陈燮阳率全体乐团成员依次捐款，郑超也加入捐献善款的队伍中。此时，瞿维对郑超报以赞许的微笑。那个笑容，永远留在了郑超的心里。

在上海交大采访胡企平教授的时候，他对我说的第一句话，就是“我遇到了伯乐”。

1982年，胡企平从云南艺术学院音乐系小提琴专业毕业。同年报考上海交通大学室内乐团面试时，瞿维老师写了三句话：能吃苦，懂得民族音乐，小提琴技术好。然后说，就留在我身边当秘书吧！就这样，胡企平顺利进入交大室内乐团，在担任小提琴专业演奏员的同时，在音乐教研室兼职乐务工作20年。

那时候，朝气蓬勃、一心向学的胡企平还不到30岁，瞿维看他具有科研素质，就鼓励、引导他在中国音乐学教学和研究方面有所作为。胡企平不负所望，

1983 年就担任了《中国民族音乐欣赏》等选修课的教师，后来又考入了上海音乐学院，在职攻读了硕士、博士学位。就这样，瞿维成为他终身眷恋的良师益友。后来，胡企平逐渐成长为上海交通大学艺术教育中心副主任、音乐教研室主任，并当选为教育部第四届艺术教育委员会委员，全国高等教育学会理事，高等学校音乐教育学会副理事长。他在专著《中国传统管律文化通论》出版之际，回忆了自己的成长道路，在后记里深情地写下了这样一段话：

> 是他（瞿维），肯定了我的《民歌欣赏选修课的教学设计》和《中国民族音乐欣赏》教材等成绩；是他，把我推荐给陈应时教授，希望我在陈先生的教导下，踏踏实实做学问，在中国民族音乐的律、调、谱、器等研究方面有所拓进；是他，多次与导师沟通，了解我的学习、研究情况，帮助协调学习和教学时间上的冲突。

类似胡企平所说的瞿维的故事，还有很多很多。瞿维走了，但是他对音乐艺术的执念，对毛泽东文艺思想的执守，他的人品与艺品，他的崇高品德都留在了人们的心间。正如对《道德经》具有深入研究的著名学者梁启超所说，人的肉体寿命不过区区数十载，人不可能长生不老，但人的精神则可以永垂不朽。因为他的肉体虽然消失了，而他的学说、他的思想、他的精神却会长期影响当代及后代的人们，从这个意义上讲，人完全可以做到“死而不亡”。

四

记得在观看现代京剧《沙家浜》时，阿庆嫂在《智斗》的精彩唱段里有一句“人一走茶就凉”的经典唱词，据说是著名作家汪曾祺先生自创的语言。现在，人们常常用这句唱词来表示世态炎凉。在世俗中，虽然这句话反映了一定的实际，但却不适合用在瞿维身上。

2002年8月，高等学校音乐教育学会第五届会员代表大会在广州华南理工大学召开。会议通过了《关于向瞿维同志学习的倡议书》。倡议书追忆了瞿维在领导学会工作16年间所做出的巨大贡献，对理事会成员提出了学习瞿维的三点要求：一、要遵照他对普通高校音乐教师的要求，既要不断提高音乐专业水平，还要不断地加强人文学科、自然学科及姊妹艺术方面的修养，努力成为具有创新精神、与时俱进、合格的高校音乐教育工作者；二、要学习他襟怀坦荡、作风正派、无私奉献的精神；三、要学习他艰苦朴素、勤俭办会的精神，积极做好学会的每一项工作。尽最大的能力，把学会建设成为全国一流的学会。

翌年1月，在武汉理工大学召开的高等学校音乐教育学会第五届第二次理事扩大会议上，与会者默哀，缅怀瞿维。会后，出版了纪念瞿维专刊，正式发出了《关于向瞿维同志学习的倡议书》，刊载了《瞿维艺术小传》《悼瞿维同志》长诗，还有严宝瑜、程民生、陈正福、徐定中、孟小禾等同志撰写的《瞿老的革命精神永存！》《丹心照日月 风范励后人》等回忆文章。其中由方堃执笔、高校音乐教育学会的理事们精心创作的叙事诗《悼瞿维同志》，满怀深情地回顾了与瞿维在一起工作的情景：

……

有人说，高等音乐教育学会是个穷学会，开穷会，

这是您，把延安传统传给了学会，

勤俭、朴实、生气勃勃。

十六年来，

专业学习班，一个接一个，

把初开课和将开课的会员扶上讲台，全国开花；

课堂经验交流，一批接一批，

教育质量，丰满而更充实；
新编教材，一部接一部，
硕果累累。
声势浩大的大学生音乐夏令营，
……
像过节一样牵动了成千上万的专家和学子，
全国高校文艺社团蓬勃兴起，
……

是您，强调把学术研究放在首要位置，
……
是您，为我们树立了无私奉献的榜样——赵元修，
这位北航的火箭专家，
以他微薄的收入，购磁带，置设备，
义务担起全校的音乐欣赏课，
被学生誉为“给灵魂上课”的赵老师，
给学会留下了一笔不可估量的精神财富，
……

瞿维同志，
我们含泪送您一程，
尊敬的老师，
安息吧！安息吧！

瞿维去世多年以后，人们仍然想他念他，并且以各种不同的方式纪念他。

采访瞿旦明的时候，他告诉我说，父亲在留苏期间，国务院原副总理李岚清在苏联莫斯科利哈乔夫汽车厂、高尔基汽车厂实习。李岚清喜欢音乐，那时候他们经常到一起活动，相处得很好。虽然父亲和李岚清同志的专业不同，却结下了深厚的情谊。父亲去世以后，上海音乐学院党委书记董金平曾来到家里探望，转送了一张由李岚清亲手制作的精湛的纪念卡。封面是李岚清书写的是“赠作曲家瞿维家属”的诗词。内封有 1953—1955 年赴莫斯科音乐学院学习的中国留学生的合影，还有李岚清在苏联的留影，封底是他的篆刻作品“爱乐”“俄罗斯音乐之友”。

这张集爱乐、思友于一体的纪念卡，回忆了瞿维与李岚清留学期间的学习状况，也透视了他们那一代人的精神风貌。

瞿维逝世以后，怀念他的纪念文章，不时见诸报刊。他的音乐作品，也不断地被演奏，他的生命在音乐旋律中得以延续。

2011 年 9 月，上海交响乐团音乐总监、中国文化发展史上第一位文艺院团总监陈燮阳，在东方音乐厅指挥上海交响乐团演奏了瞿维作品专场音乐会。

瞿维百年诞辰的时候，一向致力于推广“中国优秀作曲家作品”的上海爱乐乐团，

上海交响乐团音乐总监、中国文化发展史上第一位文艺院团总监陈燮阳，在东方音乐厅指挥上海交响乐团演奏了瞿维作品专场音乐会（2011 年）

在星期广播音乐会平台举办了瞿维专场音乐会——通过电台及网络视频直播、回播的特有推广方式，传播瞿维的音乐作品。

演出之前，音乐会的简介是这样写的：

> “把一生献给人民、献给音乐”，是20世纪中国著名作曲家瞿维先生的生动写照。他自幼与音乐结缘，在人民音乐家聂耳、冼星海的影响下，走上音乐振国之路。他曾担任著名的延安“鲁艺”的音乐教员和东北“鲁艺”音乐系主任。50年代中，赴苏联莫斯科柴可夫斯基音乐学院深造。回国后，长期在上海交响乐团工作，是一位深受人民爱戴的作曲家。
>
> 瞿维先生的钢琴作品以民族民间风格著称，情感细腻抒情，本场音乐会将带来其中的两首——《花鼓》及《荷花舞》。在交响音乐领域的创作，除《洪湖赤卫队随想曲》外，他的交响诗《人民英雄纪念碑》被公认为是20世纪50年代中国交响音乐创作领域最重要的作品之一。瞿维先生还是歌剧《白毛女》的曲作者之一，这部歌剧开创了中国新歌剧的里程碑，在中国民族歌剧发展史上具有划时代的意义。《幻想序曲〈白毛女〉》便是基于这部作品的再创作。

欣然受邀担任音乐会指挥的是原中央芭蕾舞团首席指挥、中国音乐家协会理事会理事、首任中国交响乐团联盟主席、教育部艺术教育委员会常委卞祖善先生。1966年，他第一次指挥《幻想序曲〈白毛女〉》时，就对作风严谨、创作认真的瞿维充满敬意。领衔这场音乐会演奏的青年钢琴家李文琦，毕业于上海音乐学院研究生部，曾经荣获第44届贝尔格莱德国际音乐比赛决赛指定曲目大奖和塞尔维亚作曲家协会特别奖。她在与意大利锡耶纳市交响乐团、香港管弦乐团、厦门爱乐乐团、湖北交响乐团、厦门歌舞剧院乐团、塞尔维亚贝尔格莱德电视广播交响乐团合作演出中，均获得热赞。这一老一少两位音乐界的翘楚，给纪念瞿维百年音乐会增添了亮丽的色彩。

上海爱乐乐团的音乐顾问曹以楫先生，是纪念瞿维百年音乐会的策划者之一。采访时，他对我娓娓道来：

这场音乐会上演奏的曲目，是精心做了选择之后的策划，包括钢琴独奏、弦乐四重奏和管弦乐三种体裁的表演形式，都是瞿维先生的代表作。钢琴独奏《花鼓》是专业钢琴学生必弹的中国作品之一，2015年被收录于《中国钢琴独奏作品百年经典》之中；《G大调弦乐四重奏》是俞丽拿弦乐四重奏组在"舒曼国际弦乐四重奏比赛"中，为我国赢得的第一枚奖牌的参赛曲目；他是参与歌剧《白毛女》创作的作曲家之一，也是他毕生采用不同方式推广的经典；歌剧《洪湖赤卫队》原型是他在1938年所认识的、几度出生入死的地下党负责人钱瑛，他改编的《洪湖赤卫队》幻想曲，就是为了表达人民群众对舍生忘死的革命英雄的敬意；而《人民英雄纪念碑》更是他的代表作，演出更多，传播更广。

关于策划此次音乐会的初衷，曹以楫在接受采访时说：

瞿维先生是老一辈的"红色"音乐家，是在延安参加了文艺座谈会、现场聆听毛主席讲话的音乐家，为我国的音乐事业做出了重要贡献，他一生秉承的创作理念就是"为人民而创作"，矢志不移。他在一生创作历程中，也始终将民族文化元素和火热的社会生活作为创作的源泉，并用西洋作曲的技法予以融合表现，给后人留下了交响乐、室内乐、钢琴独奏和歌曲等多种体裁的佳作，也为后人树立了"洋为中用"

的典范。无论何时，介绍瞿维先生的创作道路和成果，后人都会记怀他的丰厚奉献与不朽精神。瞿维先生是一位真正的优秀共产党员，学识渊博却谦虚宽容，地位高、资格老却从不炫耀，严于律己，从不谋私，德艺双馨，德高望重，他长年来对患病妻子的悉心照料，更是传为美谈，为无数平辈和下辈音乐人所敬仰。基于乐团的业务定位和上述的这些原因，促使我们下决心举办了纪念瞿维百年诞辰音乐会。

斯人已逝，遗范长存。纪念逝者的最好方式，就是继承遗志，完成他所留下的未竟事业。瞿维猝然离世之后，音乐界的一些知名作曲家们纷纷表示，愿意无条件地完成其未竟的歌剧《白毛女》总谱。这件事，一方面反映了瞿维的人品受人尊敬，同时也反映了作曲家们对歌剧《白毛女》的深情。考虑到瞿维在管弦乐创作上的个人风格，上海音乐出版社向“歌剧《白毛女》乐队总谱整理小组”，推荐了曾长期与其共事的后辈作曲家马友道，由他继续完成整理总谱的事业。经过中国歌剧研究会主席李刚与《白毛女》的主要执笔者贺敬之研究，此建议获得采纳。之后，马友道果然不负众望。2004年，李刚在上海音乐出版社出版的《白毛女》总谱《序言》中说：“从马友道新续配的该剧《序曲》来看，他的配器手法及和声运用都与瞿维相近，我甚至觉得是出自同一位作曲家的手笔。我应公平地说：马友道是瞿维未竟事业的合格继承者。在此，对马友道付出的劳动表示真诚的谢意。”

著名戏剧家张庚在《白毛女》总谱的《前言》中说：“瞿维同志根据历来的演出曲谱作了整理、修订，从唱腔到伴奏如何具体做的和盘托出，供人评价探讨其得失；同时也为今后的演出提供了规范的版本。这次《白毛女》总谱的出版，我希望对今后新歌剧创作的提高起积极作用。”

2009年新中国成立60周年之际，张庚的夙愿得到实现。中央歌剧院采用了由瞿维执笔、得到原作者一致认可的、上海音乐出版社出版的《白毛女》总谱，复排了沉寂多年的歌剧《白毛女》，并在人民大会堂上演，演出获得了极高的社会反响和舆论好评。演出后，贺敬之老人对演出给予了高度的评价，他还在俞峰院长执棒复演的歌剧《白毛女》总谱上欣然题词：“祝愿中央歌剧院为振

①瞿维 寄明馆在延安鲁艺文化园区展出（2019 年）

②国家文物局局长刘玉珠（左一），陕西省委常委、延安市委书记徐新荣（右二），在延安鲁艺文化园区主任茆梅芳陪同下（左二）参观瞿维 寄明馆（2019 年）

③鲁艺文化园区的讲解员在给参观者讲瞿维与寄明的故事

兴中国歌剧事业做出新的更大贡献。”对这次公演，音乐界普遍认为，该版本完全尊重了原作的风格，保留并继承了全部传统经典的精华，是原汁原味的“标准”。瞿维采用管弦乐团伴奏，加入二胡、笛子等民族乐器的乐队编制，使交响乐队与民乐交相融合；借鉴西方歌剧的表现手法，特别是大合唱队的加入，增强了音乐的戏剧性和交响性。此后，中央歌剧院曾两次复排《白毛女》，依然沿用了这个版本。民族器乐板胡的《扎红头绳》、穆仁智出场的三弦音乐都是精彩的独一无二的场景，具有不可替代的作用。在文化部组织的部分演职人员和上海文艺界、评论界的讨论会上，上海剧协副主席罗怀臻认为，同最初的版本相比，复排保留了原汁原味的唱段，减弱了原本的话剧腔，更多地用音乐来维系人物情感和命运走向。音乐主题的应用及和声、复调、合唱、伴唱、重唱，丰富了歌剧音乐的表现力。罗怀臻认为，新版《白毛女》更加强调回归歌剧艺术本体，突出音乐性、歌唱性和旋律性。在演出现场，观众都被舞台深深吸引，鸦雀无声，有的观众为喜儿的遭遇动容，不停地用纸巾擦眼泪。有的乐手流着泪在演奏。2018 年 10 月，由延安大学鲁迅艺术学院与中央音乐学院共同排练的歌剧《白毛女》，在延安大剧院首演，采用的也是瞿维整理的总谱版本。

“中国歌剧《白毛女》总谱的出版，对于从事歌剧建设的艺术家们，对于优秀的人物——也就是有教养的那一群歌剧爱好者来说，无疑是一份珍贵的礼物。尽管它已经用简谱出版过多次，但总谱的出版，却使世界歌剧文库增添了一部来自东方的、闪着光亮的中国歌剧。它为研究、探索中国歌剧的中外学者提供了规范的版本，同时亦为歌剧院提供了完整、准确的演出本。”类似这样的评价表明，瞿维与中国民族新歌剧《白毛女》一起，完成了光荣的历史使命。他的艺术生命将在这不朽的旋律中得到永生！

附录

FULU

附录一

瞿维与寄明大事年表

1917 年

5 月 9 日，瞿维出生于江苏常州武进。

6 月 29 日，寄明出生于江苏苏州市。

1933 年

7 月，瞿维考入上海新华艺术专科学校师范系。

夏，寄明在苏州女子中学毕业，考入上海国立音乐专科学校高中师范科国乐组，师从朱英学习，主科琵琶，副科钢琴。

1935 年

秋，瞿维结识冼星海，开始接触到冼星海的作品，受到启发和鼓舞。

12 月，瞿维从上海新华艺术专科学校毕业。

1936 年

年初，瞿维到光复中学任音乐、美术教员。

夏，瞿维到湖北宜昌职业中学及学院街小学担任音乐、美术教师。

1937 年

6 月，寄明以优异成绩毕业于上海国立音乐专科学校钢琴专业。

7 月 7 日，“七七事变”爆发。暑假期间，瞿维由宜昌乘轮船送祖母灵柩回常州，然后去上海。

8 月 8 日，瞿维去文庙参加上海 50 多个群众歌咏团的千人大合唱暨国民救亡歌咏协会成立大会，与冼星海再次相遇。

8 月 12 日，瞿维乘船南行，11 月抵达宜昌，继任职业中学及学院街小学音乐、美术教员。

是年，寄明辗转贵州、四川，先后在贵阳、达县（现达州）、重庆教师服务团任音乐教员，在重庆教育部音乐教育委员会任干事。

1938年

5月，瞿维在宜昌加入中国共产党。

11月初，武汉失守，瞿维按照党组织指示，从宜昌去重庆，入职重庆中国电影制片厂合唱团，担任钢琴伴奏。

1939年

8月，寄明抵达延安，入中国女子大学高级班学习。

9月，瞿维任陕西宜川第二战区民族革命艺术学院音乐系主任。

1940年

2月22日，瞿维遵照党组织安排与马可等八人从宜川第二战区民族革命艺术学院所在地英王小镇出发，25日抵达延安鲁迅艺术文学院，在音乐系任教员。

7月，瞿维任鲁艺音乐工作团研究科长。

1941年

春，寄明从中国女子大学调入鲁迅文学艺术学院音乐系任教员，兼钢琴演奏。

1942年

由吕骥作曲、瞿维钢琴伴奏，延安鲁艺排演的郭沫若长诗《凤凰涅槃》大合唱在新落成的陕甘宁边区政府大礼堂做首场演出。

1月，寄明光荣加入中国共产党。

2月，瞿维与寄明喜结连理。

5月，瞿维与寄明出席了延安文艺座谈会。

1943年

5月，寄明在审干中受到隔离审查。

1945年

春，瞿维参加了歌剧《白毛女》的音乐创作。

11月17日，瞿维与寄明告别延安。跟随鲁艺队伍，徒步前往东北。年底，到达张家口待命。

1946年

1月，瞿维任华北联合大学音乐工作团音乐队副队长，寄明在华北联合大学文艺学院音乐系任教。

7月，瞿维与寄明奉命跟随鲁艺从张家口出发，途经内蒙古草原、白城子、齐齐哈尔，到达哈尔滨。参加歌剧《白毛女》《黄河大合唱》等演出。

9月，寄明在佳木斯东北大学鲁迅文艺学院音乐系任教。

11月，瞿维去佳木斯刁翎地区，参加土改和剿匪斗争。

12月，寄明参加牡丹江宁安地区工作队，开展土地改革和剿匪斗争。

1947年

4月，瞿维任牡丹江鲁艺文工团（一团）副团长。

5月，寄明先后担任牡丹江鲁艺文工团的演出科长、副团长。

9月，瞿维任东北音乐工作团副团长。

1948年

4月，寄明在哈尔滨任东北音乐工作团的研究员兼少年班主任。

11月底，瞿维任新成立的东北鲁迅艺术学院音乐系主任。

1949年

1月29日，小儿子旦明出生，瞿维与寄明创作《摇篮曲》。

7月2日至19日，瞿维与寄明出席在北平（今北京）召开的中华全国文学艺术工作者代表大会。

7月22日至9月中旬，瞿维作为中国青年代表团团员，出席第二届世界青年联欢节，抵达匈牙利布达佩斯。9月13日回返，途经苏联顺访，10月1日凌晨抵达北京，参加开国大典。

1950年

2月，瞿维任东北电影制片厂作曲。

瞿维为电影《白毛女》作曲。

寄明任东北鲁迅艺术学院音乐系主任。

1951年

《白毛女》获第六届卡罗维发利国际电影节特别荣誉奖；1957年获文化部1949—1955年优秀影片一等奖。

1952年

6月，瞿维任北京新闻电影制片厂作曲组组长。

是年，寄明任东北音乐专科学校副校长兼教务主任。

1953年

7月，瞿维任中央电影局作曲训练班教员。

9月，寄明调入中央文化部电影局音乐处工作。

9月23日至10月6日，瞿维与寄明出席在北京召开的第二届中国文学艺术工作者代表大会。

1954年

7月，瞿维在北京俄文专科学校学习俄文。

1955年

9月， 寄明调任上海电影制片厂，先后任音乐创作室副主任和作曲组组长等职。

是月，瞿维作为国家特别选修生被派往莫斯科柴可夫斯基音乐学院作曲系学习。

1959年

9月，瞿维毕业于莫斯科柴可夫斯基音乐学院作曲系，任上海交响乐团驻团作曲家。

1960年

7月22日至8月14日，瞿维与寄明出席在北京召开的第三届中国文学艺术工作者代表大会。

1961年

3月，瞿维接受上海音乐学院邀请，任作曲理论系客座教授。

5月，瞿维作为观察员，出席在捷克举办的“布拉格之春”。会后访问布拉迪斯洛伐，为期1个月。

5月，瞿维创作的交响诗《人民英雄纪念碑》，由上海交响乐团副团长、常任指挥陆洪恩指挥本团在第二届上海之春演奏。

1961年至1967年1月，瞿维任上海市文化局党委委员。

1964年

2月，瞿维参加了中国音乐家协会组织的赴大庆油田深入生活小组，创作了《五好工人之歌》（希扬词）。

1965年

3月，瞿维谱曲的《工人阶级硬骨头》（原名为《五好工人之歌》，希扬词）和寄明谱曲、周郁辉作词的《英雄小八路》电影主题歌《我们是共产主义接班人》，同列《红旗》杂志向全国推荐的13首歌曲。

4月，上海交通大学合唱团在第六届上海之春演唱瞿维创作的大合唱《油田颂》（晓星词）。

1966年

5月，“文化大革命”开始。11月，瞿维被停止工作；寄明被隔离审查。

1968年

瞿维恢复工作，参加芭蕾舞剧《白毛女》音乐的修改。

1974年

瞿维应中央乐团委约，改编创作了《〈白毛女〉组曲》。

寄明恢复工作。

1976年

3至4月，瞿维参加中国人民友好协会代表团访问日本，庆祝日中文化交流协会成立20周年。

4月3日，瞿维与中日友好协会会长王炳南，拜谒聂耳殉难地日本鹄沼海滨并敬献花圈。

1977年

1月16日，瞿维出席在北京举办的华国锋主席为《人民戏剧》题词庆祝会。

1978年

10月27日，寄明为电影故事片《英雄小八路》谱写的主题歌《我们是共产主义接班人》（周郁辉词），被团中央确定为《中国少年先锋队队歌》。

1979年

10月30日至11月16日，瞿维与寄明出席在北京召开的第四次中华全国文学艺术工作者代表大会，瞿维当选为中国文联委员、中国音乐家协会常务理事。

1980年

10月30日，瞿维出席在武汉召开的中国聂耳、星海学会成立会议。

12月8日，瞿维出席在方州召开的中国聂耳、星海学会成立会议。瞿维当选为聂耳、冼星海首届学会干事。

是年，寄明谱写的歌曲《我爱我们的班级》（王晨湖词），获上海《儿童歌声》杂志“小百灵”优秀歌曲奖；寄明为电影故事片《英雄小八路》创作的主题歌《我们是共产主义接班人》，荣获全国少年儿童音乐作品一等奖、1954—1979年第二次全国少年儿童文艺创作一等奖。

是年，瞿维当选为上海音乐家协会副主席。

1981年

8月，瞿维兼任上海交通大学教授及音乐研究室主任。

9月25日至10月6日，瞿维作为中国音乐家协会代表，出席在匈牙利首都布达佩斯举行的国际音乐理事会第19届代表大会。在第一次圆桌会议上做题为《巴托克对我们的启示》的发言。

是年，瞿维为《上海交通大学校歌》（于之词）谱曲；寄明创作的歌曲《少年，少年，祖国的春天》（李幼容做词）获全国1976—1981年少年儿童歌曲优秀奖；瞿维与寄明出席聂耳、冼星海学会上海分会成立会议，瞿维当选为上海干事组组长及《聂耳全集》《冼星海全集》编委会副主编。

1983年

1月25日，瞿维在文化部、中国文联、中国音乐家协会主办的迎接冼星海骨灰回到祖国悼念会，并发表讲话。

4月29日，原国家副主席、交大校务委员会主任王震在听了瞿维谱曲（于之词）的《上海交通大学校歌》录音之后，给校党委写信表示赞赏，他号召全体同学要“练习唱熟，用歌声奋勉学生学习”。

9月28日至10月6日，瞿维出席在瑞典斯德哥尔摩举办的第20届国际音乐理事会代表大会及国际音乐周活动。

是年，瞿维创作的歌曲《心中的旗帜》，获《文汇报》主办的优秀歌曲奖。

1984年

1月，瞿维参与翻译的（苏）罗加尔列维茨基著作《现代管弦乐队》第一卷第一分册，由人民音乐出版社出版。

5月，国家教委在上海交通大学召开全国部分理工科高校音乐教育座谈会，瞿维在会上介绍了开设音乐选修课的教学体会。

9月至10月，瞿维作为中央文化部派出的音乐舞蹈考察团团长访问苏联。

11月，瞿维作为中国音乐家协会代表团团长，出席在惠灵顿举行的亚太作曲家联盟代表大会及亚太地区艺术节，并发表题为《中国作曲家的职责——为人民而作》的讲话。会后，应邀顺访新西兰音乐机构。

1985年

年初，为纪念人民音乐家聂耳逝世40周年、冼星海诞生80周年及逝世40 周年，中央文化部及中国音乐家协会决定，委托瞿维整理加工冼星海的《第一交响乐》（民族解放）。

5月10日至17日，瞿维与寄明参加在北京召开的中国音乐家协会第四次代表大会。瞿维当选为中国音乐家协会副主席。

9至11月，瞿维作为中国音乐家协会代表团成员，出席在德莱斯登、莱比锡、柏林举行的国际音乐家理事第21届代表大会及学术讨论会，以《我们对待传统的态度》为题，用英语发言。会后应邀顺访东德、匈牙利、奥地利。

1986年

8月，瞿维当选为高等学校音乐教育学会理事长。

是年，寄明谱曲的《少年，少年，祖国的春天》（李幼容词）被评选为“全国红领巾喜爱的歌”。

1987年

4月，瞿维改任上海交通大学文艺系顾问。

7月17日，瞿维在云南玉溪为聂耳雕像落成剪彩。

1988年

8月，瞿维任国家教委委托创办的《中国音乐教育》杂志主编。

1989年

1月，瞿维改任上海音乐家协会顾问。

5月18日至20日，瞿维参加了由中国文联、中国音乐家协会等16个单位在北京联合举办的祝贺吕骥同志从事音乐工作60年系列活动，并担任钢琴伴奏。

1990年

7月，瞿维出席全国高等学校音乐教育学会第二届会员代表会议，改任高等学校音乐教育学会名誉理事长。

8月，瞿维被聘为国家教委艺术教育委员会副主任。

11月，瞿维率中国音乐家代表团，为纪念冼星海逝世45周年、80周年诞辰，出访苏联阿拉木图、莫斯科、圣彼得堡。

12月，瞿维出席中国音协音乐教育委员会中学音乐教师联谊会成立大会并讲话。

1991 年

4 月 7 日至 9 日，瞿维出席上海音乐家协会、上海电影家协会等单位为庆祝作曲家王云阶音乐艺术生涯 60 周年活动，并讲话、题词。

6 月，《人民音乐》杂志发表瞿维翻译的（苏）哈萨克语速记专家达纳斯·巴伊卡达莫娃的文章《那时，我们称他为阿地——回忆冼星海》。

11 月 2 日至 9 日，瞿维出席了在重庆召开的中国现代音乐史座谈会。

12 月 21 日，瞿维参加了中国音乐家协会与中国唱片总公司在北京联合举办的吕骥作品专辑《凤凰涅槃》（唱片）首发式。

是年，寄明谱曲的《少年，少年，祖国的春天》，被评选为“第一届当代少年儿童喜爱的歌”。

1992 年

1 月，瞿维改任《中国音乐教育》杂志顾问。

10 月 28 日，瞿维出席聂耳雕像在上海的落成仪式。

1993 年

6 月 18 日至 19 日，瞿维作为评委出席在上海举行的“单乐章管弦乐中国作品征集比赛”。

1994 年

3 月，瞿维出席在台湾省立交响乐团在花莲举办的第三届中国作曲家研讨会，并发表题为《世纪的回眸》讲话。

1995 年

6 月，瞿维出席了中国歌剧研究会联合中国音乐家协会、中国戏剧家协会、中国延安鲁艺校友会等 10 余个学术团体在北京召开的“纪念歌剧《白毛女》诞生 50 周年学术研讨会”。

1996 年

10 月 4 日，瞿维出席上海东方电视台和中共延安地委共同制作的《胜利的基石——纪念红军长征胜利 60 周年大型专题文艺节目》在延安的拍摄。

10 月，《瞿维文选》在广东高等教育出版社出版。

1997 年

1 月 13 日，寄明在上海病逝。1 月 19 日，在上海龙华殡仪馆举行遗体告别仪式。

1999年

5月21日，上海交响乐团首次举办了《难忘的旋律——瞿维作品音乐会》，演奏了从1956年至1993年创作的七部器乐曲。演出由著名指挥家曹鹏指挥。

5月23日，寄明作品音乐会在上海音乐厅举办。上海好小囡合唱团演出。

12月10日，中国音乐家协会第五次代表大会闭幕，瞿维被聘为中国第五届音乐家协会顾问。

2000年

5月29日，瞿维出席了由中国音乐家协会和上海音乐出版社在北京联合主办的《寄明歌曲选》首发式暨少年儿童歌曲创作研讨会。

当晚，瞿维出席在全国政协礼堂隆重举行的“我们是共产主义接班人”主题音乐会。

6月1日，《人民日报》分别刊发了上述活动的消息。

10月，中国艺术研究院音乐研究所设立了以张庚为组长，贺敬之、张鲁、瞿维为副组长，文化部副部长王文章为组长助理的“歌剧《白毛女》乐队总谱整理小组”，委托瞿维承担整理工作。

瞿维到常州，开始执笔创作整理五幕歌剧《白毛女》管弦乐总谱。

2001年

是年，瞿维在上海交大讲堂，为高等学校音乐教师培训班学员做《怎样当好一个大学音乐教师》的精彩报告。

2002年

5月20日19时40分，瞿维不幸逝世，享年85岁。29日，遗体告别仪式在上海龙华殡仪馆隆重举行。

附录二

瞿维音乐作品目录

一、歌剧

1945 年，歌剧《白毛女》（与马可、张鲁等合作）

二、电影音乐

1949 年，纪录片《世界青年联欢节》

1950 年，故事片《白毛女》（与张鲁、马可合作）

1960 年，故事片《革命家庭》

1980 年，故事片《燕归来》（与寄明合作）

三、钢琴曲

1941 年，《蒙古夜曲》，上海文艺出版社 1950 出版

1946 年，《花鼓》，上海文艺出版社 1950 年出版

1955 年，《序曲》第 1 号与 第 2 号 共二首，上海文艺出版社 1959 年出版。入选上海音乐学院钢琴教材

1956 年，《主题及变奏曲》，编入人民音乐出版社的钢琴教科书

1963 年，《〈洪湖赤卫队〉幻想曲》

1980 年，《荷花舞》，人民音乐出版社 1981 年出版

以上作品均选入人民音乐出版社 1991 年出版的《瞿维钢琴曲集》

四、乐队作品

1947 年，弦乐四重奏《对花》

1956 年，管弦乐组曲《秧歌场景》，首演于莫斯科广播电台，特尔萨柯夫指挥，莫斯科交响乐团演奏。1981 年，林克昌指挥，日本群马交响乐团录音。1986 年由香港唱片公司出版激光唱片

1957年，《G大调弦乐四重奏》（四个乐章）。1960年，由上海音乐学院俞丽拿、丁芷诺、吴菲菲、林应荣女子四重奏组，在莱比锡四重奏比赛中首演，中国唱片公司出版慢转唱片。1962年上海文艺出版社出版

1959年，交响诗《人民英雄纪念碑》，李德伦指挥，中央乐团首演于北京大学。1963年修改后，黄贻钧指挥，上海交响乐团首演于上海之春，人民音乐出版社出版。1979年人民音乐出版社再版，林克昌指挥，东京爱乐乐团录音。1988年由香港唱片公司出版唱片

1961年，管弦乐《＜白毛女＞幻想序曲》，根据电影音乐改编。1962年，陆洪恩指挥，上海交响乐团首演于上海之春，1963年人民音乐出版社出版。1979年，林克昌指挥，东京爱乐乐团录音。1988年，与《人民英雄纪念碑》由香港唱片公司出版于同一张唱片。总谱，1966年人民音乐出版社出版

1963年，管弦乐组曲《光辉的节日》（芦芒诗，陈奇朗诵）。1964年，由陆洪恩指挥，上海交响乐团首演于上海之春

1964年，管弦乐《〈洪湖赤卫队〉幻想曲》，根据同名歌剧音乐改编。1965年，黄贻钧指挥，上海交响乐团首演于上海之春。1982年，人民音乐出版社出版。1993年，曹鹏指挥，上海乐团马可波罗乐队演奏录音，香港HNH唱片公司出版

1974年，《交响组曲＜白毛女＞》（中央乐团集体改编，瞿维执笔）。同年，中央乐团在日本首演

1982年，与王久芳合作交响诗《红娘子》。黄贻钧指挥，上海交响乐团首演于上海之春 ，香港百利唱片公司录制

1982年，室内乐组曲《草原风光》（三乐章），根据《燕归来》电影音乐改编，曹鹏指挥，上海交通大学室内乐团首演于上海之春

1983年，《音诗—钢琴与乐队》。1984年，黄贻钧指挥，上海交响乐团首演于上海之春，钢琴独奏尤大淳

1988年，管弦乐《五指山随想曲》。陈燮阳指挥，上海交响乐团首演于上海之春

1989年，《弦乐合奏》，根据《G大调弦乐四重奏》改编。1990年，陈燮阳指挥，上海交响乐团首演于上海之春

1993年，管弦乐《黄土情》。1999年，曹鹏指挥，上海交响乐团在《难忘的旋律——瞿维作品专场音乐会》演奏

2000年—2002年5月，编写与整理五幕新歌剧《白毛女》管弦乐总谱。2004年，上海音乐出版社出版

五、舞蹈音乐

1947年，《工人舞》，吴晓邦首演于哈尔滨

1968年—1976年，参加芭蕾舞剧《白毛女》音乐的修改与编写

1973 年，与王久芳合作《剑舞》

1980 年，《仙鹤舞》

六、歌曲

1965 年，大合唱《油田颂》（晓星词），由《序曲》《向万丈地层进军》《开天辟地的人》《咱们的油田好》《红色的海洋》《沿着自力更生的大道前进》六首歌曲组成。曹鹏指挥，上海交响乐团与上海交通大学合唱团首演于上海之春

1945 年，《党中央委员会》（贺敬之词）

1946 年，《我们是人民子弟兵》（晓星词）

1947 年，《歌唱党的二十六年》（晓星词）

1950 年，《胜利的红旗飘扬在全中国》（胥树人词）

1963 年，《焦裕禄赞歌》（卢芒词）；《生活在毛泽东时代》（邬大为词）

1964 年，歌曲《五好工人之歌》（希扬词）发表在《歌曲》杂志。1965 年《红旗》杂志向全国推荐 13 首革命歌曲时，更名为《工人阶级硬骨头》

1966 年，《全世界人民行动起来》（芦芒词）；大型表演唱《前进，光荣的上海工人》，在上海之春演唱。（瞿维、司徒汉、萧白曲）

1974 年 《井冈山上太阳红》，人民音乐出版社出版

1975 年，《向着太阳歌唱》（王森、刘鸿毅词），人民音乐出版社出版

1979 年，《北京的早晨多么好》（张士燮词）

1980 年，《峡谷中的船歌》（任志萍词），上海乐团女声小组唱，1981 年中国唱片社录制发行

1981 年，《青年进行曲》（邬大为词）

1982 年，《大学生之歌》（于之词）；《我们的歌儿张开翅膀》（王森词）

《上海交通大学校歌》（于之词）

1983 年，《心中的旗帜》（陈克词）

1984 年，《清脆的铃声》（陈克词）

1985 年，《相会在北京》（瞿琮词）；同年，人民音乐出版社出版瞿维歌曲选《心中的旗帜》（附钢琴伴奏谱）

1990 年，《北京在我心中》

1992 年，《中学生之歌》（邵永强词）

1995 年，《太浦河之歌》（张少峰词）

七、音乐配器

1941 年，为冼星海《黄河大合唱》作钢琴伴奏谱

1943年，为吕骥大合唱《凤凰涅槃》作钢琴伴奏谱

1979年，为吕骥大合唱《凤凰涅槃》作乐队总谱

*未列入所有创作的歌曲。

附录三

寄明音乐作品目录

一、故事片音乐

1956 年，《春天来了》；《李时珍》

1957 年，《谁是被抛弃的人》《平凡的事业》《凤凰之歌》《雾海夜航》（与黄准合作）

1958 年，《长虹号起义》

1959 年，《鲁班的传说》

1960 年，《春满人间》

1961 年，《英雄小八路》

1963 年，《金沙江畔》

1964 年，《血碑》

1974 年，《小将》

1976 年，《朝霞异彩》

1980 年，《燕归来》（与瞿维合作）

二、纪录片音乐

1955 年，《陈秀华》（伊文思拍摄的《五朵花》之一）

1958 年，《热浪奔腾》

1959 年，《时代的声音》《上海英雄交响曲》（与黄准合作）

1961 年，《风流人物数今朝》

1965 年，《革命熔炉炼新人》

1978 年，《舰队生活》

1980 年，《上海啊！上海》（与杨绍榈合作）

三、动画片音乐

1955年，《野外的遭遇》（与黄准合作）

四、话剧配乐

1956年，《北京人》

1963年，《战斗的青春》

话剧均由上海电影演员剧团演出

五、器乐作品

1946年，钢琴曲《舞曲》

1953年，管弦乐《友谊舞》（王泽南编曲，寄明配器）

1958年，管弦乐《新春圆舞曲》

六、歌曲 *

1. 少儿歌曲

《中国少年先锋队队歌》（我们是共产主义接班人）（周郁辉词）

《少年，少年，祖国的春天》（李幼容词）

《新中国少年进行曲》（杨因词）

《我们是新世纪的主人》（张秋生词）

《台钟的声音多美妙》（陈克词）

《浪花亲着我的小脚丫》（程宏明、王林然词）

《前进，快乐的少先队员》（李幼容词）

《毛主席，我们热爱您》（杨因词）

《夏天多美好》（倪维德词）

《小足球夏令营之歌》（王森词）

《星星火炬之歌》（张铁苏、邵本权词）

《一只船儿小又小》（劫夫词）

《柳笛》（吴珹词）

《广阔的课堂》（吴珹词）

《风铃草和小鸟》（于之词）

《啊！老师，妈妈》（李幼容词）

《你就是海燕》（茅晓峰词）

《校园飘动美丽的彩云》（曾泉星词）

《我们将无愧中学生名称》（胡宏伟词）

《中学生守则歌》（王晨湖编词）

《我爱我们的班级》（王晨湖词）

《我的故乡富饶美丽》（袁广达词）

《知了蜜蜂不一样》（王子玉词）

《小小邮递员》（吴扬词）

《我的心》（王守民词）

《党就是金色的太阳》（杨瑞琪词）

《蜜桃献给毛主席》（新儿歌）

《毛泽东时代出英雄》（郭丽丽词）

《春雨在下》（张鸿西词）

2. 电影歌曲

《好阿姨》（于之词）

《欢迎新来的小朋友》（于之词）

《宝宝开车跑得快》（于之词）

《看我们小朋友生活是多么好》（于之词）

《给解放军叔叔洗衣裳》（于之词）

《高举红旗踏上征途》（宁宇词）

《一把镰刀一片心》（赵明词）

《金凤姑娘就是金凤凰》（鲁彦周词）

《山中的凤凰为何不飞翔》（鲁彦周词）

《鲁班颂》（孙瑜词）

《炼钢炉边出英雄》（柯灵词）

《让我开花结莲蓬》（鲁彦周词）

《燕归来》（王森词）

《欢迎远方的客人》（王森词）

《婚礼赞歌》（石孟斯词）

3. 其他歌曲

《红旗在蓝天下飘扬》（萧岱词）

《中苏友谊之歌》（西彤词）

《中朝友谊比海深》（金近诗 寄明改词）

《有一位轮椅姑娘》（李幼容词）

《补网谣》（于之词）

《高山顶上飘云彩》（黄定国词）

《献给共产党毛主席》（藏族民谣）

《春耕曲》（戚永芳词）

《花要飘香人要美》（李幼容词）

《中国妇女进行曲》（希扬词）

《美丽的草原》（藏族民歌 寄明编词曲）

《催眠曲》（于之词）

《摇篮曲》（瞿维词）

4. 解放战争时期歌曲

《翻身秧歌》（晓星词）

《庄稼人小唱》（王守民词）

秧歌剧《干活好》（与张棣昌合作），沈阳：东北书店 1947 年出版

小歌剧《谁沾光》（与肖龙、潘奇、雪楠合作），牡丹江：东北书店牡丹江分店 1947 出版

说唱歌曲《歌唱刘胡兰》（寄明词）

《普天同庆开国日》（晓星词 ）

七. 专著、歌集

《“蹦蹦”音乐》，中国民间音乐研究会 1947 年出版

《东北蹦蹦音乐》，上海：生活·读书·新知三联书店 1950 年出版

《祖国的春天——寄明少儿歌曲选》（钢琴伴奏谱），北京：人民音乐出版社 1990 年出版.

电影《凤凰之歌插曲》，中国电影出版社 1957 年出版

《寄明歌曲选》，上海音乐出版社 2000 年出版

* 未列入所有创作的歌曲。

附录四

瞿维音乐理论文章目录

《论中国新音乐运动之特质》，《音乐战线》杂志，1939年12月

《论抗日救亡音乐运动》，《西线音乐》杂志，1939年以林木笔名发表

《〈凤凰涅槃〉和它的音乐》，1942年1月10日延安《解放日报》

《〈白毛女〉音乐的创作经验》，与马可合作，1946年8月30《东北日报》

《悼麦新同志》，1947年7月17日《牡丹江日报》

《读联共对音乐的决定之后》，1948年5月11日《东北日报》

《访问斯大林汽车工厂》，1950年3月19日《东北日报》

《忆星海》，1958年《人民音乐》第8期

《金色的布拉格——音乐之城——第十六届布拉格之春散记》，1961年第9期《人民音乐》，与晨耕合作

《革命音乐的开路先锋——纪念聂耳诞生五十周年》，1962年2月15日《解放日报》

《在革命的熔炉里》，1964年第2期《人民音乐》

《“鲁艺”生活的片段回忆——纪念毛主席〈在延安文艺座谈会上的讲话〉发表20周年》，1962年5月24日《解放日报》

《关于歌剧〈洪湖赤卫队〉幻想曲的改编》，1963年8月25日《文汇报》

《抒革命之情——上海音乐学院革命群众歌曲演唱会听后感》，1964年2月7日《解放日报》

《来自沸腾生活的音乐——听上海音乐学院下乡归来音乐会》，1964年5月26日《解放日报》

《革命战士的光辉形象——浅谈歌剧〈江姐〉的音乐》，1964年12月17日《解放日报》

《让革命的歌声更高地飞扬》，《上海歌声》1964年12期

《在革命的熔炉里》，《人民音乐》1964年第10—11期合刊

《大庆归来》，1965年6月30日《新民晚报》

《喜看芭蕾舞剧〈白毛女〉》，1965年第5期《人民音乐》

《不爱红装爱武装——浅谈劫夫同志为毛主席诗词谱曲的〈为女民兵题照〉》，1965年12月入选音乐出版社出版《革命歌曲解说》一书

《工农兵是艺术的主人》，1966 年 5 月《解放日报》

《毛泽东思想的光辉永远照亮文艺革命的征途》，1976 年第 5 期《人民音乐》

《歌剧〈白毛女〉的新生》，1977 年第 2 期《人民音乐》

《久别逢故人——喜看上海实验歌剧院演出的〈白毛女〉》1977 年 5 月《文汇报》

《充满激情的雄壮战歌——听革命历史歌曲演唱会有感》，1978 年 6 月 4 日《文汇报》

《革命的激情和抒情相结合》，1979 年《人民音乐》第 1 期

《严谨的风格，优美的艺术——中央歌剧舞剧院音乐会听后》，1979 年 5 月 12 日《解放日报》

《群众需要健康优美的抒情歌曲》，1979 年 10 月，在中国音乐家协会上海分会音乐理论座谈会发表的书面讲话

《鲁艺的一架钢琴》，寄明与瞿维联名发表于 1980 年第 5 期《人民音乐》

《立意深远 勇于创新——总政访沪歌舞团演出观后》，1980 年 10 月 14 日《文汇报》

《沿着聂耳、星海开辟的道路前进》，寄明与瞿维联名发表于 1980 年 10 月《琴台》杂志

《要重视群众歌曲的创作》，1980 年 12 月 5 日《歌曲通讯》

《音乐艺术的社会作用》，1981 年 3 月 30 日《文汇报》

《对祖国的思念》， 1981 年第 4 期《音乐研究》

《绚丽多彩的画幅——介绍〈云南音诗〉》，1981 年 6 月 10 日《音乐报》

《聂耳终焉之地——纪念聂耳逝世四十六周年》，1981 年 7 月 25 日《北京音乐报》

《关于〈流行音乐〉的对话》，《人民音乐》1981 年第 8 期

《巴托克给我们的启示——在十九届国际音乐理事会第一次圆桌会议上的发言》，1981 年第 12 期《人民音乐》

《访巴托克故居》，1982 年 1 月 20 日《文汇报》

《在聂耳开辟的道路上前进》，1982 年 3 月 9 日《云南日报》

《重要的历史文件——纪念〈在延安文艺座谈会上的讲话〉发表 40 周年》，1982 年 5 月 8 日《舞台与观众》杂志

《革命的歌声鼓舞我们前进》，1982 年 5 月 25 日《北京音乐报》

《革命文艺的指南针——纪念〈在延安文艺座谈会上的讲话〉发表 40 周年》，《乐坛》1982 年第 5 期

《难忘的友谊——纪念麦新同志牺牲三十五周年》，1982 年 6 月 9 日《哲里木报》

《坚持社会主义的方向——重新学习〈在延安文艺座谈会上的讲话〉》，1982 年第 7 期《人民音乐》

《不能抹去的记忆》，1982 年 8 月 26 日《解放日报》

《感人的演出——歌剧〈茶花女〉观后》，1982 年 10 月 15 日《解放日报》，与郑兴丽联名发表

《回到祖国的怀抱》，《人民音乐》1983 年第 3 期

《团结歌儿桥上飘——简介获奖歌曲〈小竹桥〉》，《民族团结》1983 年第 3 期

《创作具有中国气派的交响音乐作品》，《人民音乐》1983 年第 6 期

《为四化建设放声歌唱》，1983 年 10 月 5 日在上海人民广播电台的广播讲话

《如何鉴别歌曲＜梦中的妈妈＞》，1983 年 12 月 5 日《新民晚报》

《露天博物馆——斯堪森公园》，1983 年 12 月 14 日《文汇报》

《做名副其实的灵魂工程师》，1983 年 12 月 29 日《文学报》

《往事追忆》，入选辽宁人民出版社 1983 年出版的《作曲家郑律成》一书

《时代的号角——关于〈义勇军进行曲〉的学习札记》，1984 年《上海歌声》第 7 期

《中国作曲家的职责——为人民而创作》，1985 年第 3 期《人民音乐》

《毛利族的欢迎仪式》，1985 年 4 月 17 日《新民晚报》

《聂耳逝世五十年祭》，1985 年 7 月 25 日《北京音乐报》

《对创作自由的理解》，1985 年《词刊》9 月号

《聂耳、冼星海给我们的启示》，1985 年第 4 期《星海音乐学院学报》

《我的第一首歌》，《音乐小杂志》1986 年第 3 期

《爱国主义的颂歌——介绍冼星海〈第一交响乐〉》，1989 年第 1 期《音乐研究》

《美育的使命》，1989 年第 4 期《中小学音乐教育》

《运用革命现实主义创作方法的范例——纪念＜黄河大合唱＞诞生五十周年》，1989年12月5日《音乐周报》

《生活是源泉，人民是母亲——重温〈在延安文艺座谈会上的讲话〉》，1990 年第 1 期《人民音乐》

《歌颂人民的斗争和胜利——略论吕骥作品的艺术特色》，1990 年第 2 期《音乐研究》

《摆脱困境走上坦途——对音乐创作的思考》，1990 年第 3 期《音乐研究》

《宝贵的经验——喜读〈钢琴教学之我见〉》，1990 年第 3 期《中国音乐教育》

《确立毛泽东文艺思想的指导地位》，1990 年第 5 期《人民音乐》

《大力弘扬民族音乐的优秀传统》，1991 年第 3 期《音乐研究》

《迎接挑战》，1992 年第 2 期《中国音乐教育》

《祝吕骥同志艺术之树长青》，《人民音乐》1992 年第 2 期

《痛惜的追忆》，1992 年第 4 期四川音乐学院学报《音乐探索》

《沿着毛泽东文艺思想指引的方向前进》，1992 年第 6 期《人民音乐》

《永生在人民之中——聂耳和上海》，1993 年第 2 期《中流》杂志

《怀念沙梅大哥》，写于 1993 年 8 月 15 日，入《瞿维文选》

《世纪的回眸》， 1994 年第 33 期台湾《省交通讯》

《实践〈讲话〉的成果，人民智慧的结果——纪念歌剧〈白毛女〉诞生 50 周年》，1995 年第 4 期《文艺理论与批评》

《易水寒兮壮士不复还——怀念三弟瞿世俊》，《中流》杂志 1995 年 9 月号

《星海的社会主义美学观》，《音乐研究》1996 年第 1 期

《追求光明——王云阶同志的奋斗历程》， 1996 年第 4 期《人民音乐》

《追求光明的一生——悼念王云阶同志》，1996 年 8 月 2 日《音乐周报》

《润物细无声——怀念周碧初先生》，1996 年 10 月 27 日《文汇报》

《丹心如砥柱——简论晓星的歌与诗》，刊载于中国文联出版公司 1996 年出版的《清浅居歌吟》一书

《人民是艺术家的母亲》，1996 年 7 月 27 日《新民晚报》

《怀念贺绿汀同志》， 1996 年第 3 期《音乐研究》

《瞿维文选》，广东高等教育出版社 1996 年 10 月出版

《钢琴曲〈花鼓〉的产生经过》，写于 1997 年，入选 2003 年人民音乐出版社出版的童道锦、孙明珠《钢琴艺术研究——中国钢琴作品的分析与演奏》（中册）

《音乐基础理论：基础知识视唱欣赏·序》，1997 年浙江大学出版社出版

《筚路蓝缕创业者　辛勤耕作荷锄人——纪念黄贻钧同志》，《人民音乐》1998 年第 1 期

《告别寄明》，收入上海音乐学院出版社 2000 年出版的《寄明歌曲选》

《恩来二事》，1998 年 5 月 9 日《文艺报》

《人民是艺术家的母亲》，1998 年 5 月 27 日《新民晚报》

《音乐美纵横谈·序》2000 年 2 月上海音乐出版社出版

《擎马列大旗 创时代雄风——悼念杰出的人民音乐家吕骥》，刊载于《高校音教》2002 年第 1 期

附录五

参考资料

参考书目

寄明著，《东蹦蹦蹦音乐》，生活·读书·新知三联书店 1950 年出版

贺敬之、张松茹作词，瞿维、张鲁、马可作曲，电影《白毛女》歌曲集，新电影杂志社 1951 年出版

马可著，《冼星海传》，人民文学出版社 1980 年出版

丰子恺著，《近世西洋十大音乐家故事》(修订本)，浙江人民出版社 1980 年出版

(苏)德·罗加尔·列维茨基著，《现代管弦乐队》的第一卷·第一分册。1984 年，人民音乐出版社出版

(日)服部龙太郎著，《100 个伟大的音乐家》，志文出版社 1984 年出版

丁善德主编，《上海音乐学院简史》，上海音乐学院 1987 年出版

艾克恩编纂，《延安文艺运动纪盛》，文化艺术出版社 1987 年

《延安——鲁迅艺术文学院纪事》，文化部党史资料征集委员会鲁艺史料专题组整理，1988 年出版

寄明，《祖国的春天——寄明少儿歌曲选》，人民音乐出版社 1990 年出版

寄明，《寄明歌曲选》，上海音乐出版社 2000 年出版

黎辛主编，《延安文艺作品精编·散文·报告文学卷》，浙江文艺出版社 1991 年出版

黎辛主编，《延安文艺作品精编·理论·诗歌卷》，浙江文艺出版社 1992 年出版

文化部党史资料征集委员会、《延安鲁艺回忆录》编委会编《延安鲁艺回忆录》，光明日报出版社 1992 年出版

戴淑娟编，《文艺启示录》，中国戏剧出版社 1992 年出版

向延生主编，《中国近现代音乐家传》2、3 卷，春风文艺出版社 1994 年出版

蔡子人主编，《新文化史料》，1995 年第 2 期

瞿维著，《瞿维文选》，广东高等教育出版社 1996 年出版

辽宁延安文艺学会编，《鲁艺在东北》，辽海出版社 2000 年出版

延安鲁迅艺术文学院集体创作的《白毛女》歌剧剧本，中国青年出版社 2000 年出版

王洪华、郭汝魁主编，《重庆文化艺术志》，西南师范大学出版社 2000 年出版

马达著，《20 世纪中国学校音乐教育发展概况》，《中国音乐教育》杂志 2000 年第 1—4 期

中国电影音乐学会编，《中国电影音乐文集》，中国电影出版社 2001 年出版

曾刚编辑，《山高水长——延安音乐回忆录》，太白文艺出版社 2001 年出版

张连俊、关大欣、王淑岩编著，《东北三省革命文化史》，黑龙江人民出版社 2003 年出版

汪毓和编著，《中国近现代音乐史》，高等教育出版社 2005 年出版

陈志昂著，《抗战音乐史》，黄河出版社 2005 年出版

朱天纬编著，《中国电影百年经典歌曲》，人民音乐出版社 2005 年出版

贺敬之著，《贺敬之文集・5》，歌剧・歌词卷，作家出版社 2006 年出版

（日）山田晃三著，《〈白毛女〉在日本》，文化艺术出版社 2007 年出版

胡天虹、吴厚兴主编，《沈阳音乐学院校史》，春风文艺出版社 2008 年出版

吕其明编著，《音符里的畅想》，中国电影出版社 2009 年出版

艾克恩主编，《延安文艺史》上、下册，河北教育出版社 2009 年出版

傅庚辰著，《傅庚辰谈音乐》，人民音乐出版社 2009 年出版

朱鸿召著，《延河边的文人们》，东方出版中心社出版 2010 年

李林著，《北风歌——张鲁评传》，中国文联出版社 2010 年出版

潘振声著，《谈儿童歌曲创作》，教育科学出版社 2010 年出版

邓晴南著，《只为馨香重 求者满山隅——音乐教育家顾西林生平与教学研究》，2011 年中国社会科学出版社出版

任文主编，《永远的鲁艺》上、下册， 陕西师范大学出版总社有限公司 2014 年出版

虞吉著，《大后方电影史》，重庆出版社 2015 年出版

胡企平、杨福才主编，《合唱在上海交通大学》，上海交通大学出版社 2016 年出版

马可著，《马可选集・四》，音乐家研究与音乐评论卷，人民音乐出版社 2017 年出版

马可著，《马可选集・一》歌剧卷（上），人民音乐出版社 2017 年出版

马可著，《马可选集・七》日记卷（上），人民音乐出版社 2017 年出版

张奕明著，《民国钢琴志》，海南出版社有限公司 2017 年出版

刘雪枫总编，《上海交响乐团一百三十周年》，2019 年出版

参考文章

赵沨，《上海乐坛的春天——管弦乐创作民族化、群众化的一些感想》，1962年第7期《人民音乐》

李凌，《小谈音乐的曲体和特点——从瞿维的<白毛女>幻想序曲谈起》，《人民日报》1962年8

月28日

雍谊，《战斗歌舞竞争春——记第六届〈上海之春〉》，《人民音乐》1965年第3期

晓星，《新时代的颂歌，大革命的号角——评十三首革命歌曲》，《人民音乐》1965年第3期

毛泽东，《在延安文艺座谈会上的讲话》，人民出版社1966年出版

《英国电影学者谈中国大陆电影》，1979年11月13、14日《参考消息》

许国华，《音乐艺术上的探索者——瞿维》，《人民音乐》1980年第2期

吕骥、贺绿汀、李焕之等37名音乐家联名，《关于加强学校音乐教育的十建议》，《广州教育》1985年第5期

张晓萃，《瞿秋白少年时代生活侧记》，《新文学史料》1985年第2期

张毅，《从尉氏县看全国——对音乐教育呼吁书的补充》，《人民音乐》1986年11期

郑镜台、荣君立、林永春，《在学潮风暴中产生的新华艺专》，摘自上海市卢湾区文史委员会1989年编辑出版的《卢湾史话》

吕骥，《寄明歌曲选·前言》，人民音乐出版社1990年出版

晓星，《简论寄明的创作道路》，《寄明歌曲选》，人民音乐出版社1990年出版

达那斯·巴伊卡达莫娃（瞿维翻译），《那时我们称他为阿地——回忆冼星海》，《人民音乐》1991年第6期

李幼容，《寄希望于明天——记作曲家寄明》，《人民音乐》1994年第2期

李吉提，《踏雪寻梅第一程——作曲家瞿维创作析谈》《音乐研究》1994年第4期

烁渊，《我多想告诉您》，《解放日报》1994年4月14日

蓝为洁，《一对作曲家的爱情生活》，《文汇电影时报·扩大版》1995年7月1日

李幼容，《童歌寄哀思，接韵唱明天——深情悼念著名作曲家寄明同志》，手稿，1997年1月

孙慎，《悼念寄明同志》，1997年第2期《音乐研究》

程民生、陈正福，《〈人民英雄纪念碑〉的崇高美——为瞿维先生80寿辰而作》，1997年手稿，现存延安鲁艺文化园区

钱亦平，《寄希望于明天 寓理想于现实——纪念作曲家寄明》，《人民音乐》1997年5期

傅庚辰，《怀念寄明同志》，《人民日报》1997年8月18日

留钕铜，《匠心独运 异曲同工——钢琴曲〈牧童短笛〉与〈花鼓〉的比较分析》，《齐鲁艺苑》2001年第4期

郑超，《一段永不褪色的记忆》，《音乐爱好者》2002年第7期

王西麟，《怀念我的恩师瞿维先生》，2002年8月15日《人民日报》

严宝瑜，《悼念瞿维同志》，《人民音乐》2002年第9期

孙慎，《你走得太突然了——悼念瞿维同志》，《人民音乐》2002年第9期

贾立夫《怀念瞿维》，《人民音乐》2002年第9期

张伯藩，《作曲家瞿维和他的钢琴曲〈花鼓〉》[A]. 童道锦，孙明珠. 钢琴艺术研究（中）——中国钢琴作品的分析与演奏 [M]. 北京：人民音乐出版社，2003 年版

蔡仲德，《擎马列大旗 创时代雄风——记人民音乐家瞿维》,《中华魂》2004 年第 6 期

傅正春，《根下有沃土 国色添奇葩——瞿维和他的钢琴曲〈花鼓〉》《沈阳教育学院学报》2005 年第 2 期

于倩，《钢琴曲〈花鼓〉的创作特点分析》，2008 年第 20 期《科技信息》

朱光潜，《音乐与教育》，花城出版社 2009 年版《朱光潜集》

李音蓓，《寄希望于明天——谈寄明的儿童歌曲创作》，《音乐天地》2009 年第 4 期

戴嘉枋，《20 世纪 60 年代前期的中国音乐概貌》，2010 年第 4 期《艺术百家》

王晔，《20 世纪 50 年代中国作曲家留苏期间音乐创作之和声风格与技法研究》，《中国音乐学》2011 年第 1 期

王晔，《20 世纪 50 年代中国作曲家留苏期间音乐创作研究》，哈尔滨师范大学 2011 年博士学位论文

王乐乐，《琴键上敲响的“花鼓”在演奏艺术上的对比研究》，江西师范大学硕士学位论文，2012 年

梁怡，《延安中国女子大学校史始末》，摘自中国抗日战争史研究会建会 20 周年学术论文集，北京出版社 2012 年出版

富宏博，《〈鲁艺〉——新文化运动的主力军》，《黑龙江史志》2013 年第 16 期

富宏博，《张闻天同志主持合江省委工作期间的理论贡献》（上、下），《黑龙江史志》2013 年第 20、22 期

康军口述，平安、林初整理，《在延安中国女子大学的日子》，2013 年 4 月 24 日《内蒙古日报》

袁月，《瞿维钢琴音乐创作研究》，南京艺术学院 2014 年硕士学位论文

李敬，《瞿维音乐创作与社会历史背景研究》，南京艺术学院 2015 年硕士学位论文

舒铁民，《最早走出国门的大型文艺团体》，2015 年 12 月 11 日新华网

赵家圭，《孟波：人生有浪亦不惊》，《解放日报》2016 年 6 月 30 日

曹畏，《百年瞿维》，2017 年 12 月 30 日《新民晚报》

瞿旦明，《母亲寄明与歌曲〈我们是共产主义接班人〉》，上海知青杂志社微信号 2018 年转载

隋圻，《家父隋星桥留存的〈黄河大合唱〉节目单》，北京校友会 2018 年

李素昕，《探究瞿维〈花鼓〉的成功之因》，《戏剧之家》2019 年第 33 期

项筱刚，《穿越时空的“一条大河”——歌曲〈我的祖国〉是怎样诞生的》，2019 年 8 月 11 日《光明日报》

朱敏、肖源，《情境式行进“同心追梦”》，央广网，北京 2019 年 10 月 2 日

后记

postscript

一

《瞿维寄明合传》就要付梓印行了。回顾一年多来的采访和写作经历，心中感慨良多。

记得从去年初春，走进上海复兴西路 34 号那座掩映在绿荫中的近百年的浅黄色公寓时，我的灵魂便与瞿维寄明同行了。我觉得自己分分秒秒未曾离开过他们的音容笑貌，也未曾离开过他们的音乐旋律，每一天都和他们在一起。

瞿维与寄明居住的公寓，建于 20 世纪 30 年代。新中国成立初期，曾经是高级知识分子荟萃的地方。著名经济学家、厦门大学校长王亚南，画家赖少其，翻译家罗稷南，作家王西彦、靳以，作曲家黄准、吴应炬等人都在这里居住过。只不过，世易时移，人事更迭，当年的老住户大多陆续乔迁，瞿维与寄明则在这里居住了近半个世纪，直到故去。如今，他们的女儿方方居住在这所老房子里，守护着父母的灵魂世界。

轻轻地敲开门，文静端庄的方方热情接待了我们。稍做寒暄之后，我大致浏览了室内的陈设。让我没有想到的是，这两位著名的资深作曲家的居室竟然是如此朴素。除却陈旧的书橱、书桌、衣柜和老式的床，整个家里没有一丝时尚奢华的痕迹。

最能代表他们职业特点的是摆在床尾的旧钢琴，原本白色的琴键已经发黄。翻阅文字与图片资料时，朴素的气息更是扑面而来。那些代表他们心声、发表在报纸杂志上的文章，大部分粘贴在旧杂志上；寄明的一曲《艰苦奋斗跟党走》的手稿，就写在废弃的电报纸上；仔细端详瞿维与寄明的照片，他们的着装、发式，都与普通市民毫无二致。即使在出席全国文艺工作者代表大会时，也着装自然，没有一点儿刻意打扮，与我想象中的大音乐家相去甚远。照片上，显现出的安之若素、温文尔雅的神态，微笑向暖、和蔼可亲的面容，给我的直觉是淡泊名利、宠辱不惊的品格。

当时，钦敬、崇拜的心情便油然而生，强烈的责任感和使命感驱使我马不停蹄地追寻着他们的生命轨迹，一路疾行。我先后去了他们放飞音乐梦想的家乡，到过他们怀抱救国理想高唱抗日之歌的陪都，瞻仰了他们在革命圣地倾听毛泽东在延安文艺座谈会上的讲话的旧址，走访了他们工作过的地方，采访了多位亲友和有过交集的知情人，也包括去图书馆查阅历史书籍，在孔子旧书网上购买那些年代久远的作品，搜集到了他们一生放歌时代、深情创作的大量第一手资料。

二

随着历史资料的徐徐展开，我对瞿维与寄明的生平事迹、音乐作品以及创作思想，都有了鲜活记忆，动态的画面自然而然地呈现在眼前，感动、震撼之情在心海中不由自主地荡漾开来。我不仅了解了他们的身世家庭、授课老师、求学之路，而且看到了他们从钢琴演奏、教学、业余音乐创作到专业作曲家的转折，从而连接起了他们从“春来江水绿如蓝 ”的江南水乡到繁华绮丽的十里洋场，战时的陪都重庆到陕北高原，再从风雨如磐的白山黑水辗转新中国的首都北京和海派文化中心上海的艺术之路。同时，我看到了他们于国运维艰之际，从追求纯粹音乐艺术的象牙塔里走出来，走向了求索民族复兴、国家独立、人民幸福的革命征程，加入中国共产党的伟大行列的初心和使命。

歌为心声，歌如人生。有些时候，为了理解瞿维与寄明的音乐，我反复欣赏、聆听他们的作品。如，瞿维参与创作的歌剧《白毛女》、电影《白毛女》、芭蕾舞剧《白毛女》，他独创的交响诗《人民英雄纪念碑》《花鼓》等作品；寄明谱写的电影插曲《好阿姨》《我们是共产主义接班人》《给解放军叔叔洗衣裳》《燕归来》，以及深受少儿喜爱的《少年，少年，祖国的春天》《新中国少年进行曲》等歌曲。有些时候，我会情不自禁地唱和。他们用珍贵的精神宝藏化作的优美乐章，把我的情感同时融入波澜壮阔的中国现当代的音乐史海之中。

宋代著名诗人陆游在《示子聿》一诗中有“汝果欲学诗，功夫在诗外”之句。这句话对于作曲家也同样适用。一个作曲家作品的高下，不仅与坚实的专业技艺有关，而且与专业以外的阅历、学养、精神境界都有密切联系。从这个意义上来说，我对瞿维与寄明的著述，包括文章、日记、采风笔记以及往复信件，还有那些熟悉他们音乐作品、人品的专家学者的评论文章，进行了反复研读，旨在从字里行间获得深意与新意。我细致梳理了他们在不同历史阶段的创作思想、社会活动，研究其中蕴含的信仰力量、理论价值和学术贡献，从中体悟他们终生秉承共产党人谦虚谨慎、不骄不躁的作风，欣赏他们执守延安文艺座谈会上的讲话精神，忠诚党的艺术事业，甘做人类灵魂工程师的理想境界，以及习惯于做幕后英雄的奉献情怀。这一切，让我寻觅到了他们谱写的音乐总是催人奋进，鼓振人心的重要渊源，恰与瞿维所说的“作曲家首先是革命者”的观点一致，也正与当下“不忘初心、牢记使命”的主题教育完全吻合。说到底，就是他们在革命战争年代，用音乐抒发了对党的忠诚；在和平年代，用奉献展示了作曲家的担当。

因而，我在构思框架和写作时，没有在现有资料中按图索骥，而是将宏观与微观记述结合起来。在一些具体细节叙述时，通过他人讲述和评论的视角，努力让历史场景再现，希望能够从细微之处彰显他们的信仰力量，探索他们的精神世界，发掘出他们的人格魅力。我想，这样的叙述会让读者感觉到故事的真实性、思想性和可读性。

《瞿维寄明合传》的写作，对于我来说，是一次新的挑战。相比较而言，过去写作的一人一传，线索相对简单。而合传，就复杂了一些。为了很好完成这部传记的写作，我在动笔之前，认真阅读了创作合传体例的司马迁的经典著作《史记》，以其创作手法为榜样，从浩瀚的历史资料中，梳理出两个人的共同、类同和不同。对共同与类同的特点，采取并列叙述的方法；对各自独有的特点，采取了分别叙述的方法。另外，我从合传的需要出发，按照瞿维与寄明的生命分期，采取了纵向线性叙事和横向局部展开相结合的方法，把他们的活动和际遇，放到所处的伟大时代中去展现，而不是孤立地写个人的生平事迹。这样的叙述，就有了历史的厚重感。

在《瞿维寄明合传》的内容剪裁中，我对他们忠贞不渝的爱情生活，做了较为翔实的记述。从初见时的“曾经沧海难为水，除却巫山不是云”的情有独钟，初婚时的“在天愿作比翼鸟，在地愿为连理枝”的海誓山盟，写到了长期分居状态的“两情若是久长时，又岂在朝朝暮暮”的心心相印，以及“执子之手，与子偕老”“相濡以沫”“不离不弃”的高尚境界。这部分内容的选择，蕴含了两个人志同道合、相互理解、共同成长、生死相依的内在联系，对社会文明发展所具有的千丝万缕、不可分割的紧密联系，旨在为改变当下社会中的功利主义、实用主义的婚恋观、家庭观倾向，起到范式的作用。

三

能够得到延安鲁艺文化园区的信赖，为瞿维与寄明这样的革命音乐家前辈写传记，是我文学创作生涯中再学习再提高的一页。写作虽然艰辛，但却是快乐的。当这部长篇传记文稿完成之际，我内心的愉悦之情是无可比拟的。

在创作过程中，瞿维与寄明的情怀和功业，时时刻刻在激励我，写作的过程，完全是一次灵魂升华的机遇。瞿维和寄明的儿女们，不仅为我讲述了记忆中的父亲、母亲形象，而且提供了很多珍藏的文本、手稿和图片资料，并帮助我校订了书中的史实。他们的言行，让我看到了瞿维与寄明亲手建立的优良家风。

创作过程中，令我难忘的还有中国音乐家协会名誉主席、中国延安鲁艺校友会会长傅庚辰，杰出的交响乐作曲家、著名电影音乐作曲家、中国文学艺术界联合会第十届荣誉委员吕其明，“中国音乐金钟奖终身成就音乐艺术家”荣誉称号获得者、著名指挥家曹鹏，著名歌唱家郭淑珍、孟于等名家，在热情接受采访的同时，还提供了宝贵的第一手资料。中国电影资料馆的朱天纬老师，特别提供了《中国电影百年经典歌曲》和《中国电影音乐文集》，填补了我的资料空白。上海交通大学、上海交响乐团，重庆市广播电影电视局、重庆市地方志办公室，常州市委宣传部、市地方志办公室、市音乐家协会、市实验初级中学，苏州市音乐家协会、苏州市职业大学等单位，都为我提供了热情帮助。这一切，更坚定了我写好这部传记的信心。

尤其让我铭记于心的是德隆望重的文化部原代部长、著名诗人、剧作家贺敬之先生，欣然泼墨挥毫为本传题写了书名；傅庚辰先生撰写了序言。为此，我在这里一并致以真挚的谢意和诚恳的敬意！

王丽文

2020年7月于沈阳